장군의 아들
김두한

정필태 지음

명문당

머리말

　김두한(金斗漢). 그는 1918년 5월 15일 백야 김좌진과 박계숙의 사이에서 태어나 1972년 11월 21일 55세 때에 뇌졸중으로 쓰러질 때까지 참으로 파란만장한 삶을 살아온 인물이었다.
　17세의 홍안의 나이에 우미관의 주먹 황제로 등극하여 제 3 대 민의원이 되기까지. 그리고 그의 불굴의 정치투쟁.
　사나이 중의 사나이 김두한.
　그의 인생관, 그의 국가관은 무엇이었던가.
　의협심 하나로 일생을 살아온 그의 인생철학과 조국의 민주화를 위해 몸으로 부딪쳐 온 그의 불굴의 투쟁은 실로 김두한이 아니면 엄두도 못낼 엄청난 것이었다.
　그의 주먹에는 낭만이 있었고 그의 정치에는 언제고 민주주의가 내재되어 있었다.
　그는 철저한 반일주의자였고 반공투사였고 민주투사였다. 일제 치하로부터 미군정 시절, 6·25, 자유당 정권, 5·16 군사혁명정부에 이르기까지 험난한 세파를 야생마(野生馬)처럼 헤치고 달려온, 그가 남긴 무수한 이야기들.

특히 국회의사당에 오물을 쏟아부은 그의 분노는 차라리 그 시대의 우리 민족의 고통을 표현한 행동이라고 해야 마땅할 것이다.

저자는 그의 살아 있는 발자취를 음미하면서 재삼 숙연해짐을 느꼈다.

일자무식인 그의 나라 사랑하는 마음과 좌절이란 벽에 누누이 부딪치면서도 굽힐 줄 모르는 그의 인생 여정은 이기주의적이며 나약하기만 한 오늘의 우리들에게 뜻깊은 교훈이 되리라 믿는다.

저자는 그의 55년의 인생 여정을 독자 여러분들과 함께 걷고 싶다.

그리하여 그의 생(生)에 젖어 있는 또 다른 의미를 가슴 속에서 삭이고 싶다.

승자는 지는 것도 두려워하지 않는다.
패자는 이기는 것도 은근히 염려한다.
승자는 과정을 위하여 살고, 패자는 결과를 위하여 산다.
승자는 순간마다 성취의 만족을 경험하고,
패자는 영원히 성취의 만족을 경험하지 못한다.
승자는 구름 위에 태양을 보고, 패자는 구름속에 비를 본다.
승자는 넘어지면 일어서는 쾌감을 알고, 패자는 넘어지면 재수를 한탄한다.

차 례

머리말 · 5

제 1 장   폭풍전야 · 11
다락방의 인연으로 / 풍운아의 꿈을 안고 / 주먹황제로 등극한 김두한 / 신마적을 잠재우다 / 구마적의 최후

제 2 장   주먹천하 · 29
김두한의 주먹법칙 / 비정한 승부 / 우미관의 재건 / 장충단의 대혈투 / 고노예와의 대좌

제 3 장   격정기의 주먹시대 · 55
조국 광복 / 혼란의 주먹 질서 / 김두한과 시라소니와의 만남 / 반공 주먹 / 이승만의 친필 위임장 / 이에는 이 눈에는 눈 / 반공 부대의 눈물

제 4 장   6·25와 김두한 · 81
학도 의용군의 영혼 / 노동총맹의 활약 / 거창 양민학살사건

제 5 장   정치의 꿈을 안고 · 95
자유당의 횡포 / 고지를 향한 첫 출발 / 시련의 연속 / 김두한, 민의원이 되다

제 6 장   민의원 김두한 · *112*

　　　감옥에서 맞은 개원식 / 주인 찾은 금배지 / 김두한의 반발 /
　　　사사오입 개헌안 / 이정재의 국회난입 / 정치에 대한 배신감

제 7 장   김두한의 전율 · *140*

　　　김두한과 이정재 / 자유당과 족청(族靑) / 김두한의 눈물 /
　　　백두산 호랑이와의 재대결 / 김두한의 고뇌

제 8 장   오오. 창천(蒼天)아! · *162*

　　　김두한의 정치 색 / 독립유공자 생활대책 보장하라 / 장충단의
　　　폭력행위 / 김두한의 정(情) / 김두한의 낙선

제 9 장   자유당 무너지다 · *181*

　　　하늘이여 땅이여! / 가열된 시위 / 이승만의 하야

제 10 장 첫째도 나라 둘째도 나라 · *195*

　　　민주당의 전복 / 김두한의 애국단 / 다시 국회로 / 한독당 사건
　　　/ 한비 밀수 사건 / 국회의사당 오물사건 / 다시 교도소로 /
　　　좌절과 실의를 되씹으며 / 김두한의 눈물

제 11 장 야생마 김두한의 죽음 · *241*

　　　의혹 속의 죽음 / 그림자만 남기고

제 1 장
폭풍전야

다락방의 인연으로

 "넌 독 안에 든 쥐다. 순순히 포박을 받아라."
 일경들의 포위망 속을 헤매는 김좌진은 이미 사직동의 민가촌까지 쫓기고 있었다. 1910년대의 사직동은 민가가 보기 드문 때라 김좌진은 아무 담이나 훌쩍 뛰어넘었다.
 일경들의 발걸음소리가 우루루 몰려와 김좌진의 귀를 때려대고 있었다.
 바로 이 집에서 '천하를 주름잡던 인간 김두한'이 태어날 줄은……
 김좌진이 뛰어든 이 집에는 황실의 상궁나인이었던 신씨(申氏)와 그의 외동딸 박계숙(朴桂淑)이 몇 명의 몸종을 거느리고 살고 있었다.
 박계숙이 놀라 몇 걸음 뒤로 물러서자 6척 장신의 기골이 장대한 험상궂은 사내는 대뜸
 "나는 김좌진이라 하오. 왜놈들에게 쫓기고 있는 중이오. 도움을 부탁하오."

박계숙이 김좌진이라는 이름을 모를 리가 없었다. 우는 아이도 김좌진이라는 이름을 들으면 뚝 그친다는 백야 김좌진이 바로 자기 앞에 서 있지 않은가. 한때는 김좌진을 홀로 동경한 적도 있었던 박계숙인지라 실로 꿈인 듯 생시인 듯 마음이 울렁거렸으나 지금의 김좌진은 일경에게 쫓기는 몸이 아닌가.

박계숙은 이내 얼굴 표정을 바꾸어 침착하게 다락문을 열었다.

"장군님, 아무런 걱정 마시고 빨리 몸을 숨기세요. 이후의 일은 제가 잘 처리하겠습니다."

박계숙의 태연한 표정과 말에 김좌진은 조금은 위안을 느끼며 다락방으로 몸을 숨겼으나 혹시 이 여인이 일본의 앞잡이라면 끝장이라는 생각이 김좌진의 마음을 편하게 하지는 못했다. 하지만 지금으로선 상황을 따질 경황이 없었다. 우선은 운명에 맡길 수밖에 없는 김좌진의 마음은 실로 안타깝기 그지없었다.

"문을 열어라. 빨리 문을 열란 말이야!"

일경들이 마구 문을 두드려댔다.

김좌진의 마음은 불안과 초조로 교차되고 있었다. 김좌진은 일말의 사태에 대비해 권총에다 실탄을 장전하고 있었다. 일이 잘못되면 일경들을 박차고 다시 뛰쳐 나갈 준비를 했다.

"이 간나새끼들, 어디다 숨겨 두었나. 빨리 말해."

일경들이 폭언과 함께 기물을 부수며 집을 뒤져댔다.

박계숙의 날카로운 시선이 그들을 쏘아보고 있었다.

"이게 무슨 행패란 말이오. 썩 나가시오."

"김좌진이 이 집 담을 넘는 것을 보았소. 큰코 다치기 전에 빨리 숨긴 곳을 말하시오."

"난 모르는 일이오. 이곳은 아녀자들만 사는 곳이니 썩 물러나시오."

박계숙의 목소리는 위엄으로 가득차 있었다. 이곳 저곳을 뒤지던 일경 한 명이 다락방 문을 툭툭 쳐보였다.

"이곳이 의심스럽습니다."
"저 문을 열어 보시오."
경찰의 목소리가 문틈을 비집고 김좌진의 귀를 때렸다.
"흠―……."
김좌진은 권총을 쥔 손에 힘을 불끈 주었다.
이윽고 박계숙이 다락문을 열었다.
"자, 보세요. 이곳에서 금송아지라도 찾고 싶은가요?"
 박계숙의 여유단만한, 그러면서도 얼굴색 하나 변하지 않는 입가의 미소 때문일까? 일경들은 다락방을 뒤질 생각도 않고 우루루 집을 빠져나갔다.
 이렇게 하여 사직동의 집에서 김좌진의 은둔생활은 시작되었다.
 이때 김좌진과 박계숙은 깊은 사랑에 빠졌다. 젊은 독립군 김좌진의 마음을 사로잡았던 박계숙의 헌신적인 사랑, 그리하여 박계숙은 '천하의 인간 김두한'을 잉태한 것이다.
 하지만 조국 광복을 위한 독립군의 몸으로 다락방 속에서 시간을 허비할 수만은 없었다. 아쉬운 이별을 해야 했다.
 아들을 낳으면 두한(斗漢)이라 이름 지으라는 한 마디를 남긴 채 그는 홀연히 조국 광복을 위해 떠나버린 것이다.
 단 3개월의 짧은 인연. 이 이별로 인해 박계숙은 다시는 김좌진을 보지 못한 채 김좌진의 부인이란 명목으로 일경에게 무수한 고초를 겪다가 옥중에서 사망하고 만다.
 1920년 그 유명한 청산리 대첩에서 대승을 거두었던 김좌진 장군마저 42세의 나이로 동포의 손에 무참히 살해되어 '뒷골목'에 버려진다.
 그 뒷골목이 바로 김두한의 제2의 고향 아닌 고향이 되었던 것이다.

풍운아의 꿈을 안고

1931년 김두한의 나이 14살 되던 해, 그의 기골은 건장한 20대 청년의 기골처럼 거대한 몸집을 갖추었다.

고작 국민학교 2학년 중퇴. 그렇기에 그가 싸움의 길로 들어섰는지도 모른다.

아무튼 그의 주먹은 어느 누구도 넘볼 수 없는 위력을 지니고 있었으니 운명이 바로 이런 것이라는 생각마저 든다.

천애고아가 된 김두한은 공원의 맨바닥에서, 극장가의 뒷골목에서, 어디에고 쭈그리고 앉을 자리만 있으면 새우잠을 자곤 했다. 그때 그는 세상에 대한 반항심과 자신의 고독감으로 인해 몸부림쳤었다고 뒷날 술회했었다.

어느 날 무작정 길을 떠돌고 있는데 웬 똘만이들이 우루루 몰려드는 것이 아닌가.

"야! 보고도 없이 왜 이곳에 얼씬거려!"

"보고?"

"아니? 이 짜식이 어디다 눈을 치켜뜨고 말대꾸야?"

녀석들이 우루루 몰려들어 주먹을 휘둘러댔다. 이대로 가만 있다가는 죽사발 날 것 같은 생각이 든 김두한이 몇 번 몸을 피하다 놈들의 공격을 되받아쳤다. 순식간의 일이었다.

대여섯 놈이나 되는 숫자가 문어처럼 쭉 뻗어버린 게 아닌가.

김두한이 씨익 웃어보이며 아무 일도 없었다는 듯이 툭툭 옷을 털며 자리를 뜨려 하자 길 건너편에서 거구의 사나이가 김두한을 불렀다.

"어이, 친구. 대단한 실력이로군. 나와 같이 지내지 않겠나?"

"당신은 누구시오?"

이제 14살의 어린 나이였지만 육중한 체격에서 울려나오는 김두한의 목소리는 과히 위엄이 있었다.

"혹, 쌍칼패라고 들어본 기억이 있나 모르겠군."
 "쌍칼?"
 쌍칼이라면 신마적, 구마적 등에 이은 중간 보스로 당시 종로 2가에서 이름을 떨치던 주먹패였다. 그 휘하에는 이름난 맹장들이 줄줄이 포진하고 있었다.
 이런 '쌍칼패'를 김두한이 모를 리 없었다. 마땅히 갈 곳도 없던 김두한이었던지라 쌍칼의 제의를 순순히 받아들였다.
 이렇게 해서 김두한의 인생은 우미관으로부터 시작된다.
 김두한은 당장 쌍칼에게 제1의 수제자로서의 실력을 인정받아 여러 전투에 참가하게 되었고 그때마다 혁혁한 공을 세워 그의 이름은 점차로 주먹세계에 알려지기 시작했다.
 그러던 어느 날 쌍칼이 당시 우미관 일대는 물론 전국 최고의 주먹으로 군림하던 구마적(舊馬賊)에게 승부수를 띄웠다가 무참히 짓밟히고 만다.
 풍지박산이 난 '쌍칼부대'를 김두한이 재정립한 것은 그의 나이 17세였던 때이다.
 당시의 주먹세계는 신마적과 구마적의 쌍두마차 시대였다. 신마적(본명 엄동욱(嚴東旭))은 일본 유학을 다녀온 인텔리로 6척 장신의 미남형 얼굴이었다. 괴력의 힘을 가진 데다 배짱도 두둑했으며 두뇌회전도 빨랐고 칼을 잘 쓰기로도 유명해 당대에 그를 당할 자가 없다 할 정도였다.
 반면, 구마적은 박치기와 단도의 명수였다. 박치기 실력은 그야말로 귀신의 혼도 빼낼 정도였다. 눈깜짝할 사이에 상대의 이마에 박치기를 하면 누구든 조용히 잠들어 버렸다. 언젠가 한번은 시멘트벽에다 박치기를 했던 적이 있었는데 마치 벼락맞은 고목나무처럼 구멍이 뻥 뚫렸다는 일화도 있다. 또한 그는 신기에 가까운 칼솜씨로 일본 사무라이들도 두려워할 정도였다. 그보다도 구마적에겐 튼튼한 '조직'이 있음으로 해서 그의 권좌는 가히 철옹성이라 할 만했다.
 이러한 거대한 주먹세계에 홍안의 나이인 17세의 김두한이 뛰어들었으니 가히 그 담력 하나만은 인정받을 만했다.
 하지만 신마적의 이러한 실력에도 불구하고 그의 잔인하고 포악한 성격으로 인해 인심을 잃게 되어 조직은 매우 빈약했다.

주먹황제로 등극한 김두한

 유난히도 주먹이 컸던 김두한.
 2미터 이상을 붕 뛰어올라 상대를 가격하는 비호처럼 날쌘 그의 몸동작.
 한주먹이면 시멘트바닥도 박살나는 그의 대포 같은 위력.
 박치기를 한 번 하면 전신주에 매달린 휴즈가 떨어질 정도의 무서운 파괴력.
 거기에다 싸움의 사태를 정확히 읽을 줄 아는 판단력과 적절히 대처할 줄 아는 임기응변. 그리고 휘하의 명장은 물론 졸개들까지도 인간적으로 대해주는 그의 인간미. 차후의 승리를 위해 고개를 숙일 줄 아는 현명함. 적으로 만들 필요가 없다는 판단이 서면 상대가 누구든지 손을 내밀 줄 아는 지혜로움.
 그는 역시 '주먹황제'로서의 기풍을 두루 갖춘 인물임에 틀림없었다.
 흔히 김두한을 잇뽕(一本)이라 부른다.
 한주먹에 상대를 잠잠히 잠재운다 하여 붙여진 그의 별명이다.
 이러한 그의 탁월한 주먹실력에 벌써부터 주먹세계에서 그는 관심의 대상이 되어왔다.
 특히 신마적, 구마적에서는 김두한이 기세등등하게 크기 전에 짓뭉개기 위해서 사사건건 꼬투리를 잡기 일쑤였다.
 그러나 김두한은 정상을 향한 도전에 섣불리 나서지 않았다.

그는 다만 조직강화를 은밀히 다져나갔을 뿐이다.
 싸움은 혼자서만 할 수 없듯이 튼튼한 조직이 필요함을 그가 모를 리 없었다.
 그래서 김두한은 철저한 베일 속에서 조직의 힘을 키워나갔다.
 김두한이 중간보스 정도에서 만족할 인물은 아니었던 것이다.
 타고난 주먹잡이 김두한이 호시탐탐 기회를 엿보던 어느 날 운명의 날이 드디어 그에게 찾아온 것이다.
 하지만 신마적이나 구마적이 버티고 있는 주먹세계 최고의 자리가 김두한에게 있어서 결코 순탄할 수는 없었다.

신마적을 잠재우다

 어느 날 김두한이 꼬붕(부하) 5,6명을 거느리고 관할구역을 순찰하고 있었다.
 당시 종로 2가 일대는 요정, 극장 등이 줄지어 있었으므로 상인들에게 골치 아픈 문제가 많이 발생되곤 했다. 때문에 주먹패들은 상인에게 문제를 해결해주는 몫으로 얼마간의 세금을 걷고 있었다.
 김두한이 꼬붕들과 함께 우미관 뒷골목에 막 들어섰을 때 별안간 비명소리가 들려왔다. 그것도 평소 김두한이 자주 들르던 술집에서.
 "삼수야, 다녀오너라."
 경찰을 보낸 김두한의 입가엔 알지 못할 미소가 듬뿍 머금어져 있었다.
 "형님, 신마적이 주인의 목을 칼로 직직 긋고 있어요."
 "신마적이, 이유는?"
 "어제 저녁 보내기로 했던 기생을 헌병대로 보낸 분풀이인 듯

합니다."
 보고를 받은 김두한의 머리는 컴퓨터처럼 착착 앞으로의 일을 계산에 넣고 있었다.
 "신마적에게 그만 하라고 가서 전해라."
 김두한의 명령에 꼬붕들은 얼굴이 새파랗게 질렸다.
 "형님, 못 본 체하고 그냥 갑시다. 신마적의 비위를 건드려서 이익될 게 뭐 있습니까?"
 제아무리 욱일승천하는 기세의 김두한일지라도 신마적의 기세에 비하면 달걀로 바위를 부수려 드는 형세가 아니던가?
 하지만 김두한은 주먹세계의 황제가 되기 위한 전략적 명분을 미리 계산에 넣어두고 있었던 것이다.
 싸움 못지않게 덕(德)과 의(義)가 있어야 된다.
 누가 보더라도 신마적의 횡포를 저지한다는 명분이야말로 절호의 기회가 아닐 수 없다.
 김두한의 마음은 이미 결정되었다.
 이 기회를 주먹세계로의 등극의 첫걸음으로.
 "빨리 다녀오지 못할까!"
 김두한의 호령에 삼수가 주춤주춤 술집 안으로 들어갔다.
 "신마적님, 우리 잇뽕 형님이 이제 그만 두시랍니다."
 삼수가 더듬더듬 말꼬리를 추스리지 못하자 신마적은 크게 소리내어 웃었다.
 너무도 어이가 없었던 것이었다.
 그도 그럴것이. 감히 어린아이 정도의 김두한이 신마적에게 이래라 저래라 하니 신마적이 생각하면 참으로 웃기는 일이 아닌가.
 신마적이 겁에 질려 새파랗게 된 삼수를 향해 벼락 같은 소리를 질렀다.
 "이놈, 방금 지껄였던 말을 한 번 더 지껄여 보거라."
 "우리 잇뽕 형님이 이제 더……."

신마적이 더 이상 참지 못하고 식칼을 쥐고 마당으로 뛰어나왔다.
"잇뽕 이 새끼, 하룻강아지 범 무서운 줄 모른다더니 죽고 싶어 환장을 한 모양이로구나."
신마적의 입에서 거품이 부글부글 끓어 올랐다.
"잇뽕, 빨리 내 앞에 무릎을 꿇지 못할까!"
씩씩거리며 분을 참지 못하는 신마적에게 김두한이 능청을 떤다.
"신마적 형님, 참으세요. 그깟 일이 뭐 대수롭다고 그러십니까? 내가 잘못 했소."
"잇뽕, 네 이놈! 그깟 일이라고."
"형님, 형님도 알다시피 이 집 주인은 나하고 친하게 지낸다는 걸 형님도 잘 알지 않습니까."
얼굴색 하나 변하지 않고 능청을 떠는 김두한을 보며 신마적은 일말의 두려움을 느꼈는지 모른다.
'이 녀석을 당장에……'
하지만 천하의 칼잡이가 하룻강아지 김두한에게 칼을 휘두르는 것은 창피하다는 생각이 들었던지 이내 마음을 가라앉힌다.
"이 녀석 앞으로 몸가짐 잘해. 여차하면 목대가리 떨어질 줄 알란 말이야!"
이런 일이 있은 바로 직후 종로 일대엔 초비상이 걸렸다.
잇뽕이 신다적에게 결투를 신청한 것이다.
역사적인 대결전을 보기 위해 상인들은 문을 닫고 몰려 나왔으며 주먹잡이들도 떼지어 몰려와 그야말로 결전장은 인파의 열기로 뜨거웠다.
대경실색한 쪽은 신마적이었다. 여기서 일이 잘못 되는 날에는 체면은 물론 주먹세계에서 버림받을 것은 뻔한 일이었기 때문이다.

하지만 신마적도 당대의 내노라하는 주먹잡이 김두한을 향해 소리친다.
"잇뽕, 무릎을 꿇어라! 너의 잘못을 용서해 주마!"
그러나 김두한은 도전장을 냈을 때와는 달리 침착하게 말을 받는다.
"형님, 참으십시오. 저도 체면이 있지 않습니까?"
"뭐야 이놈! 너는 체면이 있고 나의 체면은 무시되어도 좋다는 말이냐? 빨리 무릎을 꿇지 못할까!"
신마적의 당당한 기세에 비해 김두한이 저자세를 취하자 관중들은 역사적인 대결이 끝났다는 듯이 실망의 빛을 나타내었다.
"이건 순전히 잇뽕의 객기였어. 그러면 그렇지 제깟게 감히 신마적에게 도전장을 내다니."
"잇뽕도 역시 형편없군. 싱거운 사람이야."
관중들은 허탈한 듯 흩어지려고 했다.
바로 이때, 김두한이 버럭 고함을 치는 게 아닌가.
"이놈! 삼수야."
김두한은 삼수를 신마적 앞에다 냅다 집어 던졌다.
"내 앞으로 형님을 무슨 낯으로 대하라고 네 놈이 함부로 지껄이고 다니느냐!"
김두한의 제스처에 관중들이 발을 멈추고 김두한을 주시했다.
신마적은 치밀어 오르는 화를 참지 못하고 몸을 부르르 떨었다. 잇뽕이 자기를 조롱하고 있다는 사실을 신마적이 모를 리 없었다.
"잇뽕 이 새끼! 아주 교활한 놈이로구나. 오늘 내 손에 죽을 각오나 하고 있어라."
신마적이 위통을 벗자마자 비호처럼 김두한에게 달려들었다.
그러나 김두한은 어느새 공중에서 한 바퀴 회전을 하며 신마적의 공격을 피했다.
관중들의 입에서 '아―'하는 탄성이 쏟아져 나옴과 동시에 폭소가 한꺼번에 쏟아져 나왔다.

 허공에다 필사적으로 머리를 박은 신마적이 땅바닥으로 굴러 떨어졌기 때문이다. 평소 잔학하고 포악하기로 소문났던 신마적에 대해 원한이 가득했던 상인들은 물론 주먹패들도 신마적이 싸움에서 졌으면 하는 눈치였다.
 '저놈이 나의 공격을 피하다니.'
 신마적은 화가 머리끝까지 치밀어 올랐다.
 또 한 번의 공격을 살짝 피하며 김두한이 능청을 떨었다.
 "아니, 형님! 체면이 있지 왜 자꾸 이러십니까?"
 김두한의 조롱에 신마적은 완전히 이성을 잃고 말았다.
 "잇뽕 이놈, 감히 네 녀석이……."
 신마적은 벗어두었던 옷에서 칼을 들고 다시 김두한 앞에 섰다. 칼날이 햇빛에 반사되어 번쩍번쩍 빛나고 있었다.
 "비겁하다, 신마적! 잇뽕은 칼이 없지 않은가!"
 하지만 정작 당황해야 할 김두한은 오히려 태연하기만 했다. 김두한은 이때를 기다린 것이다. 이제 그에게 신마적과 대결할 수 있는 확고부동한 명분이 생긴 것이다.
 김두한이 부하들을 쳐다보며 찌렁찌렁 큰 소리로 외친다.
 "얘들아, 이 비겁한 신마적을 어떻게 했으면 좋겠느냐?"
 "형님, 아주 끝장을 내십시오. 비겁자의 종말을 단단히 가르쳐 주십시오."
 구름처럼 모여들었던 관중들이 일제히 김두한 편이 되어 '잇뽕', '잇뽕'하며 함성을 질렀다. 그제서야 김두한이 상의를 벗어 젖히며 신마적을 노려본다.
 "비겁지, 신마적아! 난 널 선배로서 대우했는데 맨손인 후배 앞에서 칼을 뽑다니, 좋다! 어디 덤벼보아라. 죽음만이 너를 기다리고 있을 테니까."
 김두한의 작은 눈에서 광채가 빛나고 있었다.

"잇뽕, 너의 그 건방진 주둥아리를 단칼에 찢어주겠다."
신마적의 차가운 공갈이 관중들을 살얼음판으로 몰고 갔다.
"잇뽕의 무모한 도전이야, 신마적의 칼은 아무도 당하질 못해."
잇뽕을 걱정하는 관중의 말이다.
김두한은 이런 말에 개의치 않고 신마적을 향해 또렷이 소리쳤다.
"잘 들어라, 신마적! 여기 모인 상인들은 우리 건달들을 먹여주는 생명의 은인이시다. 하지만 너는 그들을 하수인인 양 괴롭히는 흡혈귀가 아니었던가. 이분들을 대신하여 내가 너를 심판할 것이다."
김두한은 상인들을 위해 싸우겠다는 대의명분을 찾고 있었던 것이다.
관중들이 '잇뽕', '잇뽕'하고 외쳐대는 소리는 분명 김두한이 이기기를 바라는 관중들의 바람의 소리였다.
신마적은 자신에게 전세가 불리하게 전개되고 있음을 두려워한 나머지 다시 소리쳤다.
"네 이놈! 황천길을 단번에 열어주겠다."
신마적이 김두한을 향해 전투태세를 취했다. 김두한도 신마적의 옆으로 비스듬히 비껴섰다.
주먹의 한 판 승부.
김두한의 큰 주먹과 신마적의 날카로운 칼이 서서히 움직이기 시작했다.
성질이 포악한 신마적이 김두한의 자세가 바뀌어지는 순간 날렵하게 칼을 뿌렸다. 칼은 바람을 자르며 잇뽕의 심장을 향해 잽싸게 빨려들어 갔다.
"앗!"
관중들의 비명과 함께 김두한은 공중으로 몸을 날렸다. 한 바퀴 공중에서 회전하며 발은 신마적의 가슴팍을 강타했다. 이어서 솥뚜껑같이 큰 주먹이 신마적을 가격한 것이다.
 그야말로 순식간의 일이라 관중들은 입을 딱 벌린 채 넋을 잃고 말았다.
 신마적이 의식을 잃은 채 나가 떨어졌다.
 김두한의 양 무릎이 신마적의 몸을 짓눌렀다. 신마적이 가슴을 움켜쥐고 고통스러워하고 있었다.
 잇뽕은 결단이라도 내리는 듯 주먹을 치켜들었다. 이 주먹 한 방이 정타한다면 천하의 신마적도 끝장이다.
 신마적은 패배를 선언하듯 김두한의 얼굴에서 시선을 떼어내 땅바닥으로 떨구어 버렸다.
 김두한이 그의 치켜 든 주먹을 땅바닥으로 꽂아 내렸다.
 "형님, 죄송합니다."
 신마적의 얼굴빛이 잿빛으로 일그러졌다. 관중들의 '잇뽕', '잇뽕' 소리가 더욱 거세어졌다.

구마적의 최후

 김두한이 신마적을 부셨다는 소문은 삽시간에 전국의 주먹세계에 퍼졌다.
 이때부터 '김두한의 신화'는 세인들의 입에서 오르내리기 시작했다.
 하지만 김두한에게 있어서 신마적의 격침은 끝이 아니라 이제 시작이었던 것이다. 구마적이란 철옹성의 벽이 아직도 김두한을 기다리고 있었던 것이다.
 이 무렵 구마적의 진영엔 긴장이 감돌고 있었다. 그도 그럴 것이 신마적을 일격에 격침시킨 김두한을 언제나 햇병아리로 취급할 수만은 없었을 터였다.
 "놈이 더 발을 뻗치기 전에 날개를 분질러 버립시다."

구마적의 돌격대장 천병구(千炳九)가 심각하게 말을 꺼냈다.
구마적의 지시로 천병구는 김두한을 만났다.
"주먹세계의 법칙을 어긴 네 놈의 행동을 용서할 수 없다. 구마적 형님께 무릎을 꿇고 사죄하라."
그러나 김두한은 의식적으로 천병구의 말을 피하며 부화를 돋구었다.
"글쎄요……."
"아니 이 새끼가, 글쎄요 라니……!"
천병구의 불끈 쥔 주먹이 금시라도 김두한을 강타할 기세였다.
"형님, 참으십시오. 섣불리 다룰 녀석이 아닙니다."
천병구와 그의 부하들은 화가 머리끝까지 치민 채 돌아갔다.
"잇뽕, 그 새끼 죽여버리겠어."
"오늘이 어떻겠습니까? 마침 삼수라는 꼬붕이 녀석 생일이라는 정보가 있으니 경계 또한 허술할 것입니다."
"좋아. 행동으로 옮기자."
구마적의 부하들이 김두한의 본부인 '관철여관'을 습격한 것은 그날 밤 10시경이었다. 삼수의 생일 축하 파티 중에 흥겨워하고 있던 김두한 부대는 무참히 짓밟히고 말았다.
잇뽕과 몇몇 부하들은 겨우 몸만 피했으나 실로 엄청난 손실을 가져오고야 말았다.
"수고했어! 잇뽕 그 녀석 지금쯤 꽁꽁 앓고 있겠지!"
구마적의 입에서 의미심장한 웃음이 흘러나왔다. 이 정도의 충격이면 주먹세계에 환멸을 느꼈을 것이라는 구마적의 계산이었다.
하지만 김두한의 구마적에 대한 도전은 이날 이후 새롭게 불타고 있었으니 실로 굴욕을 참지 못하는 김두한의 기개를 잘 알 수 있으리라.
"기습을 하다니, 비겁한 구마적!"
이때부터 잇뽕 김두한과 구마적과의 공방전은 시작된 것이다.

한국 주먹세계의 심장부 '우미관'을 장악하기 위한 결전은 습격과 피습으로 얼룩지며 구마적의 조직과 김두한의 전술의 대혈전은 계속되었다.

이러한 싸움이 계속되자 먼저 위기감을 느낀 쪽은 구마적 부대였다. 왜냐하면 욱일승천으로 떠오르는 김두한이었으며 구마적은 쫓기는 입장임에 틀림없었기 때문이다.

"이대로 가다간 큰일나겠습니다. 이 기회에 잇뽕의 뿌리를 뽑아버립시다."

천병구의 제의에 구마적이 고개를 끄덕였다. 사실 구마적도 김두한의 조직이 커져가자 내심 불안과 초조를 느꼈다.

"잇뽕, 이제 더 이상 참을 수가 없다. 내 명령을 거절한다면 네놈들을 우미관 바닥에서 싹 쓸어버리고 말겠다."

구마적의 최후통첩에 김두한은 내심 쾌재를 불렀다.

"얘들아, 내일 정오에 이 김두한과 구마적의 1대 1의 맞대결이 있을 거라고 소문을 퍼뜨려라."

부하들의 얼굴에 일순 불안과 놀라움의 그림자가 교차되고 있었다.

"형님, 좀더 기회를 노리는 것이 어떻겠는지요. 지금은 시기가……."

"무슨 소리, 쌍칼 형님의 원수를 잊었더란 말이냐."

김두한의 얼굴엔 비장한 각오가 어려 있었다.

"얘들아, 안심해라. 나는 이긴다! 이 김두한의 모든 것을 보여주겠다."

서울 시내는 김두한과 구마적의 일대 대결이 있을 기라는 호외로 다들 눈이 휘둥그래졌다.

"역시 김두한의 배짱 하나만큼은 천하 제일이야. 천하의 구마적에게 도전장을 던지다니……."

이러한 소문을 들은 구마적은 손을 부르르 떨며 이를 갈았다.

"아니, 이토록 건방진 놈을 그냥……."
구마적은 탁자를 '쾅' 내리쳤다.
애송이 잇뽕놈과 싸우자니 체면이 손상되겠고 불응하자니 권위가 손상되겠고 그야말로 이러지도 저러지도 못할 처지에 놓인 구마적의 심정은 난감했다.
이튿날 아침, 우미관 극장 앞 광장에는 싸움을 구경나온 관중들이 마른 침을 삼키며 모여들었다. 예전의 신마적과의 대결에서 홍미를 느낀 관중들은 괴성을 지르며 좋아하기도 했다.
"잇뽕이 이길 거야. 그의 공중 회전 차기는 아무리 구마적이라도 피하지 못할걸."
"주먹은 어떻고? 솥두껑 같은 주먹 한 방이면 만사가 끝이라고, 암, 그렇고 말고."
"아무리 그렇지만 구마적이 누군가? 천하제일의 칼잡이에다 박치기 실력이야말로 귀신의 혼도 빼내지 않는가."
"그럼, 시멘트 바닥이 박살날 정도니 실력이야 인정해야지."
"제아무리 잇뽕이라 해도 이번에는 무리야."
관중들의 예상은 대체로 구마적의 우세로 쏠려 있었다.
이때 김두한이 6척 장신의 우람한 체격을 드러냈다. 상하 까만 양복에 빨간 넥타이 차림이 특히나 인상적이었다.
관중들은 '잇뽕', '잇뽕' 하며 함성을 질러댔다. 그러나 김두한이 모습을 드러낸 지 20여 분이 지나도록 구마적의 모습은 나타나지 않았다.
관중들의 야유가 빗발쳤다.
"구마적, 비겁하다. 빨리 대결을 벌여라."
바로 그 시간 구마적의 부대 내에는 숨막히는 침묵만이 맴돌고 있었다. 하룻강아지 김두한과의 대결에 대해 구마적의 참모들은 결정을 내리지 못하고 있었던 것이다.
30여 분이 지나자 군중들이 웅성거리기 시작했다.

"구마적. 사나이 대장부답게 싸움에 응해라."
"겁이 나면 잇뽕 앞에 무릎을 꿇어라."
 흥분한 관중들이 구마적의 사무실을 향해 돌을 던지기 시작했다.
 사태가 급변하자 구마적은 더 이상 머뭇거릴 수가 없었다. 주먹세계의 법칙으로도 도전에는 기꺼이 응해야만 한다. 그 길만이 주먹세계를 다스릴 수 있는 힘의 원리이기 때문이다.
 구마적은 애써 굳은 표정을 감추며 당당하게 김두한의 앞에 나타났다. 구마적이야말로 자타가 인정하는 주먹황제가 아닌가.
 구마적의 눈빛이 싸늘하게 김두한을 꿰뚫고 있었다. 둠은 침묵 속에서 서로의 눈빛을 쏘아 붙이고 있었다. 결전장엔 긴장이 감돌았다. 침묵을 깨뜨리고 김두한이 구마적 앞으로 성큼 다가섰다.
 5미터, 4미터, 3미터, 둘의 간격이 점차 좁혀지고 있었다. 누가 먼저 선수를 취하느냐에 따라 대세가 판가름날 수 있는 거리.
 바로 그 순간. 구마적의 손이 잽싸게 오른쪽으로 움직였다. 여섯 자루의 단도! 순식간에 여섯 자루의 단도가 김두한의 가슴을 향해 빨려들어 갔다.
 하지만 그렇게 허무하게 당할 김두한이 아니다. 번개같이 공중으로 몸을 뽑아올린 김두한. 오른쪽으로 몸을 역회전하며 구마적의 가슴팍을 가격했다.
"윽——!"
 너무도 싱겁게 주먹의 최정상은 쓰러지고 말았다.
 구마적은 이미 이런 사태를 예견이라도 한 듯 조용히 눈을 감았다.
 17살의 홍안의 김두한. 아직 얼굴에 여드름도 채 가시지 않은 김두한이 서서히 전국 최고의 주먹조직 사무실로 발걸음을 옮기자 관중들은 환성을 질렀다.
 1934년 가을, 드디어 김두한은 '주먹황제'의 자리에 당당하게 오른 것이다.
 어느 누가 17세의 김두한이 주먹황제에 등극하리라 감히 믿었던 가. 하지만 그는 해냈다. 지금 이 순간부터 김두한의 주먹천하가 막을 연 것이다.

제 2 장
주먹천하

김두한의 주먹법칙

17세의 김두한이 '주먹황제'가 되자 주먹세계는 갑작스런 변화에 술렁이기 시작했다. 나이 많은 주먹들은 물론 주먹 하나로 무위도식 하던 주먹들이 서서히 주먹세계에서 모습을 감추기 시작한 것이다.

그도 그럴것이, 17세밖에 안 되는 어린 주먹황제에게 '형님'하고 대우해 주는 것도 마음이 상하는 일이었지만 김두한이 주먹황제로 등극하면서 내건 '주먹세계의 시정목표'라는 4가지의 명령이 그들을 더 이상 주먹세계에서 허용하고 있지 않았기 때문이다.

첫째, 상인들에게 세금을 받지 말 것.

둘째, 사회로 복귀하는 부하에게는 중간보스들이 정착금을 줄 것.

셋째, 주먹세계를 떠난 부하는 다시 불러들이지 말 것.

넷째, 부하들이 독자적인 상업에 종사할 수 있도록 기술을 습득시켜 줄 것.

참으로 주먹세계의 일대 변혁을 일으킨 대사건임에 틀림없다.

부하들이 쑤근대기 시작했다.
"이래서야 어떻게 주먹세계를 유지하나. 뭐 우린 주먹만 훑어 먹고 살란 말인가."
"건달더러 성인군자가 되라는 말인가. 송충이는 솔잎 먹고 살아야지."
김두한의 주먹황제로서의 첫 출발은 처음부터 높은 벽에 부딪쳤다.
하긴 김두한의 등장은 곧 주먹의 세대교체를 의미하기도 하니까. 홍안의 나이, 무기 사용 불가 등 그의 싸움에 있어서의 철학이 주먹세계에 새 바람을 몰고온 것은 자명한 일이다.
이러한 싸움 철학으로 주먹세계를 이끌어 갈 김두한.
하지만 부하들의 그에 대한 불평불만이 고조되자 그로서도 새로운 대안을 필요로 하게 된다.
"그래, 일본놈. 그들을 괴롭히는 거야."
독립투사의 아들답게 김두한의 가슴엔 일본인에 대한 불만으로 가득했다. 우리의 선량한 상인들로부터 일본놈들에게로 눈을 돌린다면 그야말로 일석이조가 아닌가.
어느 날 김두한이 급히 참모들의 긴급 소집을 명령했다.
"지금부터 나의 명령을 잘 들어라. 우리는 대한 국민이다. 하지만 우리는 일본놈들로부터 모진 수난을 당하고 있다. 아무리 건달이라고는 하지만 같은 동족의 가슴에 원한을 심어 주어서는 안 된다. 하여 지금 나는 여러분에게 명한다. 일본놈들에게 원수를 갚아야 한다고."
참모들은 김두한의 애국심에 모두 고개를 숙였다. 그날부터 김두한 부대는 새로운 마음가짐으로 주먹의 위력을 과시하게 된다.
"이게 대체 무슨 봉변이야."
공포에 질린 일본인들의 신변을 호소하는 발길이 종로경찰서에 끊이지 않았다.

종로바닥에 내노라 하는 형사들이 거미줄처럼 망을 깔았다. 경찰은 범인 체포에 전 수사력을 동원하였으나 윤곽조차 잡지 못하고 있었다.
 범죄 수법이 어찌나 지능적인지 경찰로서는 속수무책이었다. 피해자의 귀중품이나 돈을 갈취한 후 흔적도 없이 사라지며 인명 또한 해치지 않는 매우 완벽하고 조직적인 범죄에 경찰들은 혀를 내둘렀다. 범죄 장소 또한 동서남북에서 번갈아 일어나 경찰들은 도저히 갈피를 잡지 못했다.
 일이 이쯤되니 경찰은 신출귀몰하는 범인을 체포하지 못해 안달이 났다. 1년여 동안을 손 한 번 제대로 쓰지 못한 경찰은 수사의 초점을 다시 원점으로 돌렸다.
 경찰의 사건 개요에 대한 정리는 다음과 같다.
 첫째, 우미관의 주인이 바뀌면서 이 사건은 시작됐다.
 둘째, 우미관 일대의 상인들의 세금이 전면 면제되었다.
 셋째, 김두한의 출신 성분으로 보아 배일사상이 짙다.
 넷째, 범행 수법이 대단위적 조직을 갖추었다.
 생각이 여기에 미치자 경찰들은 김두한 및 김두한 주먹세력을 제1의 용의자로 간주, 물증을 잡기에 혈안이 되었다.
 어느 날 김두한이 중국 음식점 '미도(美都)'에서 일명 평양박치기와 마주앉았다.
 "마음을 바로 잡고 사회에 나가 새로운 생활을 시작하고 싶습니다."
 평양박치기는 42세의 나이에도 불구하고 18세의 김두한 앞에 무릎을 꿇고 앉아 명령을 기다리고 있었다. 김두한이 문종이 한 장을 평양박치기 앞으로 내민다.
 "여기서 피로써 맹세할 수 있겠느냐?"
 그러자 평양박치기는 조금도 주저하지 않고 무명지를 깨물었다. 그의 눈에서 뜨거운 눈물이 비오듯 쏟아졌다.

"새사람이 되어 열심히 살아가겠습니다."

평양박치기가 혈서로써 맹세하자 잇뽕은 손수 붕대를 꺼내 손가락을 감싸 주었다.

"잘 가시오, 평양박치기. 부디 행복하게 사시오."

두 사람은 술잔을 건배하며 서로의 행복을 기원했다.

이때였다. 무슨 조짐을 느낀 김두한이 평양박치기를 피신시켰다.

"부디 잘 가시오!"

"몸조심하십시오."

김두한이 아무 일도 없었다는 듯이 태연히 술잔을 기울이고 있었다.

"잇뽕, 순순히 오라를 받아라."

형사들이 우루루 몰려 들어와 김두한을 에워쌌다.

"이 무슨 짓들이오!"

"잇뽕, 너를 체포하겠다."

"무슨 이유로?"

"말이 많구나. 경찰서에서 증거를 제시해 주겠다. 또 한 녀석, 평양박치기는 어디로 사라졌나?"

"모른다."

"아무튼 좋다. 네 녀석만 체포하면 되니까."

김두한은 사태를 직감하고 있었다. 평양박치기와 함께 있었다는 사실까지 알고 있었다면 예사로운 일이 아님을 김두한은 알고 있었다. 김두한이 형사들에게 끌려가면서 이후로의 일을 정리하고 있었다.

종로경찰서에 당도해 보니 김두한의 예상은 적중했다. 10여 명의 부하들이 시멘트 바닥에 뒹굴고 있었다.

"형님!"

부하들은 분을 참지 못하여 머리를 바닥에 찧어댔다.

"대체 어찌된 영문이냐?"
 김두한의 물음에 부하들은 아무 말도 하지 못했다. 다만 머리만 푹 숙이고 있을 뿐 어느 누구도 김두한을 감히 올려다보지 못했다.
 그날 오후 교묘한 경찰들의 덫에 부하들이 걸려들고 만 것이다. 술집으로 가는 인력거를 습격하다 그만 체포된 것이다. 인력거에는 종로경찰서의 악명 높기로 이름난 오무라 형사가 타고 있었던 것이다.
 전기고문, 물고문, 채찍질에 얼마나 심하게 고동을 당했던지 그동안의 강도짓을 하게 된 동기와 잇뽕과 평양박치기와의 '미도'에서의 만남까지도 술술 불어버리고 말았던 것이다.
 "잇뽕, 이래도 끝까지 잡아뗄 텐가!"
 오무라 형사가 채찍을 휘두르며 김두한을 위협했다. 김두한이 실소를 터뜨리자 오무라의 화가 머리끝까지 치솟았다.
 "잇뽕, 이 자식! 마지막 1분의 여유를 주겠다. 순순히 불지 않을 땐 이 오무라의 악명을 보여주겠다."
 "오무라 형사, 나 더러운 일본말은 모르니 통역관을 불러주라."
 한국계 형사 서영남(徐英男)이 불려 나와 김두한 앞에 섰다.
 김두한이 일부러 능청스러운 웃음을 지으며 서 형사에게 말한다.
 "네 놈도 한국사람이겠지. 날 여기서 내보내지 않으면 네 처자식은 한강의 고깃밥이 될 줄 알아라. 이 김두한 부대의 위력을 들어서 알고 있을 테지. 네 놈의 목숨도 아깝거든 잘 알아서 처신하란 말이야. 알겠어?"
 잇뽕이 웃으면서 말하니 영문을 몰라 오무라가 서 형사를 물끄러미 쳐다보았다. 하지만 서 형사는 김두한의 말에 기절초풍할 노릇이었다. 자칫 잘못 처신했다가는 온 가족이 몰살당할 판국이었으니 서 형사의 위급함도 짐작할 수 있으리라.

서 형사가 오무라의 귀에다 조용히 말을 건넸다.
"김두한이 부하들의 실수를 용서바란다고 합니다. 다시는 이런 불상사가 없도록 하겠답니다."
오무라의 입에서 만면의 웃음이 흘러내렸다.
"잇뽕, 너의 잘못을 깊이 뉘우친다니 특별히 이번만은 용서하겠다. 하지만 다음에 이와 같은 불상사가 발생한다면 가만 두지 않겠다."
김두한이 부하들을 데리고 돌아오는 종로바닥엔 어둠이 짙게 내려 있었다.

비정한 승부

김두한의 주먹세계에 대한 시정 목표 방침은 점점 불만으로 고조되고 있었다.
상인에게서의 일체의 세금을 폐지하였으니 중간보스들로서는 당연한 불만이었는지도 모른다.
게다가 이번 일련의 사태가 가져다 준 파문은 이들을 더욱 부채질했다. 일본인들의 습격도 하루이틀이지 목숨을 건 위험한 사업을 좋아할 리 만무였다. 이것이 건달들의 심리인지도 모른다. 옛날 구마적이나 신마적 시절에는 중간 보스들의 위력 또한 대단했던 것은 사실이다. 하지만 지금의 중간보스들의 처지는 어떤가?
부하들을 위한 희생물이라면 희생물일 정도로 권위가 추락됐다고 스스로 여긴 것이다. 게다가 일본인들에 대한 습격으로 경찰의 총 수사력이 집중되고 보니 행동 일거수 일투족에 제한을 받게 된 것이다.
이러한 연유로 해서 김두한의 아성에 정면도전한 자가 바로 상하이 박이라는 인물이다.

상하이 박은 38세의 원로급 중간보스로 권총 다루는 솜씨가 귀신 같았다. 30미터 전방의 호도알도 백발백중 명중시키는 실력자로서 총탄에 터진 호도알을 까먹는 괴짜이기도 했다.
 옛 버릇과 굶주림에 대한 향수를 느끼는 주먹들이 하나둘씩 상하이 박의 수하로 몰려갔다.
 "잇뽕을 제거하는 건 식은 죽 먹기야."
 상하이 박이 종로바닥을 떠들고 다녔다. 그뿐 아니라 김두한과 친하게 지내는 상인들만 골라서 괴롭히고 다녔으며 김두한이 황제가 되면서 서울을 떠났던 원로 주먹들이 은밀히 상하이 박에게 몰려들어 김두한의 반대세력을 형성하고 있다는 소문까지 떠돌았다. 김두한의 참을성은 한계에 다다랐다.
 주먹세계에서 한 번 조직 내에 가입하면 그것으로 그만이었다. 이것은 주먹세계의 철칙이기도 했다.
 김두한은 심각성을 감지했다.
　○월 ○일 임시총회 개최
　장소 : 한강 백사장
　대상 : 중간보스급 이상
　　　　　　　　　김두한
 김두한의 표정이 여느 때와는 달리 몹시 험악해졌다. 그의 얼굴에서 비장한 각오가 물씬 풍겨날 정도였으니.
 운명의 날이 다가왔다.
 서울의 각 특별지구, 전국 각 지역 등에 포진하고 있던 500여 명의 중간보스급들이 몰려들었다. 물론 상하이 박도 끼어 있었다. 아무리 반기를 들고 나선 상하이 박이었지만 아직도 김두한의 휘하에 있었기 때문이다.
 경찰들은 임시총회의 정보를 입수했으나 깡패들의 친목대회쯤으로 여기고 단 한 사람의 형사도 신경을 곤두세우지 않았다. 괜히 비위를 건드릴 필요가 없다는 그들의 자체적인 판단이 내려졌던 것이다.

500여 명의 주먹들이 한 자리에 모인 것은 이때가 처음이자 마지막이었다고 한다.

웅성거리는 중간보스들이 김두한의 등장과 함께 침묵으로 빠져들었다.

그의 유난히도 작은 눈에서 빛나는 광채는 실로 부하들을 위압하고도 남을 만치 위엄이 서려 있었다.

"충실한 나의 부하들이여! 너희들이 원하다면 나는 기꺼이 이 자리를 내놓을 준비가 되어 있다."

순간 부하들은 심장이 딱 멎는 느낌을 충분히 받고도 남았으리라. 실로 예상치 못했던 말이 아니던가.

김두한의 말은 계속되었다.

"너희나 나나 따지고 보면 불쌍하기 그지없는 인간 쓰레기들이다. 우리들의 주먹 앞에 죽는 시늉까지 내는 상인들이 과연 돌아서서도 그럴 줄 알았더냐. 이러한 사실들은 누구보다도 우리 자신이 잘 알고 있지 않느냐?"

평소에 말이 없던 김두한의 입에서 청산유수처럼 말이 쏟아져 나오자 부하들은 잔뜩 긴장을 했다. 무슨 명령이 떨어질까 두려워하는 부하들도 있었다.

"나는 너희들이 알다시피 백야 김좌진 장군의 아들이다. 독립군 부모를 둔 덕분으로 아홉 살에 고아가 되어 뒷골목에서 커온 나다. 나는 배운 것이 없다. 고로 무식쟁이다. 하지만 나의 정신만은 일본놈들을 증오하는 일념으로 차 있다. 그래서 동포 상인들을 괴롭히지 말자는 것이다. 나의 말에 이견이 있는 놈은 손을 들어라. 그리고 당장 이리로 뛰어 나오너라!"

김두한의 일장연설에 부하들은 마른 침만 삼킬 뿐 어느 누구 하나 미동도 하지 않았다.

"땀흘려 일하고 일본놈을 향한 협객이 나의 너희들에 대한 유일한 희망이었다. 정신이 썩어빠진 인간은 개 돼지보다 못한 인간이다. 나는 동포들을 볼 때마다 울었다. 그들이 불쌍해서 울었고 쓰레기 같은 내 인생이 서러워서 울었다."
 김두한의 목소리가 한강 백사장에 찌렁찌렁 울려퍼졌다.
 잠시 말을 멈춘 김두한이 주먹을 높이 치켜 들고 외쳤다.
 "이 김두한이 어떻다는 것을 너희들에게 보여주마! 주먹세계의 법칙을 어긴 놈의 최후를 보여주고자 한다."
 김두한의 분노에 상하이 박은 물론 500여 명의 부하들은 아연 긴장하고 있었다.
 "상하이 박! 앞으로 나왓!"
 분위기가 갑자기 술렁거렸다. 상하이 박이 어쩔 수 없이 엉거주춤 걸어 나왔다.
 "옷을 벗어! 그리고 무릎을 꿇어!"
 상하이 박이 마지못해 무릎을 꿇었다.
 "옷을 벗어, 이 새끼야!"
 상하이 박이 반항하며 옷을 벗지 않았다.
 "상하이 박! 명령을 어길 텐가?"
 김두한이 윽박지르자 상하이 박은 어쩔 수 없이 옷을 벗는 체하며 잽싸게 권총을 꺼냈다. 과연 권총의 명사수답게 민첩하고 자연스러웠다.
 그러나 김두한의 예리한 눈이 그것을 놓치지 않았다. 김두한의 발은 정확하게 권총을 떨어뜨렸다. 모래바닥으로 나동그라진 상하이 박이 풀이 죽어 바르르 떨고 있었다. 금방 사색이 되어버린 상하이 박의 얼굴에 잿빛 어둠이 내리고 있었다.
 "죽을 죄를 지었습니다. 한 번만 용서를······."
 말이 채 끝나기도 전에 가죽채찍은 상하이 박의 어깻죽지를 사정없이 찢고 있었다. 모래바닥은 붉은 피가 홍건했다.
 그렇게 기세 등등했던 상하이 박도 김두한 앞에서는 처참히 부서지고 말았다. 김두한은 미리 준비한 날이 시퍼런 도끼를 상하이 박의 머리 맡에 집어 던졌다.
"네 놈은 나의 명령을 거역했음은 물론 주먹세계의 법칙을 어겼다. 그 도끼로 너의 손목을 스스로 자를 기회를 주겠다. 상하이 박!"
방아쇠를 당겨야 할 오른손을 자르라는 것은 어쩌면 죽음보다도 가혹한 형벌이었다. 상하이 박이 마지막 애원을 한다.
"한 번만 용서해 주십시오. 충성스런 부하가 될 것을 맹세합니다."
상하이 박의 눈물 젖은 애원에도 김두한은 머리만 가로저을 뿐이었다. 김두한은 한 번 결정한 것은 다시는 번복하지 않는 강인한 성격의 소유자였던 것이다.
"그렇다면 내가 네 놈의 팔목을 절단해 주겠다."
김두한의 명령으로 삼수가 상하이 박의 팔목을 잡았다.
상하이 박의 자지러지는 비명과 함께 그의 팔목이 모래바닥에 나뒹굴었다.
"어떤 놈을 막론하고 명령을 어기는 자는 본때를 보여주겠다!"
참으로 비정한 승부였다.
500여 명의 부하들은 부르르 몸을 떨며 고개를 숙이고 있을 뿐이었다.
이처럼 부하들을 새사람으로 만들겠다는 김두한의 신념은 생각처럼 쉽지만은 않았다. 언제나 마음 한구석에는 공갈, 협박, 폭력의 잔재가 독버섯처럼 남아 있기 마련이다. 김두한의 강경한 정책 때문에 그저 따르는 척했으나 그것이 부하들의 본심일 수는 없었다.
상하이 박 사건이 있은 직후부터 김두한은 어느 때보다 외로운 시간을 보내야 했다. 언제 불똥이 튈지 모르는 부하들이 김두한을 슬슬 피하기 시작한 것이다. 여자를 목석 보듯 하던 김두한이 기생집을 찾은 것도 이 때문이다. 하지만 기생들이 부하들의 외면에서 생긴 고독을 씻어주지는 못했다.
 이렇게 김두한이 기생들과 술집에서 외로움을 달래고 있을 때 돌연 종로바닥에 '마루오까'라는 악질 형사가 등장한 것이다.

우미관의 재건

 1938년 2월, 삼일절 기념 행사를 내비한 예비 검속으로 김두한은 종로 경찰서 유치장에 수감된다. 일경들은 언제나 기념일이나 민속 명절 때가 되면 소요를 예상한 예비 검속으로 요주의 인물들을 유치장에 수감시키는 교활한 방법을 쓰곤 했다.
 김두한이 유치장을 나왔을 땐 이미 김두한 부대는 풍지박산이 나 있었다.
 오른팔 김영태(金永泰)가 눈물을 흘리며 보고했다.
 "형님이 유치장에 있는 사이 마루오까라는 형사놈이 드디어 일을 저지르고 말았습니다."
 "대체 그놈은 어떤 새끼야?"
 김두한의 얼굴이 험악해졌다.
 "유도가 8단에다 어찌나 힘이 센지 그를 당할 자가 없었습니다. 일본 천황이 관전하는 어전시합에서 7년이나 연속 우승했다는 괴력의 사나이입니다."
 일본 경찰은 일본인에게 빈번히 자행되는 노상강도, 특수절도 등 폭력단의 횡포를 저지할 심산으로 마루오까를 한국에 파견한 것이다.
 이 문제의 사나이 마루오까가 한국 제1의 주먹임을 자타가 공인하는 김두한에게 정면대결을 선언하고 나섰으니 실로 흥미있는 일이 일어날 것은 분명해졌다.
 "마루오까인가 마룻바닥인가 하는 놈의 실력을 우선 체크해 보

자. 영태 네가 선봉에 나서거라."
 마루오까와의 신중한 대결을 김두한은 머리 속에 그리고 있었다. 자칫 마루오까에게 당하는 날이면 자신의 체면은 물론 부대가 완전히 풍지박산날 것은 자명하기 때문이었다.
 김영태는 김두한의 작전과 전략을 맡고 있었다. 주먹도 주먹이지만 그의 비상한 싸움 전략은 가히 유비를 돕던 관우만큼이나, 임꺽정을 돕던 서림만큼이나 비상했다. 하여 그의 별명조차 '서림'이라 할 정도였다.
 호시탐탐 기회를 엿보던 김두한에게 마루오까가 우미관 바닥에 나타나 부하들을 개패듯 두들기고 있다는 보고가 들어왔다.
 김두한은 김영태, 김무옥(金武玉) 등을 거느리고 우미관으로 달려갔다. 땅바닥에 죽죽 깔린 부하들이 김두한을 보자 엉금엉금 기어왔다. 김두한의 마음이 차갑게 가라앉고 있었다.
 "저런 땅꼬마 녀석이······."
 마루오까를 본 김두한은 작달막한 그의 풍채를 보며 실소를 금치 못했다.
 마루오까는 김두한 앞에서 힘을 과시라도 해 보이듯 금테의 경찰모를 쓴 정장 차림인 채 아무런 내색도 없이 마지막 남은 꼬붕들을 차례차례 집어 던졌다. 참으로 기가 막힌 일이었다. 저토록 조그마한 덩치에서 나오는 괴력을 보자 김두한은 곧 생각을 바꾸었다.
 "역시, 소문대로 대단한 놈이로구나."
 "형님, 섣불리 상대할 녀석이 아닙니다. 조심해야겠어요."
 입이 딱 벌어진 김무옥의 말이다.
 김무옥은 유도 3단으로 조르기가 주특기였다. 평소에는 침착한 성격의 소유자이나 울화가 치밀면 앞뒤 가리지 않는 탱크 같은 사나이였다.
 "무옥아! 너는 오늘부터 저 녀석에게 접근하여 허점을 발견해

라. 알겠나!"

 마루오까가 아침이면 조깅을 한다는 사실을 알아낸 김무옥이 조깅 코스의 길섶에서 매일같이 유도연습을 하기 시작했다.

 "어이쿠 형사님! 소문이 대단하시던데 유도 한 수 가르쳐 주십시오."

 넉살좋은 김무옥의 수완에 마루오까는 김무옥의 정체를 알지 못하고 종로 경찰서 유도장에 초청을 한다.

 이렇게 해서 김무옥은 한 달 이상 마루오까와의 경험을 통해 그의 장단점을 일일이 파악하기 시작했다.

 "형님, 그 녀석의 턱은 유리턱이에요. 턱에 손만 기면 이에 시합을 중단하곤 했지요."

 "수고했다. 이제부터 실전 연습이다."

 그날부터 김두한은 마루오까와의 대결에 대비해 피나는 훈련을 계속했다. 김무옥이 마루오까가 되어 둘은 장단점을 이용할 중요한 비책을 연구하고 있었던 것이다.

 "이 전호의 기회를 놓쳐선 안 된다. 흐트러진 부대의 기강을 잡고 새로운 바람을 일으켜 보자."

 우미관 부대를 쑥밭으로 만든 마루오까를 때려눕혀 부하들의 사기와 주먹조직의 활성화를 이루려 하는 김두한의 비장한 각오였다.

 "마루오까가 우미관 술집에서 술을 마시고 있습니다."

 허겁지겁 달려온 김영태가 말한다.

 "드디어 운명의 날이 찾아와 주었구나."

 "그렇고 말고요. 마침 술집 앞엔 넓은 광장도 있어 안성맞춤입니다."

 드디어 김두한의 세력이 포효할 기회가 주어진 것이다.

 부하들이 종로 일대를 뛰어다니며 소식을 전파해댔다.

 "한국의 주먹황제 김두한과 일본 영웅 마루오까의 한 판 대결을 기대하십시오."
 금새 우미관 일대는 사람의 홍수로 가득해졌다. 일촉즉발의 긴장감이 맴돌기 시작했다.
 여전히 검정 양복에 빨간 넥타이의 김두한이 우미관의 문을 열고 들어섰다. 아직도 마루오까는 기생을 옆에 끼고 느긋하게 술을 마실 뿐 김두한을 쳐다보지도 않았다. 마루오까와 술좌석을 같이 하고 있는 자가 연신 머리를 조아리며 마루오까의 비위를 맞추는 데 여념이 없었다.
 '옳지, 저 간사스러운 놈을 이용하자. 그러면 마루오까가 가만 있지 않을 테지. 그때 박살을 내버리자.'
 6척 장신의 김두한이 그 녀석의 나막신을 질끈 밟았다. 95Kg의 산더미 같은 무게가 발을 눌렀으니 제깟 놈이 견딜 리 만무였다.
 "꽥!"
 "야! 이 새끼야, 발이나 잘 챙겨!"
 김두한이 되려 큰소리다. 뒤로 넘어져도 코가 깨진다더니 그로서는 참으로 어처구니없는 일이었다.
 그러한 상황 하에서도 마루오까는 미동도 하지 않았다. 과연 일본의 영웅답게 계속 술만 마실 뿐이었다. 오히려 화가 치민 쪽은 김두한이었다.
 김두한은 그 녀석을 냅다 술상에다 집어 던졌다.
 술상이 뒤엎어지자 그제서야 마루오까가 점잖게 나섰다.
 "이제 그만 두지, 젊은 친구."
 일본말을 알아듣지 못하는 김두한이었지만 마루오까의 거만한 태도에 벌컥 울화가 치밀어 올랐다.
 "야! 이 쪽발아! 네 녀석이 유도 8단이면 다냐? 형사면 다냐? 건방진 똥파리 같으니라구."
 난데없이 날뛰는 김두한을 마루오까가 멍청히 쳐다보았다.
 "어디다 눈깔을 비벼뜨고 난리야. 이 쪽발아, 억울하면 한 판

붙어주마!"
 어이가 없다는 표정으로 마루오까가 술집 주인에게 묻는다.
 "왜 이 난리요?"
 술집 주인이 겁에 질린 채 더듬거렸다.
 "형사님과 한 판 겨루고 싶답니다."
 "어떤 녀석인데 이리도 겁이 없는가?"
 "한국 제1의 주먹잡이지요. 잇뽕이라고……."
 "잇뽕?"
 그제서야 마루오까가 회심의 미소를 씨익 지어보였다. 한국 제1의 주먹잡이라니 호기심이 발동하는 모양이었다.
 "야! 이 난쟁이 녀석아! 웃긴 왜 웃어!"
 "잇뽕! 대결 신청인가?"
 "그렇다. 이 쪽발이 녀석아!"
 그제서야 마루오까가 술상을 밀치고 일어섰다. 겨우 5척 남짓한 키가 김두한과 비교하면 어른과 아이 같았다. 하지만 빈틈없는 마루오까의 몸짓이었다.
 김두한이 웃으며 마루오까에게 제의했다.
 "마루오까! 오늘의 승부는 여기서 결말지읍시다. 누가 이기든 차후의 보복 같은 비겁한 짓은 하지 말자는 뜻이오."
 아까와는 달리 매우 여유 있는 김두한을 보는 마루오까의 표정에서 흠칫 놀라는 기색이 역력했다. 김두한은 마루오까의 표정 하나하나를 놓치지 않고 뜯어내고 있었다. 마지막까지 그의 허점을 연구하는 김두한의 각오가 이처럼 강렬했던 것이었다.
 마루오까 역시 일본 영웅답게 김두한에게 결전의 악수를 청하는 것이 아닌가.
 그들이 악수를 나눈 채 담소를 나누며 우미관 술집을 빠져 나오자 지루하게 두 사람의 대결을 기다리던 관중이 놀라움과 영웅적 대결에 함성과 박수를 터뜨렸다. 구름처럼 몰려든 관중을 보자 마루오까가 놀란 얼굴을 하였다.
 드디어 대결은 시작되었다.
 김두한과 마루오까의 간격은 10미터 남짓. 마루오까의 눈이 굶주린 이리처럼 번쩍거렸다.
 김두한이 좌우로 서서히 움직이며 마루오까의 허점을 찍어내고 있었다.
 10여 분 동안을 계속 탐색으로 일관하는 두 사람. 관중들은 머리들이 쭈뼛쭈뼛 설 정도의 긴장감을 느꼈다.
 "이 빠가야로, 버러지 같은 놈, 네 놈이 내 부하들을 분질러 놓은 이상으로 네 놈의 삭신을 분질러 놓겠다."
 공격은 마루오까가 먼저 시작하였다.
 "으라차──"
 마치 번개가 내리치듯 순식간에 목표물을 향해 달려드는 마루오까. 표범이 먹이를 향해 돌진하듯이.
 그러나 김두한이 어느새 마루오까의 머리 위에서 한 바퀴 공중회전을 마치고 사뿐히 낙하하는 것이었다.
 "야! 이 쪽발이야. 네 놈은 눈 먼 봉사더냐?"
 관중들이 폭소와 탄성을 내질렀다.
 마침내 마루오까가 이성을 잃고 봇물 터진 둑처럼 씨근씨근 거품을 쏟기 시작했다.
 다시 마루오까가 질풍처럼 내달아 김두한의 다리를 낚아채려 했으나 이번에도 김두한은 살짝 마루오까의 공격을 피했다. 마루오까가 기우뚱거리며 중심을 가다듬고 있었다.
 "하하하…… 네 녀석이 유도 8단이라니. 너희 나라의 인재도 완전히 썩은 개똥들이겠구나."
 마루오까의 분노는 계속되었다. 이처럼 우롱당하기는 난생 처음인지라 계속해서 씩씩거리고 있었다.
 마루오까가 다시 공격을 하기 위해서 길게 호흡을 하고 있었다.

시간을 오래 지체하다가 기습이라도 당하는 날에는 천하 김두한도 끝장인 것을 염려한 김두한이 드디어 우렁찬 함성으로 마루오까를 향해 몸을 날렸다.
공중으로 붕 뛰어오른 김두한이 한 바퀴 공중회전을 하며 마루오까의 유리턱을 강타했다. 일촉즉발의 순간이라 제아무리 날고 뛴다는 마루오까도 손쓸 새도 없이 당하고 말았다.
'쿵'하고 4,5미터쯤 튕겨나간 마루오까의 명치끝에 솥뚜껑 같은 주먹이 내리 꽂혔다.
"윽——"
마루오까는 끝내 정신을 잃고 말았다.
김두한은 공격을 멈추고 마루오까가 깨어나길 기다리고 있었다.
1시간쯤 지나자 마루오까가 눈을 떴다. 이미 초점이 흐트러진 마루오까의 눈에서 패배를 시인하는 절망이 엿보였다.
마루오까는 사무라이답게 일본 영웅답게 끝까지 약속을 지키는 위인의 면모를 보여주었다. 유도에서처럼 손바닥으로 땅을 세 번 내리치더니 이내 정신을 잃고 다시 쓰러졌다.
"마루오까를 병원으로 옮겨라."
주먹세계에서 승자는 패자를 병원까지 옮겨주어야 하며 또한 패자는 깨끗이 결과에 승복하여 고소를 하지 않는 것을 철칙으로 하고 있었다.
김두한과 마루오까의 대결 결과가 삽시간에 전국 각지는 물론 일본에까지 전해졌다. 김두한이 마루오까를 때려눕힌 일대 사건은 김두한의 예상대로 엄청난 여파를 몰고 왔다. 마루오까에 의해 흩어졌던 부하들이 김두한의 휘하로 몰려들었고 불만만을 터뜨리던 중간보스들이 충성을 맹약했다.
잇뽕 김두한, 그는 역시 별명 그대로 한국 제1의 주먹이었다.

장충단의 대혈투

마루오까의 침몰은 일본 내의 사무라이들에게까지 커다란 파문을 일으켰다.

사무라이들은 김두한의 콧대를 꺾기 위해 시도 때도 없이 몰려들었고 김두한은 그때마다 가슴 속에 맺힌 울분을 그들과의 대결로 달래곤 하였다. 타고난 주먹과 주먹세계에서의 경험이 이제 신기에 다다라 있는 김두한이 어느 누구를 무서워하랴!

전 일본군 유도 챔피언 시게오 요시하라를 비롯한 수많은 사무라이, 그리고 일본의 협객 야쿠샤들이 줄을 이어 도전해 왔으나 모두 김두한의 일격에 나가 떨어지고 말았다.

김두한의 조직도 거대하였으나 주먹의 거장답게 탁월한 개인기로 상대를 무너뜨리는 뱃심 두둑한 낭만파의 주먹을 자랑하기도 했다. 차츰차츰 김두한의 명성은 치솟아 올랐고 그만큼 '긴또깡 왕국'의 세력도 거대해졌다. 더구나 김두한이 백야 김좌진 장군의 아들이라는 사실, 김좌진을 아버지로 둔 탓에 어린 나이에 천애 고아가 되어 배우지도 못하고 뒷골목으로 빨려들어와 주먹황제라는 자리까지 차지한 김두한에게 사람들은 깊은 신뢰와 남다른 애정을 느끼고 있었다.

하지만 정작 김두한 본인은 누구보다도 외로웠고 고독했다. 세인들의 사랑과 부하들의 사랑을 한몸에 받고 있는 김두한이었지만 때는 일제의 지배를 받는 조국 한국이었던 것이다. 한국인이 다른 사실에 괴로움을 느낀 것이 아니라 일제의 지배를 받고, 허구헌날 일경들에게 끌려가 모욕을 당한다는 사실에 김두한은 주권 잃은 조국의 한 사람으로서 쓸쓸했던 것이리라.

이러한 고독을 주먹 하나로 일본놈들을 꺾고 있을 때 일본의 대협객 고노예로부터 도전장이 날아들었다.

고노예와의 한판 대결이 바로 전설처럼 전하여 오는 '장충단 대혈투'이다.
 고노예는 1930년 초에 한국으로 들어온 두산만(頭山滿)의 수제자로서 일본 사무라이계의 정통파였다. 고노예는 70의 고령이었으나 기골이 장대한 젊은이를 방불케 하는 천하의 제일이라 자처하는 검법의 귀재이기도 했다. 그런 고노예의 도전장을 받아 든 김두한의 마음이 예사롭지 않았을 것은 분명하다.
 "제아무리 두산만의 정통파라 하나 어찌 이 천하의 김두한이 70 먹은 노인과 대결하니."
 "형님, 고노예의 계략입니다. 형님과의 1:1 대결이 아닌 각각 60명이 일본도를 가지고 대결하자는 것입니다."
 장영철(張榮哲)이 긴장한 낯빛을 풀지 못하고 말한다.
 "뭣! 일본도로, 60명씩, 이런 괘씸한 고노예!"
 김두한의 걱정은 태산 같았다.
 60자루의 일본도를 구하는 것도 문제였지만 설사 구한다고 한들 부하들이 사용하는 기술이 일본도를 주무기로 사용하는 사무라이들을 당해낼지가 의문이었다. 부하들은 맨몸으로 싸움을 익힌 주먹잡이일 뿐이었기 때문이다.
 그렇다고 도전장을 묵살한다는 것은 지금까지 쌓아올린 김두한의 금자탑에 먹칠을 하는 것이 아닌가.
 "이 야비한 쪽발이, 고노예! 내 이 녀석을 당장……."
 "형님! 진정하십시오. 저희들이 역전의 맹장들로 인원을 소집해 보겠습니다."
 "그래, 우리에게 굴복이란 있을 수 없다. 오직 명예만 있을 뿐이다. 나의 아버지 백야 김좌진 장군은 청산리대첩에서 1개 대대 병력으로 일본군 1개 여단을 박살내지 않았던가. 겨우 60명의 사무라이니 이쯤이야 손바닥 뒤집기가 아니겠느냐."
 "필사즉생(必死則生)이란 말이 있지 않습니까? 제까짓 것들이 두산만이면 두산만이었지 우리 부대의 의협심을 당해내지는 못할 것입니다. 염려마십시오."

"그래, 당장 인원을 소집하라!"

김두한은 목숨을 걸고 뛰어들 부하들의 용기에 찬 모습을 그리며 두 주먹을 불끈 쥐었다.

그러나 이튿날 김두한이 받아 든 참가자의 명단은 낙담이 아닌 차라리 경악이었고 분노였다. 두루마리의 명단은 혈서로 적은 단 한 줄이었다.

"장영철, 길일남, 형님과 동생동사하겠습니다."

김두한이 분노를 참지 못하고 술병을 들이켰다.

"형님, 진정하십시오. 저희들이 있지 않습니까!"

"이 김두한이 이렇게 신임을 얻지 못하였던가."

절망에 빠져 있던 김두한의 눈에 핏발이 섰다.

"그래 나는 주먹황제 김두한이다! 너희들이 있는데 내가 무엇을 두려워하랴! 우린 이긴다! 반드시 이긴다!"

그날 김두한의 눈에 눈물이 고인 것을 장영철과 김일남은 보았다. 그에게서 처음으로 보는 눈물이었다. 부하들에 대한 실망의 눈물일 것이리라.

그날 저녁 '장충단 공원의 대혈전'의 주역 세 사람은 밤새워 술을 마셨다.

이튿날 새벽같이 일어나 세 사람은 장충단 공원을 무대로 피나는 훈련을 시작하였다. 지형답습과 함께 전투전략을 세밀히 구상하였다.

"일 주일 후면 축배가 우리를 기다릴 것이다."

김두한은 장영철과 김일남의 사기를 북돋아 주는 데에도 신경을 기울였다. 주먹들에게는 '사기'만큼 큰 무기도 없음을 김두한이 염두에 둔 말이다.

드디어 결전의 날은 밝아왔다.

"자! 시간이 되었다. 의기양양하게 도전에 임하자. 후회없는 일전을 바랄 뿐이다. 백에 하나 우리가 패한다 하더라도 아무도 비웃을 사람은 없을 것이다."
　김두한 일행이 장충단 공원에 도착한 것은 이른 새벽이었다. 마침 안개가 자욱히 낀 날씨라 지척을 분간할 수 없는 김두한에게 있어서는 더없이 좋았다.
　"하늘이 우리를 도우시는구나."
　"무슨 말씀이십니까?"
　"저들이 우리의 숫자를 알 수 없다는 뜻이다. 그러니 사람이 많은 것처럼 위장하여 사방으로 뛰어다니며 소리를 질러 저희들끼리 싸움을 하게 하는 것이야. 내 말 명심해 두어라!"
　김두한이 일본도에 대비해 미리 만들어 두었던 촘촘히 잔못이 박힌 쇠방망이를 휙휙 휘둘러 보였다.
　여전히 안개가 자욱한 새벽 5시. 김두한을 중심으로 우측은 김일남이, 좌측은 장영철이 버티고 섰다.
　"돌격하라!"
　60명의 사무라이들이 고함을 지르며 돌진해 왔다.
　"앞으로 전진하라."
　세 사람이 바람처럼 쏟려 나갔다. 쇠방망이와 일본도가 부딪치는 요란한 소리, 여기저기서 비명소리가 섞여 순식간에 수라장이 되었다. 김두한이 계속해서 고함을 질러 댔다.
　"앞으로, 뒤로, 앞으로."
　김두한의 선창에 맞추어 장영철과 김일남이 복창을 해댔다. 예상은 적중했다. 자욱한 안개로 서로간의 식별이 어려운 데다 지형지물을 이용한 김두한의 전략에 사무라이들은 자기들끼리 치고 받는 싸움을 계속했다.
　시간이 얼마나 지났을까? 서서히 안개가 걷히기 시작했다. 김두한의 마음은 다급해졌다. 안개가 걷히고 말면 김두한도 끝장이기 때문이다. 밀고 밀리는 공방전을 계속하던 김두한이 더 큰 목소리로 외쳐댔다.
"앞으로, 뒤로, 앞으로."
 김두한의 선창에 웬일인지 복창소리가 들리지 않았다. 김두한은 불안을 느꼈다. 필시 부하들에게 무슨 일이 있으리라는 직감이 들었기 때문이다. 김두한이 더욱더 거센 힘으로 쇠방망이를 휘둘렀다.
 하지만 어느 사이 안개가 걷혀지고 있었다. 이미 장영철과 김일남은 피투성이가 된 채 쓰러져 있었다. 오로지 김두한만이 쇠방망이를 휘두르고 있었던 것이다.
 당황한 쪽은 김두한보다 사무라이들이었다.
"아니, 겨우 세 놈이서……."
 김두한과의 혈전을 지휘하던 사무라이 이또오는 격분하고 말았다. 그것도 세 놈에게 당한 사무라이는 벌써 30여 명이 잠들어 있었기에 그의 분노는 더더욱 컸다.
"잇뽕, 이 빠가야로!"
 사무라이들은 조심스럽게 김두한을 구석으로 몰아붙였다. 이또오의 분에 찬 칼날이 더욱 빛을 발하고 있었다.
 하지만 국내 제1의 주먹 김두한이 호락호락 굴복할 인물은 아니었다. 쇠방망이가 바람을 자르며 허공에서 춤을 추었다. 순식간에 너댓 명의 사무라이가 쓰러졌다.
"조심해서 접근해라. 쉽게 다룰 녀석이 아니다!"
 사무라이들의 접근이 원반형으로 펼쳐졌다.
"멈춰라, 이또오! 너는 사무라이의 정신을 잊었더란 말이냐?"
 고노예였다. 70의 노령답지 않은 기개에 찬 목소리였다.
"긴또깡! 역시 소문대로 대단하군, 60대 3의 대결을 벌이다니!"
 고노예의 의자 뒤에 일장기와 두산만 부대기가 펄럭이고 있었다. 김두한은 핏발 선 두 눈으로 깃발을 쏘아보았다.

"긴또강, 오늘의 대결을 고맙게 생각한다. 그리고 패배를 시인한다. 차후에 3대 3의 대결을 다시 주선하겠다!"

고노예의 진정한 사무라이 정신에 김두한은 저절로 고개가 숙여졌다.

고노예가 부하들을 데리고 장충단 공원을 빠져나가고서야 김두한은 피로 물든 자신을 보았다. 그때 장영철과 김일남이 엉금엉금 기어왔다.

"형님……."

세 사람은 얼싸안고 뜨거운 눈물을 흘렸다. 사나이의 눈물 그것이었다.

이때 50여 명의 우미관의 주먹들이 방망이를 들고 우루루 몰려왔다.

"형님! 죽을 죄를 졌습니다."

"저희들의 안일한 판단이 형님을 피투성이로 만들었습니다. 벌을 내려 주십시오, 형님!"

"우선 이렇게 만날 수 있게 되어 반갑다. 하지만 너희들이 결투에 불참했던 점은 용서할 수 없다. 너희들 스스로 돌아가며 몽둥이로 각각 10대 씩의 죄의 대가를 받아라!"

부하들은 허벅지에서 뜯겨나오는 살점과 핏덩이 몽둥이에도 누구 하나 아픈 기색을 보이지 않았다.

장충단 공원에서의 오기와 뚝심, 그리고 의협심은 입에서 입으로 전설처럼 전해져 직접 사건을 목격하지 않았던 우리들의 가슴에도 일본인에 대한 분풀이의 청량제로서 그 뿌듯함이 느껴질 정도다.

고노예와의 대좌

고노예와의 장충단 혈투가 끝난 직후 우미관에는 '승리를 축하

한다'라는 축전이 연일 쏟아졌다. 시민들은 물론 원로 주먹들, 특히 부산으로 떠났던 구마적, 목포로 떠났던 신마적, 그리고 김두한에게 무참히 무너졌던 마루오까의 이름도 찾아볼 수 있었다. 특히 고노예에게서 온 축전은 김두한을 감탄케 했다.

"승리를 축하합니다. 저녁 식사라도 같이 했으면 좋겠습니다. 고노예."

김두한은 내심 고노예의 인간성과 포용력, 그리고 무사다운 기질에 감탄하고 있었다. 비겁한 승리보다는 정의로운 패배를 선택하는 협객으로서의 살아 있는 정신력에 고개가 숙여질 정도였다.

"형님, 이 기회에 고노예와 협상을 추진하십시오. 사무라이들과 평화를 유지하는 것이 현명하리라 생각됩니다."

서림 김영태가 김두한의 의견을 묻는다.

사실 황금시장 우미관을 호시탐탐 노리는 사무라이들의 반격에 김두한은 골치가 아픈 터였다. 장충단 공원의 혈투도 따지고 보면 우미관의 주도권 쟁탈을 위한 전투가 아니었던가?

이튿날 장영철과 김일남을 거느리고 장충동 고노예의 집을 방문했다. 호화스러운 고노예의 저택을 보자 김두한은 울화가 치밀어 올랐다.

"이 빠가야로, 우리 나라 백성들의 피와 땀을 다 긁어 모았구나?"

김두한이 인상을 찌푸렸다. 작은 눈에서 분노가 이글이글 타올랐다.

"찾아주셔서 영광입니다. 긴또깡!"

"반갑소이다! 고노예!"

아직도 김두한의 분노가 식지 않았다.

"전번, 본의 아니게 심려를 드려 매우 죄송스럽게 생각합니다. 거절치 않으시고 찾아주셔서 감사합니다."

고노예의 정중한 인사에 김두한의 심통이 약간 누그러졌다.

"별말씀을……."

진수성찬에 산해진미, 상다리가 휘청거릴 정도에 김두한은 생전 듣지도 보지도 못한 술이 나왔다. 당장이라도 상판을 뒤엎고 싶었으나 그의 정중함에 분을 눌러 참고 있는 김두한에게 고노예가 웃으며 말을 건넨다.

"그날의 긴또깡의 대담성은 저를 대단히 감동시켰습니다. 그 배짱과 주먹은 어디서 길렀는지요?"

"어릴 적 부모를 잃고 홀홀단신 뒷골목에서 익힌 솜씨지요."

김두한이 조금은 역겹다는 듯이 격앙된 목소리로 내뱉었다. 고노예가 심싯 몸가짐을 새로이 하며 다시 묻는다.

"실례가 될지 모르겠으나 긴또깡 님의 출생에 대해……."

김두한은 고노예의 예의범절에 새삼 놀랐다. 70의 노인임에도 불구하고 조금도 몸가짐에 흐트러짐이 없었다. 사무라이들이 출생에 대해 지나치리만치 중요시 여김을 아는 김두한인지라 스스럼없이 말을 시작했다.

"저의 조부님은 고균 김옥균, 아버지는 배아 김좌진 장군이외다."

김두한이 불우한 독립군의 아들로 태어나 지금에 이르기까지 겪었던 숱한 운명의 가시밭길을 걸어온 내력을 꾸밈없이 얘기하자 고노예가 갑자기 벌떡 일어서더니 큰절을 하는 게 아닌가!

"긴또깡! 저의 무례를 용서해 주십시오."

고노예의 갑작스런 태도 돌변에 김두한은 무슨 영문인지 알 수가 없었다.

"왜 이러시오, 고노예!"

"고균 김옥균 선생님은 저의 사부이신 두산만 어른과 절친한 사이셨지요. 두산만 어른의 소개로 가르침을 받은 적이 있었습니다."

두산만은 고노예의 사부로 김옥균이 1884년 갑신정변의 실패로 일본에 망명했을 때 수많은 자객들의 위협에서 목숨을 구해준 은인이었다 해도 과언이 아니었다. 1894년 김옥균이 상해의 동화양행(東和洋行)에서 홍종우라는 자객에게 암살되자 두산만의 사무라이 부대가 조기(吊旗)를 게양할 정도로 김옥균과 두산만의 사이는 가까웠었다. 두산만의 수제자였던 고노예가 김두한 앞에 무릎을 꿇고 큰절을 하는 것으로 보아 고노예가 얼마나 김옥균을 존경하는지 미루어 짐작할 수 있으리라.

"사부님은 고균 선생이야말로 동양이 낳은 위대한 정치가라고 늘 말씀하셨지요. 고균 선생의 후예와 이렇게……."

고노예의 표정은 진지했다. 김두한을 잡은 손이 가볍게 전율하고 있었다.

"앞으로 장충단 혈투에서의 만남처럼 불우한 일은 없을 것입니다. 약속합니다, 긴또깡."

그날 이후 총독부의 힘을 믿고 날뛰던 사무라이들이 우미관 주변에서 모습을 감추었다. 우미관의 수많은 술집, 상점의 주도권만 거머쥐게 되면 엄청난 황금을 손에 쥘 수도 있는 '황금시장 우미관'을 그들이 포기한 것이다.

제 3 장
격정기의 주먹시대

조국 광복

　1945년 8월 15일, 드디어 일제 36년간의 압박에서 벗어나는 역사적인 날이었다.
　김두한은 이 기쁜 조국 광복을 유치장에서 맞이한 것이다. 항일 학생 단체에 폭탄을 제공한 혐의로 체포되어 있었을 때였다. 김영태를 비롯한 이정재, 신덕균의 심복들이 해방의 소식을 전하기 위하여 한달음에 달려온 것이다.
　여기서 잠깐 이정재(李丁載)와의 인연을 짚고 넘어갈 필요가 있다. 왜냐하면 이정재는 김두한과의 피할 수 없는 대립의 관계로 발전, 주먹세계를 양분하는 인물이었기 때문이다.
　어느 날 이정재가 불쑥 김두한 앞에 나타난 것이다.
　"형님, 저를 보국대에서 제외시켜 주십시오."
　"이유는?"
　"반도 의용 정신대 대원들은 보국대에 편입되지 않는다는 사실을 알고 왔습니다. 고향에 계신 홀어머니를 두고 떠날 수가 없습니다."

어머니란 말에 김두한의 마음은 괴로웠다.
"어머니! 그래, 어머니의 정, 나도 어머님이 그립다."
김두한은 이정재의 어깨를 토닥거리며 기꺼이 이정재를 받아들인다. 그리고 이정재의 고향 이천으로 내려가 조촐한 파티를 겸한 '의형제'를 맺게 된다.
1940년 초, 그러니까 해방 5년 전의 일이다.
일본이 태평양 전쟁을 일으켜 한국의 젊은이들을 소위 '보국대'라는 이름을 붙여 총알받이로 긁어 모으던 때였다. 이때 김두한이 만든 단체가 '반도 의용 정신대'였다. 자칫 잘못하다가는 남자들의 씨가 마를 것 같은 위기감을 느낀 김두한이 한 명의 남자라도 조국에 묶어놓기 위한 일종의 유사단체라고 해도 좋았다. 반면 일본의 입장에서 보면 주먹들을 전투에 투입해 보았자 아무런 이익이 없을 거라는 판단을 내렸는지 반도 의용 정신대를 적극 지지하고 나섰다. 김두한을 감찰부장으로, 이정재를 총무계장으로 한 반도 의용 정신대는 매일 자치활동의 상황을 총독부에 보고해야만 했다. 글을 모르는 김두한인지라 문서보고는 당연히 이정재가 도맡았다. 이정재는 휘문고보를 다닌 인텔리로 물찬 제비처럼 날렵한 필체와 컴퓨터 같은 두뇌를 자랑하고 있었다. 이러한 이정재를 김두한은 각별히 눈여겨 보고 있었던 것이다.
1944년 10월. 아무리 주먹황제로 군림하던 김두한이었지만 일제 지배 하에서 숨가쁜 역경을 헤쳐야 하는 식민 백성의 김두한도 자신의 주먹으로 조국 광복을 이룰 수 없음을 통곡하고 있을 때였다.
그러던 어느 날, 김두한에게 초면의 학생 둘이 찾아왔다.
"협조를 부탁합니다."
불문곡직하고 사정하는 학생에게 김두한은 어리둥절했다.
"무슨 부탁인지, 얘기라도 들어보자."
"다름이 아니라…… 폭약을……."
1944년 10월 당시 일본이 태평양 전쟁에서 전세가 불리해지자 우리 젊은이에 대한 학병 권유 연설에 열을 올리고 있었다. 총독부의 사주를 받은 고관대작은 물론 문인, 재벌, 왕가의 후손들까지도 '보국대로서의 영광'을 지껄이고 다닐 때였다. 춘원 이광수, 육당 최남선, 최린 등 내노라 하는 유지들이 이 짓거리를 하고 다니니 학생들의 분노가 어떠했으리라는 것은 가히 짐작이 가고도 남는다.

"어떻게 하겠다는 건가?"

"이번에 매국노 박춘금(朴春金)이 연설을 하러 온답니다. 더러운 매국노의 육신을 가루로 뽑아버리고 말겠습니다."

학생들의 비장한 각오, 나라 사랑의 마음에 김두한은 가슴 깊숙이에서 끓어오르는 불덩이 같은 감회를 느꼈다.

"고맙다, 고맙다. 너희들이 있는 한 우리 조국은 영원히 잠들지 않는다. 꼭 깨어나 세계를 향한 힘찬 도약을 할 날이 멀지 않으리라 믿는다."

학생들이 눈물을 글썽이며 김두한의 가슴에 묻혀 흐느꼈다.

일 주일 후 일경의 지프차를 본 김두한은 사태의 심각성을 직감했다.

김두한이 포승줄에 꽁꽁 묶여 종로 경찰서 취조실에 도착해 보니 그때의 학생 둘이 시멘트 바닥에 피투성이가 되어 나자빠져 있었다.

"거사는 성공했는가?"

학생 중 한 명이 눈을 지그시 감은 채 고개를 떨구었다. 연단은 폭파되었으나 박춘금은 기절만 했을 뿐 죽이지 못했던 것이다.

김두한은 폭탄 사건에 연루되어 심한 고문을 당했다.

"이 억울한 옥살이, 나라 잃은 설움을 언제나 면할까."

김두한은 애타는 가슴을 억누르지 못하고 마구 유치장 시멘트 벽에다 머리를 박아댔다.

그리하여 맞이한 조국 광복이 어찌 김두한에게 있어서 기쁘지 않겠는가.

김두한은 이정재를 비롯한 부하들과 미친 듯이 종로거리로 뛰쳐나와 만세를 불렀다.

"만세! 만세! 대한독립 만세!"

거리는 눈물의 홍수, 태극기의 홍수로 가득하였다.

혼란의 주먹 질서

해방 전의 주먹세계는 그래도 '낭만'이 있는 1대 1의 승부였다. '도전장'을 던지면 결투가 이루어졌고 결과에 의해 패자는 승자에게 깨끗이 굴복했었다.

그러나 해방이 되면서 주먹세계는 혼란의 소용돌이에 빠져들었다.

피를 부르는 복수의 연속, 잔인하리만치 무서운 앙갚음, 배신과 모략, 술수와 암투가 횡행하였다.

승자와 패자가 뚜렷이 구분되는 주먹세계였지만 그래도 낭만이 넘치던 주먹세계가 왜 이토록 살벌해졌는가?

그것은 사회의 불안 때문이었다. 혼미한 정가, 혼란의 사회, 이런 사회 속에서 살아 남으려면은 자연 피를 부를 수밖에 없었다. 더욱이 좌익세력을 등에 업은 주먹들의 등장으로 사회의 공포감은 더욱 고조되었으며 그 파장은 주먹세계에까지 침범해 왔다.

8·15해방은 주먹세계의 전환기를 가져왔다. 우후죽순처럼 생겨난 정당들이 '행동대장'이란 호칭을 주면서까지 주먹들을 사들이기 시작한 것이다. 또한 사회의 각 단체들도 단체의 보호를 위한 주먹들의 필요성을 절감하고 '별동대장'으로 주먹들을 모셔가니 그야말로 물고기가 물을 만난 만큼이나 주먹들이 서서히 김두한의 휘하에서 빠져나갔다.

자연히 김두한 1인 체제의 견고한 조직이 분열하기 시작한 것이다.

 여기에다 3·8선을 넘어 온 이북 출신의 주먹들이 나름대로의 주먹조직을 형성하기 시작하였으니 앞으로의 주먹세계의 혼란은 이미 예견되고 있었던 것이다.

 우미관 부대의 김두한을 비롯 명동을 거점으로 하는 이화룡(李華龍), 동대문 시장을 거점으로 하는 이정재의 '삼대산맥'을 비롯 많은 군소 조직들이 형성되고 있었다.

 김두한은 우미관에서의 조직을 바탕으로 대한민청(大韓民靑) 감찰부장 겸 별동대장이라는 직위로 수하에 1만 2천이라는 거대한 부대로 우후죽순처럼 일어나는 새로운 조직에 대비하고 있었다.

 반면 박치기 명수 이화룡은 이북 출신 주먹으로 명동 일대를 장악하며 명동의 제왕으로 군림하였다. 그의 타고난 인품과 호탕한 성격에 매료된 주먹들이 구름처럼 몰려들어 주먹세계의 한 봉(峯)을 차지한 것이다. 그의 수하 부하 중에는 천하장사 황병관(黃炳寬)과 맨발의 대장이라는 두 거목이 버티고 서 있었다.

 황병관은 일본 명치대학 2학년 때 동양 레슬링 선수권 대회 헤비급에서 챔피언의 자리에 올랐던 사나이로 일제 치하의 스포츠에 손기정과 더불어 대한의 기개를 만천하에 과시한 인물이었다. 맨발의 대장은 40Cm가 넘는 발로 상대를 가격하면 뇌진탕을 일으킬 정도의 위력이 있었다. 그 이후로 구두를 벗게 되어 맨발의 대장이란 별명이 붙었다.

 이화룡은 이들을 중심으로 평양 출신 주먹들을 모아 '대동강 동지회'라 이름하고 그 세력을 다져나갔다.

 명동에 또다른 주먹조직이 있었으니 정팔(鄭八)이 이끄는 '압록강 동지회'가 바로 그것이다. 이화룡의 조직에 비해 규모는 작았으나 평안도 신의주 출신의 거물 시라소니 이성순(李聖淳)이 버티고 있었으니 이화룡이 오금이 저릴 정도였다.

 만주 봉천 시절부터 시라소니를 익히 알고 있던 이화룡은 부화가 치밀었다.

169Cm의 작은 키에 광채 없는 눈, 외모로 보아서 전혀 볼품없는 이성순은 그야말로 못난 새끼 호랑이였다. 평안도 사투리 '스라손'이란 호랑이 중에서도 못생긴 새끼라는 뜻이다. 이런 시라소니에 잔뜩 긴장한 이화룡. 대체 시라소니란 어떤 인물인가?

한마디로 괴력의 사나이다.

앉은 자리에서 3미터 이상 뛰어오르는 신출기몰한 점프력, 비호와 같은 박치기로 만주, 상해의 내노라 하는 국제 주먹들은 물론 40여 명의 일본 주먹들을 일격에 잠재운 전설 같은 실화는 중국 대륙의 산천초목을 벌벌 떨게 할 정도였다.

"이런 빌어먹을 땅보(시라소니) 같은 녀석, 왜 기어내려 와서 사람 속을 썩이나."

부화가 치민 이화룡의 푸념이다.

하지만 천성이 얽매이길 싫어하는 시라소니인지라 이내 명동바닥을 털고 일어섰다.

이렇게 하여 시라소니가 발을 옮긴 곳이 우미관 뒤쪽이었으니 참으로 재미있는 일이다.

우미관은 김두한의 본거지로 전국 주먹조직의 총지휘소였다. 여기야말로 잇뽕 김두한의 관할 구역 중의 황금지대, 어느 누구도 김두한의 허락없이 발을 들여놓을 수 없는 금지구역이었다.

그럼에도 불구하고 불쑥 시라소니가 나타났으니, 그것도 우미관 내의 최고의 요정 '우미관 바'에. 자연 세인들의 이목이 집중될 수밖에 없었다.

김두한과 시라소니와의 만남

1946년 2월, 휘황찬란한 조명 아래서 이루어지는 남녀의 춤, 괴성, 만주벌판을 누비던 시라소니도 조금은 어리벙벙한 눈치였다.
"이봐, 시라소니! 여사 하나 붙여 주랴?"
"무슨 말씀이디? 내레 그런 거 딱 질색이디."
"그래도 내가 섭섭하지 않나."
재경(在京) 신의주 시민회 회장 김태민이 다시 권한다.
"내레, 이 쌍판에 어느 계집이 따르겠더."
"하하하……"
세 사람이 술잔이 오고 갔다.
사실 이 자리는 재경 신의주 시민회에서 베푼 환영회가 끝난 후 회장 김태민과 역도선수 이영환(李英換)이 시라소니와 2차로 들렀던 것이다.
갑자기 바 안이 조용해졌다.
김두한이 부하들을 거느리고 관내 순찰을 도는 중이었다. 그의 체격은 너무나 육중해 마치 거대한 산이 움직이는 것 같은 착각마저 들었다.
"쟤는 누구디?"
"잇뽕이야, 인사나 나누지."
이영환이 시라소니의 귀에다 속삭였다.
시라소니는 시큰둥한 표정으로 술잔을 비웠다.
"지까짓게 잇뽕이면 잇뽕이지 나와 무슨 상관이디?"
"이봐, 성순이. 여긴 신의주가 아니야, 잇뽕과 사귀어서 나쁠 건 없다구. 자, 어서!"
이영환이 다시 채근하자 시라소니도 못이긴 척 일어섰다.
"됴아, 인사나 나누디 뭐."
이영환이 시라소니와 함께 김두한에게 갔다.
"김형, 나 이영환입니다."
"아니, 이영환 동지가 웬일이오?"
"고향 친구 한 사람 소개할까 해서…… 이성순이라고……."

김두한과 이성순의 눈이 마주쳤다. 약간 졸린 듯한 눈매, 빈약한 체격, 그야말로 쭈그러진 냄비 같은 이성순을 보는 김두한의 눈은 그를 대수롭잖게 여겼다.
"김형, 이 사람이 바로 시라소니야."
시라소니라는 말에 김두한의 눈은 갑자기 살기로 번쩍거렸다.
"뭐라고? 이 녀석이 시라소니야?"
당장이라도 결단을 낼 듯한 날카로운 시선이 시라소니의 눈에 꽂혔다.
"김형, 진정하세요."
시라소니가 신의주에 있을 때 신의주로 진출한 김두한의 부하들을 개패듯 두들겨 내쫓은 사실을 아는 이영환이 김두한의 비위를 맞추었다. 이영환으로서는 인사를 시킨답시고 시라소니를 대면케 했으나 이처럼 분위기가 험악해지자 곤란한 처지에 빠진 것이다.
"네 이 녀석! 너 잘 만났다. 네 놈이 신의주 바닥에서나 시라소니지, 이 우미관의 호랑이굴에서까지 시라소니더냐! 겁도 없이 내 부하들을 두들겨 내쫓아!"
김두한이 쉬지 않고 욕을 퍼부어 댔다. 그래도 시라소니는 미동도 하지 않고 김두한의 행동만 주시할 뿐 말이 없었다.
이렇게 싸움의 두 천재는 우미관에서 맞부딪쳤다.
29세의 김두한은 이미 주먹황제로 등극한 천하 제일의 주먹, 6척 장신에다 솥뚜껑만한 주먹, 날렵한 공중 회전에 이은 발공격, 그야말로 한 방이면 생명줄을 끊을 만한 괴력의 소유자, 별명 그대로 잇뽕이었다.
그의 상대는 만주 벌판을 휘저으며 무수한 신화를 남긴 공포의 박치기 명수 시라소니.
둘 다 패하는 날이면 끝장이었다. 김두한의 입장에서 보면 우미관의 전통을 지켜야 했고 시라소니는 그 동안 쌓아올렸던 명예는 물론 천신만고 끝에 내딛은 서울 바닥에서 쫓겨나게 생겼으니 그야말로 한치도 양보할 수 없는 위기감이 맴돌았다.
 술꾼들은 숨을 죽이고 이 두 거물의 승부를 지켜보고 있었다.
 "김형, 진정하시오! 김형!"
 이영환이 다시 김두한에게 채근하였다.
 시라소니의 주위엔 김두한의 부하들이 날카로운 눈빛을 발산하며 에워싸고 있었다. 시라소니가 꺼벙한 눈을 껌벅거리며 일어서더니 벌컥 소리질렀다.
 "당신이 잇뽕이오? 인사치고는 화끈해서 좋긴 하나 좀 심하구만 그랴! 내 언젠가 잇뽕과 한 판 하고 싶었는데 잘 됐구만 그랴!"
 역시 시라소니답게 물러서지 않았다. 목숨을 아까워 않는 그의 두둑한 배짱에 김두한은 내심 고개를 끄덕였다. 김두한의 부하들이 당장에라도 시라소니를 요절낼 듯이 주먹을 움켜 쥐었다.
 한데 이게 어찌된 영문인가?
 김두한이 부하들을 물리치고 너털웃음을 터뜨리는 게 아닌가.
 "허허허…… 역시 호걸 중에 호걸이시군. 허허허……."
 주위를 에워싼 관중들이 의아한 듯 고개를 끄덕거렸다.
 "이형! 내 실례를 범했다면 그냥 맞아 드리리다. 어떻소?"
 김두한이 이영환에게 정식 인사를 요청하였다. 모두들 넋을 잃고 쳐다보고만 있었다. 굴복을 모르던 김두한이 스스로 시라소니에게 무릎을 꿇었으니 모두들 의아해 할 수밖에.
 바로 이런 점이 다른 주먹들과는 달리 김두한의 장점이었다. 김두한은 사태를 봐서 아무 이득 없는 싸움은 굳이 하고 싶지 않았던 것이다. 사기의 명예를 주먹으로 시키기보나는 시라소니를 끌어들일 계획이 김두한의 머리 속에서 이미 정해져 있었던 것이다. 시라소니가 김두한의 적으로 돌변한다면 김두한으로서는 난처한 입장이 될 것을 직감한 것이리라. 김두한은 처음 시라소니를 보았을 때 비상한 저력이 있음을 직감했기 때문이다.

"난, 잇뽕 김두한이오."

김두한이 손을 쑥 내밀었다.

시라소니도 엉거주춤 손을 내밀었다.

이때 김두한의 나이는 29세, 시라소니는 다섯 살이 많은 34세였다.

이때 아무도 예상 못했던 일이 일어나고 있었다. 김두한이 덥석 무릎을 꿇는 것이 아닌가.

"이형! 앞으로 형님으로 모시겠소. 이 김두한을 잘 이끌어 주시오."

주먹황제 김두한이 돌연 무릎을 꿇자 시라소니는 급히 김두한의 팔을 잡아 일으켰다.

"김형! 이게 무슨 짓이디? 일어나시구려. 앞으로 잘해 봅시다그려!"

김두한이 너털웃음을 터뜨리며 자리를 떠나자 시라소니는 뭔가 쇠뭉치에 맞은 기분이 들었다. 대결도 없이 천하의 김두한이로부터 형님 대접을 받기는 했으나 한 수 밑지고 들어가는 듯한 묘한 패배감이 시라소니의 가슴을 억누르고 있었던 것이다.

"역시 잇뽕이야! 잇뽕!"

시라소니가 감탄하고 말았다.

김두한의 인정을 받은 시라소니는 드디어 서울 무대에서 날개를 편다. 이러한 드라마 같은 만남 이후 김두한과 시라소니는 더없이 가까운 사이로 발전하였다.

반공 주먹

1946년에 접어들면서 좌익 세력의 활동은 날이 갈수록 활개를 쳤다. 이로 인해 김두한의 주먹세계도 심한 영향을 겪어야 했다. 어제의 부하가 좌익 사상에 물들고 나면 오늘은 총구를 들고 나타나니 참으로 어처구니없는 일이었다.
 "형님, 이러다가 큰일 나겠어요. 애들 교육 좀 시켜야겠어요. 민주주의가 뭐고 공산주의가 뭔지 알아야 될 것 아니겠어요?"
 김두한이 다리 밑에서 깡통을 차고 자란 정진영(鄭鎭永)에게 배반당하고 난 후 김영태가 건의한 말이다.
 하지만 김두한으로서도 주먹과 의리 빼놓으면 남는 게 어디 있나? 민주주의에 대해 '좋은 것이다'라고만 어렴풋이 알고 있었으나 교육시킬 만한 지식이 없었으니 본인 자신도 참으로 안타깝기만 했다. 무조건 빨갱이를 때려잡자고 할 수도 없고.
 "참으로 답답하구나! 세기탈……."
 김두한이 가슴을 쳤다.
 "형님! 도움을 청합시다."
 "누구 말인가?"
 "우익 진영의 지도자들이라면 지네들도 거절은 못할 테죠."
 김두한이 무릎을 탁 내리쳤다.
 "그래, 참으로 좋은 생각이다. 내 어찌 그 생각을 하지 못했던고?"
 "한데, 부하들이 개들의 말을 들어 줄까?"
 "참 답답도 하십니다, 형님."
 김영태의 말에 김두한이 눈을 끔벅거렸다.
 "형님이 개들한테 연설내용을 배워 형님이 직접 교육을 시켜야죠. 그래야 씨알이 먹힐 게 아닙니까?"
 그날부터 김두한이 우익 진영의 거물 장택상, 조병옥 등을 만나기 시작했다.
 "나의 아버지 백야 김좌진 장군은 우리 나라의 주권을 회복하기 위해 독립운동을 하시다 빨갱이에게 기습을 당해 운명하셨다. 빨갱이들이란 참으로 잔악무도하고 교활하여 이 나라를 다시 일제의 시대와 같이 먹구름 속으로 몰아넣고 있다. 그놈들은 제 애비보고도 동무라고 부른다. 이런 불한당 놈들이 인간의 권리를 존중하는 민주주의 체제를 전복하려 하고 있다. 민주주의 사회는 다 평등하다.”

이렇게 시작된 김두한의 연설이 누에고치가 실을 뽑아내듯이 거침없이 쏟아지기 시작했다.

"일제 하에서도 불의를 보면 참지 못했던 우리가 아니더냐? 지금 빨갱이 놈들은 또다시 소련놈들이 우리를 지배해야 된다고 떠들어 대고 있다. 일제 36년도 지긋지긋한 우리에게 또다른 쇠사슬을 묶어야 된다니 참으로 찢어 죽여야 할 놈들이다.

공산당은 한마디로 나쁜 놈들의 집단이다. 우리가 그들을 때려잡아야 한다. 그것은 독립운동과도 버금가는 일이며, 주먹 하나만으로 살아온 우리들에게는 보다 떳떳한 생활이 될 것이다. 결론적으로 신탁통치를 찬성하는 놈들은 이완용이보다도 더 악질 민족 반역자다!”

김두한의 청산유수 같은 연설은 우왕좌왕하던 부하들에게 우익 진영의 선봉이 되게 하는 커다란 힘이 되었다.

빨갱이들이 우후죽순처럼 일어나 사회에 커다란 혼란을 부채질했던 그 시대에 대화가 통할 리 만무했다. 우익 진영은 우익 진영대로 공산당의 폭력을 저지키 위해서는 주먹부대의 도움이 불가분했다. 전세가 점차로 혼미해지자 드디어 우익 진영의 거물 장택상, 조병옥, 윤치영 등이 주먹부대의 요청을 들고 나온 것이다.

바야흐로 김두한의 주먹세계는 이른바 '반공 주먹'이란 명분으로 건국사업의 보루에서 역사적 임무를 시작하게 된다. 나라를 위한 주먹, 그것은 곧 애국의 주먹이었다.

"형님! 목숨을 바쳐 지금까지의 부끄러운 인생을 보상받겠습니다.”

부하들이 일제히 감격의 눈물을 흘렸다.

김두한은 그들을 향해 다시 한 번 크게 외쳤다.

"이제 우리는 '반공 주먹'이다! 반공 주먹!"

한 번 불붙기 시작한 공산당의 '찬탁운동'은 김일성의 지령을 받은 남로당 박헌영(朴憲泳)을 중심으로 날이 갈수록 그 방법과 수단이 잔악해졌다.

이때, 태릉에는 2천여 명의 빨갱이들이 이른바 '국군 준비대'란 사설 단체를 조직하여 혁명을 주도하기 위한 특별훈련을 받고 있었다.

"형님, 그 국군 준비대인가 뭔가 하는 녀석들이 우리 부하들을 자꾸 유혹하고 있어요, 가만 있다가는 큰일나겠어요."

"뭐리고! 내 이 녀석들을 당장에 박살내고 말겠다."

김두한과 참모들이 이를 북북 갈고 있을 때, 윤치영으로부터 전문이 날아들었다.

"김두한 동지! 국군 준비대를 처단해 주시오! 윤치영."

전문을 받아든 김두한은 뛸 듯이 기뻤다. 이승만 측근 윤치영의 부탁이니 아무런 문제될 일이 없었기 때문이다. 오로지 까부수면 되는 게 아닌가! 김두한은 당장 행동으로 옮겼다.

1만 2천의 부하들 중 날렵한 정예요원 400명을 차출하여 한강에서 1주일 동안을 동거동락하면서 전반적인 작전과 마음의 준비를 시켰다.

1946년 1월 16일 밤, 완전무장한 김두한의 특공부대가 태릉의 국군 준비대를 기습한 것이다.

"무조건 갈겨버려라! 한 놈의 영혼도 남기지 말고 몰살시켜라!"

김두한의 명령에 쏟아지는 탄알, 마치 콩이 튀는 소리였다. 휘발유에 불이 붙어 쓰러지는 놈, 가슴을 움켜잡고 쓰러지는 놈, 비명소리, 그야말로 아비규환이었다. 기습이 시작된 지 단 2시간 만에 국군 준비대는 몰살되고 말았다.

김두한은 2천여 구의 시체를 한 구덩이에 매장시켜 버렸다. 그러고는 시멘트로 덮어버렸다.
 이 일이 있고 난 후 김두한을 노리는 총구가 발악적으로 늘어만 갔다. 관철 여관을 나오는 김두한에게 수류탄을 투척하는가 하면 심지어 김두한의 침실에 잠입해 오는 놈도 있었다. 그때마다 신출귀몰한 김두한이 그들의 저격을 피해 버렸다.

이승만의 친필 위임장

 '국군 준비대'를 몰살하기는 했으나 좌익의 찬탁운동은 그치지 않았다. 김두한 부대가 밤새워 붙인 반탁 벽보가 날이 새면 찬탁 벽보로 바뀌어져 있었다. 좌익 세력은 수십 대의 차량을 이용하여 찬탁 벽보를 붙이고 다녔으나 우익은 밤새 뛰어다니며 벽보를 붙이고 다녔어야 했으니 기동력에서 완전한 열세였다.
 "빨갱이놈의 새끼들, 어디서 돈을 갖다 뿌리는 거야!"
 자금 관리를 맡고 있는 신덕균(申德均)이 부화가 치밀어 불평을 했다.
 "덕균아, 참자! 끈기로 밀어붙이는 거야! 언젠가는 우리에게도 좋은 기회가 올 테니까!"
 이런 상황은 우익 전체가 마찬가지였다. 학생 주축의 이철승(李哲承)이 이끄는 반탁운동 단체도 심한 위기에 빠져 있었다.
 그러던 어느 날, 김두한에게 뜻밖의 소식이 전해졌다. 민주주의의 아버지로 존경해 마지않던 이화장(梨花莊)의 이승만(李承晚)이 친히 김두한을 만나자는 것이었다.
 주먹으로 30년을 살아온 김두한은 물론 이 소식을 들은 대원들은 이제야 일이 될 것 같은 기쁨에 젖었다.
 "당신이 김두한 군인가? 꼭 반탁 투쟁을 승리로 이끌어 주시오!"
 "염려마십시오. 이 김두한이가 빨갱이들의 기선을 제압하겠습니다."
"그래, 장하도다, 장해!"
 김두한은 이승만이 건네준 사각 봉투를 들고 본부로 돌아왔다. 봉투 속에는 백지에 '晩'이라는 친필 사인이 쓰여 있었다. 모든 걸 맡긴다는 이승만의 무언의 격려임을 짐작했다. 또한 김두한에 대한 믿음의 증표이기도 했다.
"젠장, 돈이 있어야 반탁을 하든지 할 거 아냐!"
 돈이라도 한 뭉치 기대했던 신덕균이 볼멘 소리로 투덜거렸다.
"애들이 굶고 있는데 무슨 힘이 생겨 일을 하겠습니까?"
 김영대와 조희창(趙喜昌)도 하소연을 더뜨렸다.
 참모들의 불평을 듣던 김두한이 무릎을 탁 치며 일어섰다.
"그래! 그 길밖에는 없어!"
 참모들이 김두한의 행동을 주시하며 귀를 기울였다.
"이 친필 사인은 제2의 대한독립군으로서의 증표이다. 이 박사는 나에게 반탁 투쟁의 승리를 지시하셨어. 우리가 무슨 일을 하든 돌봐 주실 거야."
 김두한의 표정이 엄숙하리만치 근엄해졌다.
"지금부터 나의 말을 잘 들어라. 그리고 이 이야기는 절대 비밀이야! 죽을 때까지."
 순간 참모들의 표정이 굳어졌다. 김영철, 황병삼(黃炳三), 신덕균, 오병철(吳炳鐵), 이상구 등은 죽을 때까지 비밀이라는 김두한의 엄명에 입술이 바짝바짝 탔다.
'이건 분명 김일성의 목을 자르라는 살인 지명일 게야.'
 참모들은 아연 긴장했고 무거운 침묵이 깔렸다. 그러나 김두한의 명령은 너무도 뜻밖이었다.
"지금부터 갑부들을 족치는 거야. 주먹도 애국을 위한 주먹은 마땅히 훈장을 받아야만 해!"
 갑부들을 족친다는 김두한의 말에 부하들은 쾌재를 불렀다. 뜻밖에도 우미관의 옛 솜씨를 발휘하게 되었으니 말이다.

"형님! 이거 손에 녹이 슬었나 괜히 걱정입니다."

황병삼이 손을 툭툭 털어보이자 이상구가 거든다.

"왜놈들의 집도 안방처럼 드나들었는데 그깟쯤이야……."

참모들의 말에 김두한이 다시 주의시킨다.

"안일하게 생각해서는 큰일이 벌어진다. 지금은 상황이 달라. 미군정의 시대가 아니냐? 일이 잘못되면 이 박사를 비롯 큰 어르신네들이 다친다. 각자 행동에 한치의 착오도 없기를 재삼 부탁한다."

다음날 새벽, 오후부터 쏟아진 폭우로 전기마저 끊어진 사방은 칠흑처럼 어두웠다. 일곱 명의 주먹들이 장안의 최고 갑부 태창방직 사장 백낙승(白樂承)의 저택에 나타났다.

네 명의 수위들이 토사견 두 마리를 거느리고 경비를 하고 있었다. 사방으로 흩어져 제각기 담을 넘었다. 조희창의 앞에 경비병 두 명과 토사견 한 마리가 길을 막았으나 날렵한 전법으로 간단히 처치해 버렸다.

조희창의 별명은 '상하이 조'였다. 그는 굵은 안경테를 두른 멋쟁이로서 특히 쌍권총의 명수였다. 또한 중국땅에서 익힌 권법 실력은 타의 추종을 불허하리만치 그 위력이 대단했다.

김두한을 선두로 일곱 명의 주먹이 백낙승의 침실 2층에 다다른 것은 순식간이었다. 깊은 잠에 빠져 있는 백사장을 둘러싼 일곱 명의 주먹.

김두한이 일본도를 꺼내 백사장의 목에 갖다 댔다.

"이놈! 매국노 백낙승아!"

아닌 밤에 홍두깬가? 깜짝 놀란 백사장이 겁에 질린 채 더듬거렸다.

"누——구……."

"그건 알아 무엇 해, 이 새끼야! 네 놈이 엊그제 박헌영의 좌익

패거리들에게 500만 환을 줬지?"
"……."
"빨갱이에게 돈을 준 놈은 이 나라 국민이 아니야. 네 놈을 심판하겠다."
"어이쿠! 한 번만 살려주십시오. 어찌나 사정하는 통에 그만……."
"그래, 그건 그렇다치고 대체 네 놈은 찬탁이냐? 반탁이냐?"
"어이쿠! 그야 반탁이지요."
백낙승의 목구멍에서 마른침 넘어가는 소리가 들려왔다.
"좋아, 그렇다면 네 놈이 반탁이라는 증명을 보여라!"
"어떻게 하면……."
"그걸 말이라고 씨부렁거리는가! 좌익에게도 돈을 선뜻 준 놈이 반탁에 필요하다는 데 설마 거절하지는 않겠지?"
"얼마나 내면……."
이 말에 신덕균이 울화가 치밀었다. 신덕균은 김두한 반공 부대의 제1의 맹장, 천성이 호탕하여 부하들의 신임을 얻고 있으나 한번 성질이 나면 물 불을 가리지 않는 다혈질의 사나이로 정평이 나 있다. 이런 신덕균이 화가 났으니 백낙승은 이제 끝장이었다.
"야, 이 새끼야! 얼마는 얼마야. 있는 대로 모조리 꺼내 놔."
신덕균이 멱살을 움켜 쥐고 몇 번 흔들어 댔으니 백낙승의 잠옷은 걸레조각마냥 갈기갈기 찢어졌고 목줄에 선핏줄이 돋아났다.
백낙승이 겁에 질려 머리맡에 숨겨 둔 돈보따리를 건네주며 목숨만을 구걸하였다.
"이 벌거지 같은 새끼야! 네 놈의 모가지는 더러워서도 그냥 놔둘 테니 안심하거라!"
신덕균이 화가 덜 풀린 듯 백낙승을 쏘아보았다.
이것을 시작으로 김두한의 7인조는 당대의 갑부로 막강한 세력을 행사하던 삼청동의 민대식(閔大植), 화신 백화점의 박흥식(朴興

植), 고리 대금업자 K씨 등을 차례로 털었다. 이렇게 하여 모여진 돈이 7천만 환, 쌀 한 가마에 몇천 환 하던 당시의 이 돈은 가히 엄청난 액수였다. 김두한의 반탁운동이 이 돈으로 인하여 굉장한 활개를 떨쳤다.

과연 김두한의 자질을 유감없이 발휘하였던 것이다.

그러나 김두한의 이러한 활동으로 인해 갑부들이 수도권 치안 책임을 담당하던 창랑 장택상을 찾기에 이르렀다. 아무리 일본놈을 등에 업고 갈취한 돈일지언정 아깝고 억울했던 것이었다.

"아니, 대체 경찰은 무엇을 하는 겁니까? 해방된 나라에 아직도 강도짓이 성행하니 대체 어찌된 것이오!"

갑부들이 열을 올리며 항의하자 장택상은 어쩔 수 없이 김두한을 호출시켰다.

"김군, 여기 있는 분들을 알고 있나?"

장택상의 물음에 김두한이 가죽잠바를 쓱 치켜올렸다. 그러고서 수류탄을 만지작거렸다.

"아니, 김군! 이게 무슨 짓이야!"

장택상이 놀라 김두한의 손을 덥썩 잡았다.

김두한이 갑부들을 쏘아보며 버럭 고함을 질렀다.

"이 자식들아! 기부금이라 할 때는 언제고 이제 와서 무슨 소리야! 억울하다면 당장이라도 돌려주지."

갑부들이 무슨 일인가 싶어 눈이 휘둥그래졌다.

"대신 조건이 있다. 돈을 돌려주는 그 시간이 바로 네 놈들의 모가지가 날아가는 시간인 줄 똑똑히 알아라!"

김두한의 벼락치는 말에 오들오들 떨던 갑부들 중 백낙승이 소리쳤다.

"창랑! 그 돈은 우리가 기부한 것이오. 정말이오!"

백 사장의 말에 갑부들도 따라 장단을 맞춘다.

"그럼요. 반탁운동을 한다는 데 그까짓 게 뭐 아깝겠소. 그럼 우리 이제 그만……."
 갑부들이 엉거주춤 일어나 황급히 꽁무니를 감춰버렸다. 하지만 당시의 상황은 미군정 시대. 수도권 치안 책임을 맡고 있던 장택상도 어쩔 수 없이 미군정의 책임을 피하기 위해서는 법적 필요성을 느꼈다. 장택상은 김두한을 설득하여 일단 유치장에 감금시켰다.
 다음날 '갑부집 강도사건 범인 일당 체포'라는 대문짝만한 제호로 김두한 일당의 체포 사실을 일세히 보도했나.
 부하가 치민 김두한의 부하들이 장택상을 찾았다.
 "아니, 경찰부장님! 이럴 수가 있습니까? 그것도 하루이들도 아닌 1개월 씩이나, 이 나라도 이젠 끝장났다 이겁니다!"
 까닭을 모르는 항의에 장택상이 오히려 고함을 질렀다.
 "이 친구들아! 지금 이럴 시간이 어디 있나! 빨리 돌아가 빨갱이를 때려 잡아야지!"
 장택상도 힘 없는 백성의 한 사람인지라 북받치는 설움에 그만 울음을 터뜨렸다.

이에는 이, 눈에는 눈

 해방 직후 사회가 혼란했을 때, 김두한의 활동에 대해 사람들은 놀라움을 금치 못했다. 가히 그만이 할 수 있는 배짱과 의협심, 반공이라는 깃발을 내세운 김두한의 투쟁, 그 시대에 김두한의 말과 행동은 곧 '법'이었고 '집행'이었다.
 살인, 방화, 약탈 등 총과 몽둥이로 폭력을 일삼던 좌익 세력들이 그들의 마지막 과업인 '남조선 해방투쟁'의 달성을 위해 대규모 파업이란 새로운 전술을 쓰기 시작했다. 그들의 책동은 곧 엄청난 파국을 야기시켰다.
 당시 우리 나라 경제는 엉망진창이었다. 공장 하나가 문을 닫으면 그 영향은 곧 국민생활에 막대한 타격을 입혔다.
 바로 빨갱이들이 이러한 계산을 미리 짐작하고 대규모 파업을 부채질하기 시작한 것이다. 그렇게 되면 제아무리 기세 당당한 미국이라 할지라도 물러갈 것이라는 생각이었다.
 그들의 첫 행동은 시민의 발을 묶는 것이었다. 경전(京電)의 직원들을 적당히 구슬러 전차의 운행을 중지시켜 버렸다.
 그것에 그치지 않고 방직공장을 비롯 전 기관산업의 총파업을 유도했다.
 또한 무수한 약탈과 폭력을 일삼았다. 거리에도 공장에도 빨갱이 노래가 진동했다. 그들의 악랄한 수법에 경찰은 속수무책이었다. 폭력에 폭력으로 맞설 수 없는 경찰의 한계도 문제였지만 그렇잖아도 부족한 군인을 동원할 수도 없었다. 사태의 심각성을 예감한 장택상, 조병옥이 김두한을 불렀다.
 "김군, 자네들의 힘이 필요하네. 파업을 진압해 주겠나?"
 "지금 시대는 이에는 이, 눈에는 눈이라더군요."
 "모쪼록 자네들만 믿겠네. 뒷일은 걱정말고."
 이렇게 하여 김두한을 중심으로 하는 반공 주먹 부대는 새로운 봉기를 일으켰다.
 김두한은 즉각 수하의 2만여 명의 주먹들을 급히 소집시켰다.
 김두한은 부하들을 소총과 죽창, 몽둥이로 무장시킨 다음 30대의 트럭까지 갖추어 놓고 출동태세를 갖추었다. 그 중 100여 명의 정예의 특공대를 선발하여 경전파업을 벌이고 있는 동대문으로 쳐들어갔다. 특공대들이 악에 받쳐 빨갱이 노래를 부르는 운전사들을 개패듯 두들겨 댔다.
 "야, 이 빌어먹을 놈들아! 빨갱이 노래만 처부르면 돈이 나오냐 떡이 나오냐!"
 운전사들이 부들부들 떨며 운전대를 쥐었다.
 "빨리 출발해! 이 새끼야! 네 놈들 때문에 시민 생활이 어떻게 돼 가는지 알기나 해? 이 새끼야!"
 전차 개통을 알리는 종을 주먹들이 치기 시작하였다. 시민들이 환호성을 울리며 벌떼처럼 몰려 들었다. 김영태는 얼마나 부화가 치밀었던지 주먹으로 종을 쥐어박았다. 시뻘건 피가 얼룩졌다. 그것을 본 시민들은 너나 할 것 없이 김두한 주먹들의 시민을 위한 활동에 숙연해졌다.
 하지만 공장 노동자들은 단순노동에다 저임금으로 시달려 온 사람들이라 일종의 반항적인 기질이 농후했으므로 시위 방법 또한 악랄했다.
 "안 되겠다. 속전속결 방법을 쓰자!"
 김두한 부대는 경성방직을 데이터로 올렸다.
 이튿날, 빨갱이 사상을 교육받기 위해 운동장에 모인 경성방직을 김두한 부대가 기습으로 덮쳤다. 핏대를 올리며 교육을 시키는 청년의 어깨를 김두한이 일본도로 내리찍었다.
 "으악──."
 청년이 비명을 지르며 고꾸라지자 공원들이 웅성거렸다.
 "조용히 햇! 이 새끼들아! 어떤 새끼가 주동자야? 5분 내로 기어 나와!"
 아무도 나서지 않았다. 김두한이 책상을 주먹으로 내리쳤다. 책상이 박살나자 특공대원들이 주동자로 보이는 청년 50여 명을 추려내 개패듯 두들겨 팼다.
 "이 녀석들이 아직도 빨갱이가 어떤 놈들인지 모르는구먼."
 닥치는 대로 두들겨 패자 한 놈이 더 이상은 참지 못하고 진술을 하기 시작했다.
 "김××, 박××, 최××······."
 그러자 여기저기서 아무개, 아무개 하며 이름을 불러댔다. 금새 10여 명의 주동자가 끌려 나왔다.
 다시 김두한이 단상으로 올라갔다.

"여러분! 내 말을 잘 들으시오. 빨갱이들은 여러분을 이용해 우리의 정부를 전복하려 들고 있소! 차후로는 빨갱이놈들에게 속지 말고 조국을 위해 열심히 일해 주길 부탁하오! 여기 오랏줄에 묶인 이놈들은 오늘 저녁 황천으로 보내질 것이오. 거듭 여러분의 협조를 부탁하는 바이오!"

김두한의 연설에 공원들이 박수를 치며 환호했다.

사실 파업에 참여하는 대부분의 공원들은 빨갱이들의 폭력에 어쩔 수 없이 참여하는 것이었지 일을 하고 싶어하는 사람들이었다.

이때, 운동장 한쪽 창고에서 때아닌 여자의 비명소리가 들려왔다.

"사람 살려요! ——."

잠시 후, 대원으로 보이는 사나이가 여공들에게 멱살을 잡혀 끌려 나왔다.

'양코'였다. 양코는 우미관 시절부터 김두한이 아끼던 부하 중 한 명이었다. 오랜 합숙생활로 여자에 굶주린 양코가 그만 끓어오르는 성충동을 참지 못하고 여자를 겁탈하려다 여공들에게 끌려 나온 것이다.

"양코! 네가 나의 명예는 물론 반공 부대의 명예에 먹칠을 하다니······."

김두한이 할 말을 잃고 고개를 수였다.

이 문제를 빨갱이들이 문제 삼는다면 그야말로 김두한의 반공 주먹은 설 땅을 잃고 말 처지에 놓이게 될지도 몰랐다.

김두한이 가라앉은 목소리로 조희창에게 명령을 내린다.

"희창아, 양코를 포박하라!"

김두한이 실탄 한 발을 장진하여 양코 앞에 권총을 던졌다.

"양코! 떳떳이 자결하라!"

"형님! 살려주세요. 형님!"

"양코, 지금 내 심정도 괴롭다. 어서 방아쇠를 당겨라!"
 여공들의 눈에 분노가 불타고 있는 것을 김두한은 보았다. 금방이라도 터질 듯한 기세였다. 이때 만일 악질 빨갱이놈이 험악한 분위기를 부추기게 된다면 사태는 분명 오리무중으로 빠질 것임에 틀림없다. 조급한 김두한이 힘없이 양코 앞에 다가섰다.
 "양코, 저승에서나마 부디 행복을 빈다. 잘 가거라……."
 김두한이 눈물을 흘리며 방아쇠를 당겼다. 모든 대원들의 눈에도 눈물이 흘러 내렸다.
 "가자! 이번에는 태창방직이다!"
 흥분한 대원들이 태창방직에 디디르자마자 몽둥이와 죽창을 휘둘렀다. 끝까지 반항하는 20여 명의 빨갱이들이 사지가 찢긴 채 덩그러니 운동장에 뿌려졌다. 그야말로 '이에는 이, 눈에는 눈'이었다.

반공 부대의 눈물

 빨갱이는 몽둥이로 다스려야 한다는 것이 김두한의 철학이었다. 일부 사람들은 김두한의 진압 방법이 너무 지나칠 정도로 잔인하다고도 하나 당시의 상황으로 보아 이런 엄청난 방법이 아니고서는 도저히 빨갱이들의 비열한 살인, 약탈을 막을 수 없다는 것이 일반적인 견해였다.
 진상이야 어찌되었건 '김두한'이라는 이름 석 자는 미군정의 문제 인물로 리스트에 올라 있었다.
 게릴라 작전을 시도하는 게릴라들은 일을 저지른 후 잽싸게 지하로 숨어버리니 꼬리를 잡는 데 여간 어려움이 따르지 않았으나 김두한은 애국적인 견지에서 얼굴을 드러내고 활동을 벌였으니 문제의 심각성이 바로 여기에 있었다.
 1947년 4월 16일의 일이 바로 그것이다.

그날은 이승만이 남한만의 단독 정부 수립이란 대안을 갖고 교섭차 미 조정 책임자 하지 중장을 만나러 갔던 날이었다.
 명동의 시공관에서 빨갱이 만담가 신불출(申不出)을 비롯한 좌익 배우, 가수들을 내세워 '제일선'이란 쇼를 벌이고 있었다.
 김두한의 반공 부대가 조희창을 돌격대장으로 제일선 무대를 쓸어버린 것이다.
 심종현(沈鍾鉉)의 강펀치에 악명높은 빨갱이 주먹대장 진구가 그 자리에서 잠들고 말았다. 이것을 시작으로 쟁쟁한 빨갱이 주먹들이 차례로 잠들었다. 쇼다운 쇼 한 번 연출하지 못하고 무대가 쑥밭이 되자 공산당들이 미군정으로 달려가 하지 중장을 만났다.
 "이건 법을 어긴 처사요! 테러리스트들의 짓이란 말입니다."
 "적법한 조치를 취할 테니 돌아들 가시오."
 이 사건으로 김두한을 비롯한 다섯 참모가 미군정의 군사재판에 회부되었다.
 참으로 통탄할 일이었다. 1948년 5월 미 태평양지구 육군 사령부 군법회의 법정에서 재판이 있었다.
 "김두한, 신덕균 사형, 김영태, 장일호(張一湖), 김삼규(金三圭), 윤병구(尹炳九) 무기징역!"
 우익 진영의 누구 하나 이들의 정당성을 대변해 주지 못한 채 재판은 미군정의 임의대로 형량을 결정한 것이다.
 김두한 반공 부대원 수천 명이 '반공 부대 석방하라!'는 내용의 플래카드를 들고 나와 시위를 벌였으나 아무 소용 없는 일이었다.
 미군 수송기는 이들 여섯 명을 싣고 일본의 오끼나와에 있는 미 육군 형무소로 날아가 버렸다.
 만신창이가 된 조국을 건지기 위해 생사를 초월한 투쟁의 대가치고는 참으로 허망했다. 힘 없는 백성의 아픔으로는 너무나 억울했다.

숱한 혼란과 불안의 정국이 차츰 수습되면서 1948년 8월 15일, 이승만 박사가 초대 대통령으로 남한만의 단독 정부 수립이 공포되었다.

그날 0시를 기해 미군정이 폐지됨으로써 김두한과 그의 참모 다섯 명은 구사일생으로 조국의 땅을 다시 밟았다. 쓸쓸한 김포공항에 도착하자마자 그들은 또다시 서대문 형무소로 이송되었다.

"제기랄! 형무소랑 전생에 무슨 천생연분이라도 있었는가? 대통령을 만나면 형무소장 자리라도 하나 부탁해야 직성이 풀리겠어!"

신덕관의 익살에 그들은 모지럼 오랜 유배생활을 잊은 채 맘껏 웃어보았다.

며칠 후, 그들은 형 집행정지로 풀려났다. 오랜 감옥생활로 그들은 지칠 대로 지쳐 있었다. 특히 김두한은 책임자로서 더욱더 심한 고문을 받아 서울대학 병원에 입원하게 되었다.

"형님! 형님!"

김두한을 찾아온 그의 부하들의 몰골은 말이 아니었다.

"아니, 너희들 차림이 그게 뭐냐?"

"형님! ……."

부하들이 분통을 터뜨리며 눈물을 흘렸다. 건국사업의 최보루에서 목숨을 아끼지 않았던 부하들이 상거지가 되어 김두한 앞에 나타난 것이다.

"이럴 수가! 이럴 수가!"

언젠가 잘 살 날이 있을 거라고 부하들의 사기를 돋구며 지금까지 버티어 온 김두한은 상거지가 된 부하들을 보자 말을 잇지 못했다. 김두한은 병원에 입원해 있는 동안 부하들의 복지대책을 위한 계획에 골몰했다. 그러던 어느 날, 경무대의 주인이 된 이승만 대통령으로부터 김두한을 부르는 연락이 왔다.

"내일 오전 10시에 경무대로 오시랍니다."

김영태와 신덕균이 숨을 헐떡이며 말했다.
"그러면 그렇지! 그 어른이 가만 있을 리 있나!"
김두한의 가슴은 울렁거렸다. 이제야 부하들에게 큰소리 칠 수 있겠다 싶었다.
"또 만(晚)자 하나로 때우지는 않겠지요?"
김영태가 웃으면서도 마음이 불안한 듯 주섬거렸다.
"애들아, 걱정마라! 내 건국을 위해 피흘리고 싸웠던 우리의 처지를 죄다 말씀드리겠다. 나에게도 계획이 있으니까!
"각하! 늦게나마 대통령 취임을 축하드립니다."
"김 군! 고맙구먼. 그 동안 고생 많았지?"
"당연히 해야 할 일을 했을 뿐……."
김두한이 말을 끊자 이승만이 심각하게 입을 열었다.
"김 군!"
"예."
"사람의 목숨은 귀중한 것이지. 이젠 사람 그만 죽이게."
너무나도 뜻밖의 말에 김두한의 표정이 일그러졌다. 이승만은 김두한의 표정에는 아랑곳없이 흰 봉투 하나를 꺼내놓고 자리를 떴다.
"각하! 긴히 드릴 말씀이 있습니다."
이승만은 아무 대꾸도 없이 손을 내저으며 사라졌다.
조국을 위해 생명을 아끼지 않았던 김두한의 2만여 대원들의 존재를 무시한 채 봉투 하나로 해결하려는 이승만의 냉정함에 김두한은 이를 부득부득 갈았다.
"이제 이 김두한이 새로이 태어나 보이겠다. 지난날의 투쟁을 떳떳이 보상받기 위해서!"
그 길은 주먹의 위력이나 싸움 기술로써는 성취할 수 없는 '정치투쟁의 길'이라는 것을 김두한은 머리 속에 그리고 있었다.
경무대를 나서는 김두한의 두 눈에 뜨거운 눈물이 흘러내렸다.

제 4 장
6·25와 김두한

학도 의용군의 영혼

　1930년대부터 1950년대까지 주먹세계는 김두한에 의해 일사불란하게 움직였었다. 시대상황이 말해주듯 '반공 주먹'의 위세는 그 기세를 만천하에 떨쳤다. 방법이 너무 무지막지했었다는 소리도 있었으나 그것은 일설에 불과할 뿐 반공 주먹의 활동은 시대적 요청이라 해도 과언이 아닐 정도로 그 시대는 혼란의 연속이었던 것이다.
　이러한 8·15 직후의 주먹세계의 활동도 잠시 1950년 6·25라는 민족적 대 비운을 맞게 된다.
　1950년 6월 25일 새벽 4시.
　좌익 게릴라들의 사회 전복 기도가 자유당 내각의 수립으로 실패를 거듭하자 북괴군이 물밀듯 3·8선을 무너뜨리고 내려오기 시작한 것이다.
　북괴군의 전면남침으로 서울은 눈깜짝할 사이 북괴군의 손아귀에 들어가 버렸다. 곧 해주(海州)를 진격한다는 정부의 기만 방송이 계속되고 피난민의 행렬은 아비규환이 되었다.

드디어 6월 27일 서울 시민의 유일한 피난 통로였던 한강교가 육군참모총장 채병덕(蔡秉德)에 의해 폭파되었다. 국민들의 발이 서울에서 꽁꽁 묶여 있는 판에 이승만 정부는 수원으로, 대전으로 계속 밀려나고 있었다. 마침내 8월 18일 이승만 정부는 국토의 최남단 부산으로 쫓겨나고 말았다.

김두한이 구상한 저지작전으로 게릴라전을 펼치려 했으나 육군본부의 장비 지원 거절로서 실패하고 말았다. 두한도 어쩔 수 없이 200여 명의 부하를 거느리고 마포강을 건너 부산으로 쫓겨나고 말았다.

풍전등화의 위기에 직면한 조국의 운명을 건질 김두한의 활동은 '학도 의용군' 창설로부터 시작되었다.

16~18세의 어린 학생들에게 군사교육을 시키는 것이 그의 임무. 펜을 버리고 대신 총을 든 어린 학도의용군의 참여는 대단해서 1월이 되었을 때는 1천여 명으로 불어났다.

하지만 딘 소장이 납치되면서 전세는 불리해졌다. 북괴군은 이미 워크 라인으로 여겼던 낙동강 상류까지 밀고 내려왔던 것이다.

"학도 의용군이라도 전선에 보내야 될 판국이오."

마침내 궁지에 몰린 군 장교들이 학도 의용군 참전을 요구하기에 이를 정도로 사태는 아군에게 불리함이 역력했다. 그러나 김두한이 펄쩍 뛰었다.

"아직은 일러요. 방아쇠라도 당길 수 있을 정도의 교육을 시켜야 되겠소. 그 어린 학생들이 총알밥이 될 순 없지 않소."

"지금 아군의 사태는 말이 아니오. 한 명의 국군이 절실할 때요."

"난 학도 의용군의 죽음이 보다 떳떳한 죽음이어야 된다고 생각하오! 당신의 명령을 거절하겠소!"

"거절! 넌 계엄령의 명령을 거절한 대가로 총살될 거야!"

"뭐야, 이런 쌍놈의 새끼들! 그래 어디 방아쇠를 당겨 보아라!"
 김두한이 주먹을 휘두르자 계엄군 장교들이 물러났다.
 "좋소, 오늘은 그냥 가리다. 하지만 일 주일 후엔 꼭 참전시켜야 하오."
 참으로 비극이 아닐 수 없었다. 어린 학생들까지 전선으로 보내야 하는 이 암담한 조국의 현실에 김두한의 마음은 고통스러웠다. 김두한은 한 명의 희생자라도 줄이기 위해 맹훈련을 거듭했다.
 그러던 어느 날, 대구 영천(永川) 지구에서 북괴군과 접전을 벌이던 수도사단장 김석원(金錫源) 장군으로부터 명령이 하달되었다.
 "김 동지, 학도 의용군의 참여를 부탁하오."
 김두한도 더이상 거절할 수가 없었다.
 "학도 의용군 여러분! 조국이 우리를 부릅니다. 우리의 손으로 조국을 지킵시다. 우리의 죽음으로 조국을 지킵시다!"
 키보다 더 큰 장총을 메고 전선으로 떠나는 학도 의용군을 보며 부산 시민들은 통곡했다. 김두한의 두 눈에서도 감정에 북받친 뜨거운 눈물이 흘러내렸다.
 "사단장님, 1,200여 명의 학도 의용군이 도착했습니다."
 카이젤 수염에 일본도를 차고 있던 김석원이 김두한을 맞이했다.
 "김 동지! 고맙소! 정말 고맙소!"
 한시도 지체할 수 없는 아군의 입장이었다. 학도 의용군은 곧바로 전선에 배치되었다.
 김두한은 김석원과 함께 총알이 빗발치는 참호를 돌며 학도 의용군을 격려했다.
 "우리들의 작은 힘, 하나하나를 뭉쳐서라도 조국을 지키자! 제군이여! 힘을 내라!"
 "제군들의 뜨거운 애국심에 감격할 뿐이다. 국토방위의 책임을 다하지 못한 군인으로서 부끄러울 뿐이다. 다만 용맹 분발을 바란다."

학도병들은 사기충전했으나 실탄을 장전치 못하는 병사들을 보는 김두한의 마음은 천갈래 만갈래 찢어지는 아픔을 느꼈다.

김두한 주먹부대는 어린 학도병의 분대장, 소대장으로서의 책임을 지고 전투에 참여하고 있었다.

하지만 사정은 엉뚱한 곳에서 발전되고 있었다. 무정(武亭)이 이끄는 북괴군 5사단이 포항을 거쳐 경주로 침투했고 전라도 일대는 적의 손아귀에 들어가고 말았다. 전선의 상황은 돌이킬 수 없을 만치 무너지고 있었다.

사태의 불리를 직감한 미군은 대구 영천 지구를 포기하고 철수를 서둘렀다.

불과 4, 5일의 전투에서 꽃다운 어린 학도병의 숫자는 절반으로 줄어들었다.

김두한의 가슴은 갈기갈기 찢어지는 듯했다. 무력한 정부를 믿었던 전 국민의 심정이 김두한과 같았으리라.

이렇게 절망에 빠져 있던 그들에게 엄청난 사기를 돋워주는 일대 영단이 내려졌다. 당시 내무부장관 조병옥이 '대구 절대 사수'를 선언한 것이다. 조병옥은 미군의 철수 명령은 물론 이승만의 철수 지시까지도 거부한 채 경비사령부 참모장 최치환(崔致煥) 총경과 함께 5천여 명의 경찰병력으로 4만이 넘는 북괴군과 맞섰던 것이다. 이렇게 되자 미군도 기갑사단을 대구로 급파했고 백선엽(白善燁) 장군의 육군 제1병사단이 낙동강 전투에 투입되었다.

돌이켜 보면 조병옥의 대구 절대 사수라는 대 영단은 백척간두의 조국을 건진 쾌거였다.

김두한이 이끈 어린 학도병의 영령이 조금은 위안을 받았으리라.

노동총맹의 활약

전국에서 몰려든 피난민으로 부산은 엉망진창이었다.
하지만 자유당 정권은 근본적인 대책은 아랑곳 않고 권력을 지키기에만 급급하니 사회의 불안은 점점 깊은 수렁으로 빠져들었다.
김두한은 6·25가 터지기 전, 무지막지한 주먹보다는 약자의 길을 걷기 위해 노조 연합회(勞組聯合會)에서 활동한 적이 있었다.
당시의 노조 연합회는 우리 나라 노동운동의 선구자 전진한(錢鎭漢)에 의해 창실되어 혼란기의 노동운동을 활성화시켜 서민들로부터 호응을 얻었었다. 김두한이 부산의 광복동에 '대한 노총 임시 본부'를 설치하게 된 것도 반공주먹 시절 빨갱이들을 죽이면서 억울하게 죽은 죄 없는 동포에게 다소나마 사죄하는 뜻에서 노동자의 권익옹호와 근로조건의 개선을 위해 투쟁하고자 했던 것이다.
어느 날, 부두 노조원들이 대한 노총을 찾아왔다.
"이제 더 이상 참을 수가 없습니다. 가족들이 굶고 있어요."
"전시 중이니 조금만 참읍시다."
"우리 노무자들은 전쟁이라는 이름으로 노동을 착취당하고 있어요."
"대체 어쩌겠다는 거요?"
"우린 파업을 결심하고 있습니다. 어느 정도의 보수는 받아야겠습니다."
"하지만 이적행위는 용납할 수 없어요! 그것은 빨갱이들에게 유리할 뿐이오!"
김두한은 단호히 거절했다.
"24시간 정도의 파업은 아무런 문제가 없을 겁니다. 우리 노무자들 중엔 인텔리도 많아요. 모두가 폭발 직전에까지 이르렀어요.

굶주린 배를 채우기 위해 미군 물자를 빼돌리다가 죽도록 얻어 맞는 노무자가 자꾸만 늘어나고 있어요."
 서울에서 모 여대 교수를 지냈다는 노조 대표의 한숨이었다.
 김두한은 생각했다. 기아선상에서 허덕이는 노무자들의 불평이 폭발하면 오히려 적에게 유리할 뿐이라고.
 "또한 깡패들이 세금이라는 명목으로 임금을 갈취해 가니 차라리 죽는 것보다 못합니다. 저희들의 파업을 도와주십시오."
 "알았소! 내가 미군 측에 24시간 파업을 정식 통고하겠소. 깡패들도 오늘 안에 부두에서 사라질 것이오!"
 오후 3시, 미군 백차 다섯 대가 대한 노총에 들이닥쳤다.
 "아니, 파업이라니? 당신 지금 정신이 있는 거요, 없는 거요!"
 "정신이 말짱하니 신문을 보는 게 아니겠소."
 김두한이 보던 신문을 탁자 위에 내려놓으며 능청을 떨었다.
 "만일, 파업을 거두어 들이지 않으면 당신을 체포하겠소!"
 헌병사령부 부사령관이면서 계엄사령부 민사부장을 겸임하고 있는 백두산 호랑이 김종원이 권총을 휘두르며 김두한에게 으름장을 놓았다.
 "야, 이 종이 호랑이야! 날 체포한다고? 그래, 손 여기 있으니 수갑을 채워 봐라 이 새끼야!"
 김두한이 펄펄 뛰자 김영태가 황급히 끼어들었다.
 "어이쿠! 왜들 이러십니까. 좋은 방향으로 상의하시면 될 일을······."
 이름보다도 백두산 호랑이로 명성을 떨치던 김종원은 이승만의 신임을 한몸에 받던 거물 김두한을 건드려봤자 이득이 없음을 간파한 계략이었다.
 그제서야 김두한, 김종원, 미군 대령의 3자 회담이 시작되었다.
 "이보시오, 김종원 씨! 당신의 세도만큼은 이 김두한이도 갖추고 있소. 나라를 위하는 마당에 이적행위라니. 이 김두한이를 어떻게 취급하는 거요?"

김종원의 얼굴이 벌겋게 상기되었다.

"지금 우리 근로자들이 어떻게 살아가는지 알기나 해? 굶주린 배를 부둥켜 안고 살고 있단 말이야! 임금을 올려주면 당장에 파업을 거두어 들인다고 미군에게 전해라!"

김두한이 명령조로 다그치자 김종원이 퉁명스럽게 대꾸한다.

"그건 현명한 처사가 아냐. 지금은 전쟁 중이란 말야! 조그만 손해쯤은 감당해야 한단 말이야. 파업은 전쟁이 끝난 후에야 하라구!"

"전쟁이 끝나면 미쳤다고 부두에서 하역작업을 하겠나? 아무튼 파업은 결정된 것이니 알아서 하시오!"

"그렇게 완강히 나온다면 경찰력을 동원할 수밖에 없소. 불행한 사태가 발생하면 그건 노총이 책임지시오!"

김종원이 두 눈을 부라리며 씩씩거렸다.

"맘대로 하시오! 그렇잖아도 내 부하들의 몸이 찌뿌둥한데 잘 됐군 그래!"

김두한이 능청을 떨자 김종원이 자리를 박차고 일어나 총을 꺼내 김두한에게 들이 댔다.

"말로써는 안 될 놈이구만! 네 놈은 죽음을 자초하고 있어!"

그러자 김두한이 씩 웃으며 일어섰다.

"대단한 용기를 가졌군! 그래, 방아쇠를 당겨 보시지!"

어느새 여섯 명의 특공대원들의 총구가 김종원의 머리를 겨누고 있었다. 김종원의 얼굴이 사색이 되었다. 김종원이 엉거주춤 권총을 거두자 김두한이 소리질렀다.

"야! 이 새끼들아! 당장 나가지 않으면 황천으로 보내줄 테다!"

겁에 질린 미군 대령이 김종원의 소매를 붙들고 자리를 뜨자 김두한은 닥쳐올 사태에 대비해 경비를 더욱 강화시켰다.
 다음날 새벽, 광복동으로 통하는 길은 완전 봉쇄되고 노총 본부는 200여 명의 무장 경찰로 완전 포위되었다.
 11시가 되자 기관총으로 무장한 미군 헌병 1개 소대가 들이닥쳤다. 노조 측에서 아무런 반응이 없자 답답했던 미군들이 대화를 요청해 왔다.
 김두한의 계획이 척척 들어맞자 그는 빙그레 웃었다. 무장이 해제된 대령이 들어왔다.
 "앉으시오, 대령."
 대령은 전날 본 김두한의 기세에 눌린 듯 고분고분했다.
 "파업을 중지시켜 주시오. 미스터 김! 일선에선 보급품이 달려 야단입니다."
 "우리 나라를 도우러 온 당신들에게 정말 죄송합니다. 하지만 근로자들이 굶으면서 어떻게 일을 할 수 있겠습니까?"
 "그래도 작업은 진행되어야 합니다. 제가 국방성에 보고하여 임금을 조정해 보겠습니다."
 "이봐요, 대령! 그 따위 소릴 지껄이려거든 당장 돌아가시오! 임금 책정은 당신과는 무관하지 않소!"
 "하지만, 제 입장도 좀 고려해 주십시오."
 "아무튼 알겠소. 대통령이 직접 국무성과 교섭토록 할 것이오."
 김두한의 기세가 사그러들지 않자 대령의 얼굴에 핏기가 싹 가시었다.
 "어느 정도의 보수를 원하십니까?"
 "8시간 근무에 5달러!"
 "그건 너무 많소, 2달러로 합시다."
 "많다니, 겨우 2달러? 어림없소."
 "그럼 2달러 50센트로 정합시다."
 "안 되오!"

"3달러!"
대령의 낯빛이 자꾸만 초조해져 갔다.
"더 이상 당신과 얘기하고 싶지 않소. 돌아가시오!"
대령은 할 수 없다는 듯이 김종원의 경찰병력과 함께 돌아갔다. 통역을 맡았던 노조 간부가 아쉬운 듯 말꼬리를 감추었다.
"어이쿠! 단장님. 3달러면 대성공입니다. 그냥 모른 체하고 넘어갔어야……."
"염려마시오. 대령은 내일 또 오게 될 것이오. 그때 담판을 짓겠소."
김두한의 예상은 적중했다. 김두한과의 해결이 부결된다면 하역작업을 미군들이 해야 할 판국이니 대령의 마음도 조급했으리라. 또한 이런 상황이 미 국무성에 보고되는 날에는 대령의 입장은 말이 아니게 죽사발 날 판국이었다.
허겁지겁 줄달음쳐 온 대령이 문을 열자마자 소리쳤다.
"미스터 김! 3달러 50센트로 합시다!"
그러나 김두한이 미동도 하지 않는다.
"내 사정 좀 알아 주시오. 밤새 사령부를 구슬러 3달러 50센트까지 올려놓았소. 3달러 50센트란 말이오, 3달러 50센트!"
대령이 몹시 초조해 하는 것을 눈치챈 김두한이 기회를 놓치지 않는다.
"대령, 4달러로 합시다. 내 마지막 선이오."
대령이 난처한 표정을 지었다.
"대령! 알아서 하시오! 나는 더 이상 물러서지 않을 테니까!"
"좋소!"
대령이 엷은 미소를 지었다.
2천여 부두 노동자들이 환호성을 지르며 김두한의 승리에 축하의 박수를 터뜨렸다. 부두 노동자들은 살인 임금으로부터 해방됨은 물론 부두 깡패들의 행패로부터도 한꺼번에 벗어났다. 이런 와중에서도 한창 전쟁이 계속되고 있었다. 그것도 아군에게 불리하게. 젊은 학도병은 물론 선량한 시민들까지도 파리목숨처럼 쓰러지고 있었다.

이런 판국에 사회지도급 인사들이란 작자들이 벌건 대낮에 카바레에 모여 춤을 춰대고 있었으니 김두한의 비위가 상할 대로 상했다.

"이런 매국노 같은 놈들!"

김두한의 특공대는 공포탄을 쏘며 카바레를 점령했다. 카바레는 순식간에 수라장이 되어버렸다.

"모두 무릎 꿇어, 이 짐승만도 못한 새끼들아!"

카바레의 문은 이미 특공대에 의해 막혀져 있었으므로 밖으로 뛰쳐 나가려던 몇몇 놈들이 다시 끌려 들어왔다.

"잘 들어라, 이 미친 녀석들아! 나는 김두한이다!"

김두한이라는 말에 카바레 안의 모든 사람들은 오들오들 떨었다. 카바레에는 공포의 분위기가 맴돌았다.

"이 능지처참할 반역자들아! 얼마 전 나는 어린 학도병들과 함께 전투에 참가하고 왔었다. 무려 500여 명이란 꽃다운 목숨을 조국 강산에 묻고 온 아픔이 아직도 삭지 않았는데 네 놈들은 하늘이 무섭지도 않느냐."

"저희들의 잘못을 용서해 주십시오. 차후론 절대 이런 일이 없을 겁니다."

"좋다. 대신에 너희들이 지니고 있는 귀금속을 모두 압수하겠다. 이 돈은 나라를 지키다 부상당한 부상병들을 치료하게 될 것이다. 이의 있는 놈은 당장 앞으로 기어나왓!"

김두한의 벼락 같은 말에 시계, 목걸이, 팔찌들이 스테이지에 수북이 쌓였다.

김두한은 귀금속을 처리하여 각 병원의 부상자들을 일일이 찾아다니며 그들의 아픔을 조금이나마 위로해 주었다.

거창 양민 학살 사건

이렇게 나라가 어지러워지고 있을 때 또다른 큰 사건이 터지고 만다.

이른바 '거창 양민 학살 사건'이 그것이다. 당시 국방장관 신성모(申性模), 그리고 김종원이 주축이 된 일부 일선 장교들이 빨갱이 축출에 나섰다가 성과가 시원찮자 순진한 양민 500여 명을 공비로 몰아세워 무차별 학살한 그야말로 비극적인 사건이 발생한 것이다.

이때 김두한은 일체 정치에 간섭을 하지 않고 대한 노총 사무실을 지키고 있을 때였다.

"오오, 괴롭다. 앞으로 나라는 어떻게 될꼬?"

신덕균, 김영태 등 참모들도 한숨만 내쉰다. 목숨을 내던지고 제1공화국 건설의 최보루에 나섰던 그들로서, 지금의 나라 사정은 너무도 그들을 실망시켰던 것이다.

이러한 엄청난 학살 사건은 전쟁 중이라 쉽게 마무리되어 김종원은 3년 징역을 언도받고서도 곧 풀려났고 급기야는 치안국장이라는 자리에까지 오르게 된다.

김두한이 낙심하고 있을 때 불현듯 김종원이 불쑥 나타났다.

"김 동지! 오래간만이오."

"또 무슨 일이오?"

김두한이 반갑지 않다는 투로 퉁명하게 내뱉았다.

"아, 이제 부두 노조 사건은 잊읍시다."

두 사람은 광복동의 술집으로 자리를 옮겼다.

"갑자기 날 찾아온 용건이 뭐요?"

"아! 이제 화를 풀고 사이좋게 얘기합시다. 옛날의 김종원이 아니올시다!"
"근데 이 술은 무슨 술이오? 알기나 하고 먹읍시다."
"하하하…… 화해의 술이라고 생각하십시오!"
김종원이 넉살을 부리며 불쑥 김두한의 손을 움켜잡았다.
"김 동지! 우리 정부를 도와주시오. 이 대통령의 집권만이 우리가 전쟁을 승리로 이끌 수 있는 길이오! 각하께서도 김 동지에게 기대가 크십니다."
김종원이 심각하게 웃으면서 다시 술을 권했다.
"여보시오! 이 김두한이를 어떻게 보고 그런 망발을 하시오? 날더러 정치테러 하수인이 되라는 거요?"
당시 이승만 정부는 이시영 부통령의 사퇴에 따른 부통령 보궐선거를 앞두고 있었다.
이승만 정부는 신정동지회(新政同志會)로 하여금 이갑성(李甲成)을 내세웠으나 뜻밖에도 민국당(民國黨)의 최고위원 김성수(金性洙)가 당선됨으로써 이승만 정부를 궁지로 몰아넣었다. 이승만 정부의 지지기반이 뿌리째 흔들릴 대사건이었다. 궁여지책으로 신당 발기를 결심한 이 대통령이 상하 양원제와 정부통령의 직접선거를 골자로 하는 개헌안을 국회에 제출했다가 다시 부결되고 만다.
이때 민국당의 곽장호 등 의원 123명이 의원내각제를 골자로 하는 개헌안을 국회에 제출하여 이승만의 계획에 정면으로 맞부딪쳤다. 사태가 점점 불리해진 이승만은 그 특유의 외교술을 발휘하게 된다. 국회부의장으로 있던 장택상을 국무총리로 임명하여 정부와 국회 간의 관계를 유도하려 하는 척하면서 엄청난 공작을 벌인다.
의원내각제를 지지하는 개헌 서명 국회의원들을 신랄하게 비난하는 관제민의(官製民意)를 조작하더니 이윽고 백골단, 땃벌떼 등 폭력배를 동원하여 개헌파 의원들을 납치, 폭행을 일삼았다.
1952년 4월 24일, 민국당의 서민호(徐珉濠) 의원이 모 여관에서 육군 대위를 사살하는 불상사가 발생한다. 이 사건으로 야당의 전열이 무너지기 시작한다. 이승만은 이 기회를 이용하여 1952년 5월 14일, 마침내 대통령 직선제에 내각책임제를 겸비한 새로운 개헌안을 국회에 제출했다. 이른바 '발췌 개헌'이 그것이다.

1952년 5월 26일, 원용덕(元容德)을 계엄사령관으로 부산에 계엄령을 발표, 부산 시내를 공포의 분위기로 몰아넣었다.

참다 못한 내각책임제 개헌파 의원 10여 명이 원용덕을 납치했으나 그들은 빨갱이라는 누명을 쓴 채 구속당하고 만다. 이 사건으로 부통령 김성수가 이승만 독재정권에 항거하는 사임 청원서를 국회에 제출하여 국민을 깜짝 놀라게 했다.

1952년 7월 4일, 이승만은 사상 그 유례를 찾아볼 수 없는 이른바 기립투표 방식으로 발췌 개헌안을 기어이 통과시키고 자신의 체제를 튼튼히 구축해 갔던 것이다.

이런 이승만 정부에 김두한의 불만은 대단했다. 정부를 탄생시키면서 김두한을 맘껏 이용한 뒤 헌 짚신 버리듯 차버린 이승만을 김두한이 아직도 민주주의의 아버지로 모실 리 없었다.

김두한이 한참만에야 다시 입을 연다.

"이제 이승만은 민주주의의 아버지가 아니라 독재자일 뿐이오!"

김두한이 술상을 박차고 일어섰다.

"김 동지! 이 대통령이야말로 이 나라의 보배요, 애국자가 아닙니까?"

"이봐요, 종이 호랑이! 대한민국은 이승만 개인의 것이 아니라 국민의 것이오. 미국에서 민주주의를 배웠다더니 말짱 헛일만 하고 돌아왔다 이말입니다."

"이봐! 말조심해!"

김종원도 벌떡 일어섰다. 그때까지도 옆자리에서 눈이 휘둥그래져 있던 기생들이 슬슬 자리를 빠져 나갔다.

"건방지게 굴지마, 이 새끼야! 난 이승만 정부와 당당히 싸우겠다. 민주주의의 적과 싸우겠단 말이다!"
 두 사람의 눈매가 살기 어리게 맞부딪쳤다.
 "이 김종원이를 우습게 보지 마라!"
 "그건 내가 할 소리다! 네 놈의 모가지나 잘 간수해 두거라!"
 김두한이 술상을 냅다 차버렸다.
 "이승만 대통령에게 똑똑히 전해라! 이 김두한이 반공을 위해서는 죽을 수 있으나 이승만의 종노릇은 하지 못한다고!"
 "네 놈이……."
 김종원의 얼굴이 발갛게 상기되었다.
 김두한은 김종원을 밀치고 자리를 떠났다.
 그는 돌아오는 길목에서 하늘을 쳐다보며 소리소리 질렀다.
 "이 나라의 민주주의를 위해 목숨을 바친 영혼이여! 이 김두한이가 꼭 여러분의 뜻을 이루오리다!"

제 5 장
정치의 꿈을 안고

자유당의 횡포

1952년 8월 5일, 제 2 대 정부통령 선거가 있었다. 이승만이 조봉암(曺奉岩)을 400여 만 표 차이로 누르고 재선을 하게 되었다.

자유당의 기반을 튼튼히 굳히기 위해 이승만이 회유와 협박을 총동원하여 간선제(間選制)를 직선제(直選制)로 바꾸었으니 대통령은 따놓은 당상이었던 것이다.

이 선거의 부통령으로 원외 자유당이 이범석(李範奭)을 후보로 지명했었다.

철기 이범석은 대한 광복군 참모장으로 독립군을 이끌고 만주벌판에서 무수한 전과를 세운 독립영웅으로 국민의 추앙을 한몸에 받았다. 그러한 그가 정치계에 발을 내딛자 수많은 추종자가 그를 따랐으니 이름하여 '족청'이다.

이 거대한 족청의 세력에 겁을 집어먹은 이승만은 함태영(咸台泳)을 후보로 지명, 그의 당선을 서둘렀다. 이범석이 부통령이 되면 세력 싸움에서 열세가 될지도 모른다는 불안감에 그가 마음대로 요리할 수 있는 함태영을 내세운 것이다.

당시에 부통령 선거에 입후보한 사람을 보면 이갑성(李甲成), 이윤영(李允榮), 임영신(任永信), 정기원(鄭基元), 백성욱(白性郁), 조병옥(趙炳玉), 전진한(錢鎭漢)이 나서는 난립상을 보였다.

이 선거에서 김두한은 야당 측 부통령 후보 조병옥을 적극 지지하고 나섰다.

조병옥은 숭실과 연전을 졸업한 후 컬럼비아 대학에서 철학박사 학위를 받은 독립운동가였다. 미군정 시절에는 미군정청 경무부장으로 경찰의 창설과 발전에 힘써왔으며 광복 후 유엔에서 한국 승인을 얻어내는 데도 한몫을 했다.

또한 그는 건국을 위해 이승만의 측근으로 활약했으며 6·25 때는 내무부장관으로 재직했었으나 이승만의 비민주적 독재에 반대하여 맹렬한 대여투쟁의 선봉에 나섰던 것이다.

이러한 조병옥의 정치철학과 신조는 김두한에게 커다란 영향을 미쳐 김두한은 조병옥을 정치사부(政治師父)로 여기고 있는 터였다.

조병옥도 김두한의 불타는 애국정신과 민주주의에 대한 신념을 높이 여겨 그를 측근으로 가까이 하고 있었다.

김두한은 2대 선거에서 조병옥을 지지하는 데 사력을 다했으나 자유당과 경찰의 끊임없는 야당 탄압이 너무나 악랄하였으므로 뜻을 이루지 못한다.

영국의 모 신문기자가 2대 선거를 두고 '쓰레기통에서는 장미꽃이 필 수 없다'라고 비웃기까지 했을 정도였으니 가히 그때의 상황을 짐작할 수 있으리라.

"이승만 대통령이 다시 재선되어야 대한민국이 살 수 있다. 이승만과 함태영을 추종치 않는 사람은 빨갱이보다도 나쁘다."

공무원들이 집집마다 방문을 하며 이승만의 지지를 호소하고 다녔다. 반발하는 자는 무조건 때리고 억압하니 자연히 공포 분위기가 될 수밖에 없었다.

탄압을 당하는 데는 조병옥도 마찬가지였다.
　자신의 힘으로 창설하고 키워 온 경찰에 의해 혹독한 탄압을 받아야 했던 조병옥, 그래도 줄기차게 '민주 실현'의 뜻을 굽히지 않는 조병옥의 투쟁에 가까운 그의 신념을 김두한은 존경하고 있었던 것이다.
　"영철아! 너는 조 박사님을 잘 모셔라!"
　김두한은 조병옥의 주위에 보디가드를 배치하고 전국 각처의 조직을 확대해 갔다.
　"형님! 애들이 경찰에 막 끌려가고 있어요."
　"이 씽놈의 새끼들."
　천하의 주먹이라 자부하는 김두한도 어쩔 수가 없었다. 주먹으로 정치를 할 수는 없었기 때문이다.
　자유당의 계획대로 함태영이 부통령으로 당선되었다.
　"참으로 분합니다. 이승만의 독주를 저지하지도 못하고……."
　"우린 최선을 다했으니 너무 상심 말게. 다 내가 못난 탓이 아니던가. 하늘의 운명이라 생각하세."
　"아닙니다. 힘을 키워야겠어요. 독재를 종식시킬 야당의 강력한 힘이 필요합니다."
　"옳은 말이야! 민주주의는 그냥 이루어지지 않아. 2년 후의 3대 민의원 선거를 위해 우리 새로운 마음으로 출발하세!"
　김두한은 조병옥이 따라준 술을 들이켰다.
　"자유당의 횡포가 날로 심해지니 큰일이야. 영구 집권을 기도하는 듯하니……."
　"네? 영구 집권을요? 이 박사 나이가 벌써 77세 아닙니까?"
　"나이야 고령이지만 아직도 정정하질 않은가."
　"박사님의 계획은 어떠신지요?"
　"우선은 국회에 들어가고 볼 일이야."
　"옳으신 말씀입니다."

"자넨 어떤가?"
"무슨 말씀이신지……."
"국회 진출 말일세."
"제가……."
 김두한은 국회로 진출하고 싶었었다. 조국을 위해 투쟁한 2만여 대원들의 대가를 보상받기 위해서. 하지만 선뜻 입이 떨어지지 않았다.
"이 사람아, 난 자네의 끓는 마음을 알고 있어. 누구보다도 이 조병옥은 알고 있다 이말일세."
"네!"
"의정 단상은 바로 자네 같은 젊은 투사가 설 자리야. 이승만 독재정권의 횡포와 연장을 막기 위해서라도!"
"박사님!"
 김두한이 감격하여 조병옥의 손목을 꼭 쥐었다. 뜨거운 피가 두 사람의 혈관을 타고 흘러내렸다.
"박사님! 천하의 무식쟁이 김두한이 민주주의의 실현을 위해 목숨을 바치겠습니다."
"고마우이! 나도 자네를 위해 힘껏 밀어주겠네!"
 김두한은 흥분을 참을 수 없었다.
 '나는 국민학교 2학년을 중퇴한 무식쟁이다. 주먹으로 시대를 살아온 내가 국회의원에 출마한다면 세상 사람들이 나를 어떻게 생각할까? 하지만 언제까지나 이대로 머물 수는 없다. 비록 배우지는 못했으나 박사님의 뒤를 좇아 민주주의를 위한 정의의 투사가 되어야 한다'"
 김두한의 비장한 눈매가 빛을 발하고 있었다. 그의 나이 37세, 중년의 숙연함이 감돌고 있었다.

고지를 향한 첫 출발

제3대 민의원 선거가 5월 20일로 예정, 발표되었다.

김두한은 잔뼈가 굵었던 종로 을구에서의 출마를 계획하고 옛 부하들을 소집했다.

"이번 민의원 선거에 출마코자 하네. 이승만의 횡포를 더 이상 수수방관할 수는 없어!"

김두한의 말에 그들은 일제히 환호성을 터뜨렸다. 모두가 근근이 살아가는 가난한 탓에 모습들이 수척했다.

"형님! 어디서 출마하실 긴가요?"

"내 어찌 종로바닥을 떠나 살 수 있겠나!"

부하들이 다시 환호성을 질렀다.

"단장님! 우리가 힘을 모으면 당선은 따논 당상입니다. 단장님이 민의원이 되는 것 아닙니까?"

"그래, 의리에 살고 의리에 죽는 우리가 아니었더냐! 고맙다, 영태야."

"제게 형님 주먹만한 집이 한 채 있습니다. 당장 집을 팔아 선거비용에 보태겠습니다."

"선거비용은 걱정하지 마라. 언제 우리가 돈 가지고 살았더냐!"

"형님, 제 걱정은 마십시오. 마누라는 친정으로 보내고 애들은 외갓집으로 보내고 저는 처갓집으로 가면 됩니다."

김영태의 익살에 부하들이 폭소를 터뜨렸다.

"아니! 어쩌다보니 그 많은 집이 모두 한 집이로구나."

김영태의 말에 김두한도 미소지었다. 그러나 그의 눈에 맺히는 눈물! 언제 어느 때고 생사고락을 같이 해주는 동지들의 의리에 감격한 눈물이었다.

"형님, 이 신덕균, 무식하긴 해도 사람 끄는 재주는 기발하지요.

형님에게 인정받은 사실이 아닙니까?"
"아니, 김상규는 어떻고요! 저야말로 종로 토박이가 아닙니까? 세탁소, 여관, 이발소, 목욕탕, 술집, 다방, 음식점, 죄다 쓸어버리면 덕균 형님은 상대도 안 되죠!"
"아직도 기생들 사이엔 우미관 시절 잇뽕 형님의 이야기가 심심찮게 나돌죠. 제가 형님 모시고 쓱 돌았다 하면 선거는 하나마나예요!"
부하들은 생명처럼 떠받들던 오야붕이 국회의원에 출마하는 것을 자기들 일처럼 흥분했다. 그들의 마음 속은 흥분과 기쁨의 눈물로 눅눅히 젖어 있었다.
김두한이 무겁게 일어섰다.
"동지들! 이 김두한이 이 나라의 민주주의를 수호하기 위해 정치의 길을 걷고자 결정했다. 우린 목숨을 바쳐 건국을 위해 일해 왔었다. 하지만 이승만은 우리의 애국투쟁을 깡패 집단의 소행으로 간주하더니 이제 권력에 눈이 어두워 온갖 횡포를 자행하니 어찌 더 참을 수 있겠는가!"
김두한이 말을 멈추고 회상에 잠겼다.
이승만이 '晚'자 사인을 주며 반탁을 독려하던 일, 오끼나와 형무소에 수용되었던 일, 건국 후 헌 짚신 버리듯 무시당하던 일들이 아픔으로, 분함으로 되살아나 김두한의 뇌리를 스쳐 지나갔다.
"나는 국회의원이 되면 대통령 아니라 대통령 할애비라도 국민의 편에 서서 국민의 요구를 떳떳이 주장할 것이다. 나에겐 여러분이 있고, 하면 된다는 신념이 있다. 손만 들었다 내렸다 하는 파리채 국회의원이 어디 국회의원이냐? 그들은 인간 로보트일 뿐이다. 말로 안 되면 주먹으로, 박치기로 결판을 낼 것이다."
이때, 부단장 김영태가 좌중을 빙 둘러보며 말을 꺼낸다.
"단장님, 우리 동지들 생활대책도 좀 고려해 보셨으면 합니다."

"두 말 해서 무엇하리. 우리 동지는 물론 가난하고 소외당하는 계층을 위해 필사적인 투쟁을 펼칠 것이다!"

대원들이 일제히 일어나 목이 터져라 '김두한 만세'를 외쳤다.

선거본부는 관철여관. 제헌국회 때는 장면을, 제 2 대 때는 기미독립운동 33인 중의 한 분인 오하영(吳夏英)을 배출했던 정치 1번지 종로 을구는 뜨겁게 달아올랐다. 유권자들의 지식 수준이 높고 야당 성향이 짙기로도 유명한 곳이다.

종로 을구엔 여덟 명의 입후보자가 나섰다.

기호 1번 김두한. 37세. 무소속. 노조 연합회 위원. 소퇴(小退).

기호 2번 박주명(朴疇明). 54세. 무소속.

기호 3번 최봉하(崔鳳夏). 55세. 자유당.

기호 4번 한근조(韓根祖). 58세. 조민당(朝民黨). 변호사 출신.

기호 5번 김동성(金東成). 64세. 합동통신 사장, 유엔 한국대표, 민의원 역임.

기호 6번 김옥천(金玉千). 45세. 의사 출신.

기호 7번 여운홍(呂運弘). 파리 평화회의 한국대표, 민의원 역임.

기호 8번 김복록(金福錄). 56세.

모두가 쟁쟁한 거물들이었다. 선거 유세 중 김동성 후보가 중간에서 사퇴하고 일곱 명이 선거에 열을 올렸다. 선거는 시작부터 김두한, 한근조, 여운홍, 최봉하 4파전의 양상을 띠었다.

여기서 잠깐 제 3 대 민의원 선거의 전국 입후보 현황을 살펴볼 필요가 있다. 자유당 후보 242명, 민국당 후보 77명, 국민회 후보 48명, 무소속 후보 797명 등 총 1,200여 명의 입후보자가 205명을 선출하는 선거전에 돌입했으니 열기는 뜨거우리만치 달아올랐다.

자유당은 이번에도 어김없이 청산암살단, 구국돌격대, 우국청년결사대 등의 테러집단을 교묘히 조종하여 등록 방해, 공포, 협박, 납치, 유세 방해를 서슴없이 자행함으로써 전국을 공포의 분위기로 몰아갔다. 바로 무법천지, 그것이었다.
 부산에서 허정(許政)의 선거운동원이 테러단에 의해 피살되고, 전진한은 마이크와 지프차를 빼앗겼다.
 이런 사건은 전국 각지에서 일어났다.
 대구의 이우출이 폭도들에게 구타를 당하는가 하면 경기도 광주(廣州)의 신익희(申翼熙)는 경찰과 폭력배의 방해로 청중이 아예 유세장에 나타나지도 못하는 사태를 당하기도 했다.
 이런 사정은 천하의 주먹대장 김두한에게도 마찬가지였다. 김두한의 선거운동원들도 경찰과 테러단의 살인적인 탄압방법에 발목이 묶여 꼼짝도 못하였다.
 "오늘 오후 3시, 반공투사 김두한 후보의 정견발표가 효제국민학교에서 열립니다! 자유당 독재를 막읍시다! 김두한을 국회로 보냅시다!"
 신덕균을 비롯한 단원들이 종로 일대를 누비고 다녀도 청중은 몇십 명에 불과했다.
 "경찰놈들 다리를 분질러 버리든가 해야지 분통이 터져 도저히 못해 먹겠어요."
 "경찰이 주민들을 협박하고 있어요. 그뿐 아니라 자유당놈들이 돈뭉치를 뿌리고 다니니 이게 말이나 되는 겁니까?"
 부하들이 어느 정도로 관권 개입을 저지하는 김두한이 이 정도니 다른 후보들은 오죽하랴. 전국 각처의 야당 후보자들의 한숨이 더욱 깊어갔다.

시련의 연속

 선거전이 이처럼 시끄러울 때 마침내 휴전협정이 이루어졌다.
 1953년 7월 27일, 승자도 패자도 없이 전쟁은 끝났다.
 전쟁이 끝나자 미국은 군인들의 철수를 서둘렀다. 육군 7개 사단을 비롯 해군, 공군 등 지원부대 병력들이 갖고 왔던 엄청난 전략 물자, 각종 보급품을 어떻게든 처리하여야 했다. 각종 무기에다가 군복, 담배, 설탕, 빵 등 가히 천문학적 숫자였다.
 궁리 끝에 미 8군은 이것을 공개입찰에 붙였다.
 당시는 전후여서 모든 공장시설이 파괴되어 생필품 등 모든 물자가 귀했었다. 특히 서민 생활에 필요한 생활필수품은 절대 부족 현상을 보이고 있던 때였다.
 "아! 이거 잘만 하면 떼부자 되겠는데!"
 이렇게 너도나도 공개입찰에 팔을 걷어붙이니 자연히 물가가 머리를 치켜들었다.
 터무니없이 입찰 가격이 상승하자 상인들이 한자리에 모였다.
 "싸게 사들이는 방법을 연구해 봅시다. 좋은 의견이 있는 사람은 말해 보시오."
 "단일 창구를 만들면 어떻겠소? 들러리를 붙여 1 대 1 맞상대를 합시다."
 "백을 등에 업고 달려 든 사회 단체들이 가만 있을라고?"
 "김두한을 내세웁시다. 그 사람은 조직도 튼튼할 뿐더러 특히 물욕이 없는 사람이니 적임자라 생각됩니다."
 상인들의 의견이 통일되어 '건중 친목회'라는 단체가 탄생되어 미군을 상대로 하는 1 대 1 단일창구가 마련되었다.
 회장에는 주먹세계의 대부로 추앙받던 원로 주먹 김대운(金大運), 감찰부장 겸 행동대장에는 오랫동안 김두한의 참모로 일해온 김관철(金觀喆)이 맡았고 그 아래 막강한 주먹들이 포진되었다. 상인 300여 명이 친목회 회원으로 가담, 대임을 떠맡은 김두한은 건중 친목회의 터전을 마련하는 데 총매진해 나갔다. 친목회원이 아닌 상인, 주먹패, 권력기관 등이 입찰에 들어서면 가차없이 내쫓아 버렸다.
 김두한은 다가오는 제3대 민의원 선거를 대비해 몸조심을 당부하는 부하들의 요청을 받아들여 요직을 떠난 고문으로 활동했다. 모든 일은 김관철이 도맡았다.

건중 친목회는 미리 입찰가격을 결정한 다음 물건을 저렴한 가격으로 샀다. 그러고는 다시 자기들끼리 재입찰하여 값을 결정하고 물건을 팔았으니 가만히 앉아서 돈을 모을 수 있었다.

건중 친목회는 막대한 이익을 남겼다.

이런 소문이 퍼져나가자 다른 주먹부대가 너도나도 손을 벌리고 찾아들었다. 자연 육박전이 벌어지고 건중은 힘의 보강을 절감하게 된다.

그래서 소공동의 왕초 홍영철(洪榮喆)이 명목상 김관철의 부하직인 감찰부 차장으로 보강된다.

홍영철은 연희대학 정외과를 다닌 수재로 김두한의 인정을 받아 감찰부 차장으로 임명된 것이다. 생김새는 예쁘장했으나 그의 별명 '잇찌'가 말해주듯 주먹은 하늘을 오르는 기세로 이름을 떨쳤다. 심지어 1 대 1의 맞상대로는 홍영철의 적수가 없다라고 할 만큼 소문난 주먹이었다.

그러나 홍영철의 등장으로 건중은 심각한 문제로 고민했다. 홍영철이 자기 휘하를 거느리고 건중으로 들어오자 건중의 기본 멤버들의 이익배당금이 당연히 줄어들었던 것이다.

보다 심각하게 대두되었던 것은 김관철과 홍영철 간의 갈등이었다. 결국 건중은 잦은 내부의 폭력사건으로 얼룩졌다. 사태가 점점 심각하게 표면화되자 김두한이 김관철을 불렀다.

"김 동지. 자네가 양보하면 어떻겠나? 그것만이 건중을 지키는 일이야."

"형님! 제 부하들은 어떡합니까?"

"내가 손을 써서라도 이익배당금은 돌아가게 할 테니 염려마라!"

"형님. 안 됩니다!"

김관철의 거절에 김두한은 난감했다.
 들어온 지 두 달 만에 홍영철을 내보내자니 의리상 그럴 수는 없고 마지막 방법으로 김관철을 설득하려 했던 것이다.
 "관철아, 내 말 들어!"
 "형님, 내부 사정은 제가 알아서 하겠습니다. 더 이상 절 괴롭히지 마십시오."
 "언제까지나 폭력 투쟁을 계속하겠다는 것인가? 내 말대로 따리리!"
 "못합니다."
 "내 맘대로 하라니까! 이놈아!"
 "못합니다."
 "건방진 놈!"
 흥분한 김두한이 권총을 꺼내 공포를 쏘았다.
 1954년의 선거가 막바지로 치닫고 있는 때에 김두한으로서는 돌이킬 수 없는 커다란 실수를 저지르고 만 것이다.
 소문은 꼬리를 물고 퍼져나갔고 김두한의 경쟁자들은 이 사건을 선거에 악용하기도 했다. 죽지도 않은 김관철의 시체를 보았다는 둥 깡패가 어찌 제 버릇을 하루아침에 바꿀 수 있겠느냐는 둥 살인자를 엄단하자는 인신공격은 날로 더해갔다.
 자유당의 탄압, 그리고 꼬리를 물고 늘어지는 헛소문으로 김두한의 처지는 사면초가였다. 하지만 그것도 잠시, 김두한은 직선적인 표현과 특유의 입심으로 자유당을 몰아 붙여 종로 선거구에서 단연 두각을 드러내었으니 실로 귀신이 곡할 정도였다.
 "존경하는 유권자 여러분! 여러분도 잘 알다시피 저는 김좌진 장군의 아들입니다. 이 김두한이 뒷골목에서 주먹을 휘두르고 다니니 지하의 아버님이 얼마나 통탄하셨겠습니까! 하여 내가 이번 이승만 독재 정권에 정면으로 나서게 된 것입니다. 간혹 어떤 자는 나의 교동국민학교 2학년 학력을 들고 나서지만 이 나라의 민주주의를 위해서라면 누구보다도 신념이 강하다는 걸 여러분 앞에 밝히고자 합니다. 저는 약자의 편에서 떳떳이 투쟁할 것입니다. 약자의 권익을 위해서라면 이 한 목숨 기꺼이 바치겠다 이 말입니다. 무식쟁이면 어떻고 주먹이면 어떻습니까? 이 김두한이 정의를 위해 죽음을 불사하겠습니다."

김두한의 우렁찬 목소리가 시민들의 가슴 속에서 응어리졌던 이승만 정권에 대한 불만을 대신 풀어주니 시민들은 너나 없이 후련해 했다.

"이승만 대통령은 어리석게도 황제인 양 거들먹거립니다. 민주주의는 말 그대로 국민이 주권을 가져야 하는 국민의 나라가 아닙니까? 그런데도 이승만 박사는 국회의원을 납치하고 그것도 모자라 멀쩡한 사람을 빨갱이로 매도시키니 참으로 나라의 꼴이 한심하다 이 말입니다.

지금 정치인이다 기업인이다 해서 떵떵거리는 놈들이 대체 어떤 놈들입니까? 모두가 친일파였던 매국노들입니다. 이승만이 이들을 옹호하고 나섰으니 이승만의 눈이 멀었다 이겁니다.

국민은 배가 고파 죽을 지경인데 제 놈들만 배부르면 국민이야 죽든 말든 그만이라는 그 심보는 대체 무엇입니까? 국민을 도탄에 빠뜨리는 부정부패, 사기꾼 정치, 기만 정치를 이 김두한이 싹 쓸어 버리겠습니다.

이 무식한 김두한이도 민주주의에 대해 이쯤은 아는데 외국에서 대학 나오고 박사 학위 받아 온 무리들이 민주주의를 모르니 참으로 한심한 일이 아닐 수 없습니다. 내가 국회의원이 된다면 제일 먼저 미국에 달려가 이승만이 진짜 박사인지 가짜 박사인지 알아볼 작정입니다!"

청중들이 일제히 박수를 치며 폭소를 터뜨렸다. 분위기가 잠잠해지길 기다리던 김두한이 비장한 표정으로 말을 이었다.

"존경하는 유권자 여러분! 제가 민의원이 된다면 이 나라 민주주의를 오용하는 놈은 장관이건 박사건 이 주먹으로 박살을 내 겠습니다. 말로서가 아닌 이 몸으로 부딪쳐 투쟁할 것입니다."
 김두한의 직설적인 연설에 청중들은 크게 감동했다.
 김두한이 단상을 내려오자 코흘리개 꼬마들이 김두한에게 달려들었다.
 "어이, 꼬마 친구들! 너희들은 표가 없지 않니?"
 김두한의 익살에 청중들이 다시 한 번 폭소를 터뜨리며 박수를 쳤다.
 "주먹만큼이나 입심도 대단하군!"
 "그래, 김두한을 국회에 내보내야 된다구."
 "역시 괴물이야, 괴물."
 김두한이 떠난 유세장에서 청중들이 하던 말이다.
 당시 우리 나라의 상태는 엉망진창이었다. 전쟁 후라 민심은 피폐하고 정치는 혼란했었다. 국민들의 기대는 완전히 묵살된 채 이승만 자유당 정권은 권력 연장에만 급급했었다.
 이러한 때, 김두한이 자유당을 맹공격하는 육탄발언을 퍼부어 대니 유권자들의 시선은 김두한으로 쏠리고 있었다.
 종로 바닥은 원래 유흥가, 극장, 상점 등이 밀집되어 있는 곳. 김두한의 선거운동원들이 다른 여·야당 의원에 비해 쉽게 운동을 할 수 있는 것도 김두한에게는 큰 이점이었다.
 "저, 곰보딱지. 어떻게 꼬투리를 잡나?"
 "그래, 바로 그거야! 살인미수!"
 김두한은 당시 자유당 끄나풀이었던 종로 경찰서 김모 경위에게 넘어갔다.
 "뭐, 살인미수? 이 새끼 정신이 있는 젠가, 없는 젠가!"
 김두한이 펄쩍 뛰며 김 경위의 멱살을 거머쥐었다.
 "단장님! 진정하십시오. 선거일이 목전에 와 있어요!"
 "이 교활한 녀석들! 이 김두한이를 잘못 건드리면 큰코 다칠 줄 알아!"

 살인미수란 물증도 증인도 확보 못한 김 경위가 일단은 꿀 먹은 벙어리처럼 주춤해졌다. 김 경위가 성과를 달성치 못하자 자유당 진영에서 비상대책 회의로 논란이 오고 갔다.
 "현행범의 국회의원 당선은 말도 안 된다. 자유당의 권위에 먹칠을 해서는 안 된다. 무슨 수를 동원하더라도 구속시켜야 한다."
 "김두한이 당선될 공산은 크지만 괜히 잡아 가두었다가 민심을 잃게 된다. 자유당이 궁지에 몰릴지도 모른다."
 이렇게 의견이 엇갈리자 회심의 미소를 짓는 이가 있었으니 자유당의 중진으로 A급 모사가(謀士家)인 J씨였다.
 "내게 묘안이 떠올랐다."
 "무슨 좋은 묘안이라도……."
 시선이 J씨에게로 쏠렸다.
 "김관철의 고소장! 이것만 있으면 김두한을 철장 속의 새로 만들 수 있다 이거요."
 역시 모사가다웠다.
 J씨가 김관철을 만났다.
 "고소하시오! 김두한은 당신을 이용할 만큼 이용하고 헌신짝처럼 버린 비굴한 놈이 아닙니까? 게다가 권총까지 뽑아들었으니 그놈에게 당신은 안중에도 없는 것이 분명하오."
 J씨는 열심히 김관철을 설득했다.
 "하지만 나는 그의 참모였소! 의리를 배반하느니 차라리 죽고 말겠소!"
 이렇게 시간이 흐를 때 1954년 5월 20일의 날은 밝아왔다.

김두한, 민의원이 되다

 오후 다섯 시, 투표는 전국적으로 끝이 났다.

"민의원님! 드디어 해냈습니다. 이제부터 단장님은 민의원이 되신 겁니다!"
"동지들! 정말 고맙다."
김두한은 예상대로 당당히 당선되었다.
부하들이 만세를 부르며 눈물을 흘렸다.
"민의원님! 부디 국세에 두고두고 이름을 떨치는 훌륭한 민의원이 되어주십시오. 저희들의 마지막 부탁입니다."
"그래! 여러분의 기대에 소금도 어긋남이 없는 민의원 길을 걷겠다."
이 선거에서 김두한은 8,700여 표를 얻이 조선 민주당의 한근조를 500여 표 차로 누르고 당선되었다.
전국적으로 보면 무소속 당선자는 68명, 자유당 114명, 민국당 15명, 국민회 3명 등 총 203명이 당선되었다. 집권당인 자유당의 당선자수가 개헌 의석수 136석에서 22석이 부족하니 일단 야당은 숨을 돌릴 수 있었으나 무소속 당선자를 포함한 군소 야당들의 정치 행로가 불투명하였으므로 상황은 짐작할 수 없는 처지였다. 자유당의 독재는 계속될 것인가?
또한 이 선거에서 자유당은 이기붕, 장경근 등 거물급 인사들이 거의 당선되었고 야당의 중진 윤보선, 곽상훈, 신익희, 조병옥 등이 무난히 당선되었다.
최고령자는 경남 남해군의 무소속 윤병호(尹炳浩)가 64세로, 최연소자는 경남 거제군의 자유당 소속 김영삼(金泳三)이 26세로 당선되었다.
김두한의 나이 37세, 수표교 다리 밑에서 거지생활을 하다 14살에 주먹세계에 뛰어들었고, 17세에 신마적, 구마적을 무너뜨리고 주먹황제가 되었던 그가 강력한 민주주의를 외치며 국회에 뛰어들었으니 자유당으로서는 큰 골칫거리를 만나게 된 것이다.
김두한이 민의원으로서의 정책을 구상하고 있을 때 불쑥 찾아드는 자가 있었으니 예전에 살인미수로 협박하던 김 경위였다.
"경찰서로 가 주셔야겠습니다."
"허튼 수작 부리지 말게. 또 무슨 꼬투리를 가지고 왔나?"
김 경위가 봉투 하나를 내밀었다.
"이게 뭐야?"
"김관철의 고소장이오. 살인미수 혐의로 당신을 체포하겠소!"
고소장에는 김관철의 지장이 또렷이 찍혀 있었다. 김두한은 당선의 기쁨이 채 가시기도 전인 5월 22일, 살인미수라는 혐의로 구속되고 말았다.
부하들이 벌떼처럼 달려들어 김두한의 앞을 가로막았으나 이미 사태는 기울어진 뒤였다.
민의원 당선자가 살인미수 혐의로 구속되었다는 해괴한 소식을 접한 주민들은 아연실색했다.
"이건 순전히 자유당의 모략이라구!"
김두한은 김두한대로 어이가 없었다.
여기서 잠깐 자유당의 고민을 살펴보자.
집권당인 자유당은 242명의 후보 중 114명의 당선자를 배출해 내는 성과를 올리긴 했으나 정원 203명 중 개원 의석수인 2/3, 즉 136명에서 22명이 부족한 상태였다. 자유당으로서는 영구 집권을 계획하기 위해 무소속 당선자 68명 중 22명을 끌어들여야 할 형편이었다.
자유당이 무소속 의원들에게 군침을 흘리며 추파를 던지기 시작했다.
"이유 불문하고 30명을 끌어들여라!"
5·20선거가 끝난 후 이기붕과 그의 측근들은 눈에 쌍심지를 켜고 달려들었다.
추파는 김두한에게도 어김없이 던져졌다.
더구나 김두한은 이범석과 함께 자유당 초기 건국을 위해 발벗고 나선 인물이었으니 잘만 구슬리면 좋은 재목임을 그들은 간파하고 있었다.
 "김두한이도 잘 구슬러 봐! 그 친구는 무식하고 성격이 단순하니 오히려 쉽게 포섭할 수도 있을 거야."
 이렇듯 자유당의 전략은 그들의 영구 집권을 위해 물불을 가리지 않았다.

제6장
민의원 김두한

감옥에서 맞은 개원식

 1954년 6월 9일 오전 10시.
 역사적인 제3대 국회 개원식이 세종로 국회의사당에서 있었다. 의사당 안팎은 몰려든 인파로 인산인해를 이루었다.
 강원도 정선 출신 전상요를 임시의장으로 개회사가 선언됐다.
 무기명 비밀투표 방식에 의한 민의원 의장 선거에 자유당은 이기붕을 선출할 공작을 이미 계획하고 있었다.
 "제적의원 3분의 2 이상의 출석이 있었으므로 제3대 민의원 의장을 선출하겠습니다."
 서울시장, 국방장관 등 정부요직을 지낸 이기붕에게 금배지는 처음이었다. 이런 그에게 민의원 의장을 시키려 하는 것은 그만큼 이기붕에 대한 이승만의 총애가 두터웠던 탓이다.
 "지금부터 투표를 시작하겠습니다. 호명하는 순서에 따라 앞으로 나와 주시기 바랍니다."
 시도별, 선거구별의 원칙에 따라 제1선거구인 중구 갑구 출신 윤치영(尹致暎)의 이름부터 호명이 시작됐다.

"윤치영 의원."
"예."
"정일형 의원."
"예."
"윤보선 의원."
"예."
호명을 하던 전상요가 잠시 머뭇거렸다. 다음이 김두한의 차례였던 것이다.
"김두한 의원!"
김두한이 대답이 있을 리 없었니. 3대 국회 최대의 이색적인 인물 김두한. 그의 당선 소식에 만천하가 이제야 올바른 민주주의가 이루어지는가 싶어 좋아하지 않았던가!
3대 의원의 200여 의원들이 투표소로 향하는데 도대체 김두한 의원만이 없으니 몰려든 시민들이 숙연해 했다.
전상요는 이내 다음 의원들의 이름을 호명하기 시작했다.
"민관식 의원, 김일 의원, 임홍순 의원…… 이기붕 의원……."
이기붕의 호명에 이기붕은 만면에 웃음을 짓고 있었다. 그의 왼쪽 가슴에 달린 금배지를 힐끔힐끔 쳐다보며 의젓해 하는 모습을 보며 시민들은 인상을 찌푸렸다.
김두한으로서는 이처럼 영광스러운, 일국의 민의원으로서의 첫 등원인 이날 선거기간 중 건중 친목회의 세력 다툼으로 살인미수의 죄명과 시민을 선동해 폭동을 야기했다는 죄를 뒤집어 쓴 채 유치장에 갇혀 있었으니 참으로 아이러니컬한 일이 아닐 수 없었다.
"이놈의 팔자는 감옥과 철천지 인연을 맺었나? 금배지를 달고도 이 모양 이 꼴이니!"
김두한은 두 눈을 지그시 감고 20여 년 동안 동고동락 했던 동지들을 생각했다. 또 각 접객 업소에서 일하는 힘 없는 서민을,

불우한 환경에서도 끝까지 힘을 보태준 기생들의 노고에 눈물을 흘렸다.
 이렇게 김두한이 유치장에서 울분을 삭이고 있을 때 불쑥 찾아든 사람이 있었다. 모사가 J씨. 묘안이 있다고 큰소리치던 바로 그 사람이었다.
 "김두한 의원! 진심으로 당선을 축하합니다."
 J씨의 그 능글능글한 능청에 김두한은 속이 뒤틀렸다.
 "진심인가 거짓인가 당신 속을 까뒤집기 전에 어찌 내가 당신 말을 믿겠소!"
 "어이쿠! 대단히 화가 나신 게로군요."
 "죄도 없는 사람을 감옥에다 가둬놓고 개원식에도 참석 못하게 하니 내가 성질이 안 나게 됐소?"
 "이해합니다. 민의원 금배지를 달자마자 이런 불행한 일이 일어났으니 저로서는 민망할 뿐입니다."
 "이보시오. 약올리지 마시오! 싹수없는 이기붕한테 가서 똑똑히 전하시오. 이 김두한이 건드려봐야 이익될 것 없다고! 그렇잖으면 내 부하들이 폭동을 일으킬지도 모른다고."
 "폭동! 폭동이라니? 이제 김 의원도 일국의 민의원이 아니오. 점잖게 행동하시오. 몸조심하라는 뜻이오. 내 말 알아 듣겠소?"
 "몸조심 좋아하시네. 이 김두한이 몸조심하러 국회에 들어온 줄 아시오? 내 한 몸 편하려 했다면 미쳤다고 더러운 똥통에 기어들어와? 나의 꿈은 민주주의의 실현이오. 자유당의 횡포를 나 혼자서라도 막겠다는 뜻이오."
 "허허허…… 김두한 의원……."
 "꼴도 보기 싫으니 당장 나가시오. 당신을 만나느니 차라리 개를 만나겠소."
 김두한의 모욕적인 언사에도 불구하고 J씨는 역시 모사가답게 유들유들하게 대화를 바꾸는 능력을 보였다.

"김 의원! 이승만 대통령이 뭘 잘못했습니까? 애국의 방법에도 여러 가지가 있겠지만 각하야말로 이 나라 민주주의의 아버지가 아닌지요. 김 의원께서 자유당에 입당하시어 직접 각하를 보필하시면 모든 것을 알게 될 것입니다."
 "뭐! 날더러 자유당에 입당하라고?"
 "김 의원이 우리 당에 들어오시면 자활개척단 계획이 이루어지도록 적극 지원하겠소. 이 이야기는 나만이 아닌 이기붕 의원의 뜻이기노 하오."
 자활개척단, 김두한의 가슴 속에 응어리진 불우한 뒷골목 인생들을 위해 자활개척단 창실이란 그럴듯한 미끼를 J씨는 협상 조건으로 넌지시 던져놓았다. 김두한의 마음은 갈팡질팡했다. 그러나 곧 김두한은 벌레 씹은 얼굴을 하며 말했다.
 "자활개척단 창설은 나의 꿈이기도 하오. 하지만 자유당 입당이란 전제를 거두시오. 나는 자유당이란 '자'자만 들어도 구역질이 나는 사람이오."
 "김 의원, 꼭 그렇게 고집을 피우면 좋지 못할 것이오."
 "당신의 협박에 허리가 굽혀질 김두한이 아니오. 난 나의 비위에 맞지 않는 것은 목에 칼이 들어와도 하지 않는 사람이오."
 "김 의원, 마지막으로 충고하겠소. 이렇게 감옥 속에서 민주주의를 어떻게 하겠다는 것이오. 국회에 떳떳이 나가 당신의 뜻을 펼쳐 보시오. 그 길은 현재로서 자유당에 입당하는 것뿐이오. 잘 생각해 보시오."
 J씨가 떠나고 난 후 김두한은 깊은 고민에 빠졌다. 김두한은 자유당을 때려잡겠다고 한 선거구민과의 약속을 생각했다. 동지들을 생각했다. 조병옥 박사에게 야당의 최선봉에서 자유당의 부패한 독재 정권에 맞서 투쟁하겠다고 한 약속을 생각했다.
 김두한은 무릎을 꿇었다. 그리고 가슴 속의 만민에게 약속을 했다.

"이 김두한이 일단 국회로 들어갑니다. 이 굴욕을 거울삼아 백전용장이 될 것입니다. 똥이 무서워서가 아닙니다. 다만 더럽기 때문입니다."

김두한의 결심은 굳어졌다.

"그래, 국회로 나가자!"

어느 날 다시 찾은 J에게 자유당 입당을 밀약하자 그제서야 재판이 열렸다.

재판장은 김두한을 볼려는 인파로 가득했다. 역시 당대의 인물임엔 틀림없었나보다.

"피고 김두한은 죄가를 뉘우치는……."

순간 문제의 김관철이 뛰어들어 왔다.

"형님!"

"안다, 너의 마음을. 난 걱정말고 열심히 살아야 한다. 관철아!"

순식간에 인파들이 술렁거렸다. 김두한을 고발한 김관철이 불쑥 뛰어 들었으니 그도 그럴 수밖에.

김두한의 옥쥔 손을 붙들고 울던 김관철이 법정을 향해 고래고래 소리질렀다.

"이 야비한 자유당 놈들아! 내가 언제 고소장을 썼더냐? 내 어찌 형님과의 의리를 배반하겠냐!"

김관철이 뛰어 듦으로 인해 자유당의 계략은 만천하에 드러났다. 재판을 받는 김두한의 표정이 더없이 밝아 보였다.

이런 우여곡절 끝에 김두한은 선고유예 판결을 받고 풀려났다. 빛나는 금배지가 그제서야 잃었던 주인을 찾은 것이다.

자유당을 신랄하게 비난하던 김두한이 자유당 의원이 되어야만 했던 웃지 못할 이야기가 그 시대 상황을 잘 대변해 주고 있다 하겠다.

그러나 자유당이 김두한을 포섭하는 데는 성공했으나 후일 엄청난 파문을 가져오는 대사건의 불씨를 만들게 될 줄이야.

주인 찾은 금배지

드디어 김두한이 국회로 들어가던 날, 육척 거구의 체격에 걸맞게 하얀 무명 바지 저고리가 더없이 어울렸다.
100여 명의 부하들이 그를 호위하고 있었다.
김두한이 의사당에 들어서자 미리 와 있던 여야 의원들이 악수를 건넸다.
"4년 동안 사이좋게 지냅시다."
"반갑습니다. 김두한입니다."
유난히도 작은 눈이 감격에 겨운 탓인지 아예 보이지 않았다.
자유당 의원들이 그에게 다가왔다.
"김 의원, 자유당 입당을 진정으로 환영합니다. 잘 결정하셨습니다."
연신 싱글거리는 그들에게 다짜고짜 내뱉는 김두한의 추궁이 걸작이다.
"여보시오! 당신들 민주주의를 외면하면 내 주먹이 용서치 않을 거요! 몸조심들 하시오!"
당당했던 자유당 의원들이 깜짝 놀랐다.
"김 의원! 공갈죄로 고소하겠소."
"허허허…… 내 집이 감방이니 언젠가는 또 집 찾아 가겠지요. 염려들 마시오."
김두한의 뱃심에 자유당 의원들이 슬금슬금 꽁무니를 뺐다.
김두한은 맨 뒷좌석에 앉아 있는 조병옥 의원에게로 걸어갔다.
"박사님. 의사당에서 박사님을 뵙게 되다니 꿈만 같습니다."
"축하하네! 그리고……."
조병옥은 더이상 말을 잇지 못하고 눈물을 흘렸다. 이때 의원 선서를 준비하라는 연락이 왔다.
"김의원, 나중에 조용히 만나 얘기하세."
"그럼, 나중에 뵙겠습니다."
드디어 김두한이 단상에 올라 의원 선서를 하게 되었다. 국회법에 따라, 개원식에서 선서를 못했기 때문에 김두한 혼자만 의원 선서를 하게 되었던 것이다.
민의원 의장 이기붕이 김두한의 의원선서를 발표했다.
"김두한 의원의 의원 선서가 있겠습니다. 김두한 의원, 앞으로 나와 주세요."
"저는 서울의 정치 1번지 종로 을구 구민들의 절대적 지지에 힘입어 이번에 민의원이 된 김두한입니다. 먼저 의원 선서를 하기 전에 한말씀 드리고자 합니다."
김두한의 엉뚱한 발언에 의원석은 웃음바다가 되었다.
"저 친구 선서는 안하고 무슨 연설을 하려고 그러나?"
"역시 듣던 대로 괴물이야! 괴물!"
의원들이 웅성거렸다.
"나는 민의원에 입후보할 때 선거구민들에게 분명히 약속했습니다. 오로지 한국의 민주주의 수호를 위해 투쟁하겠노라고! 내 뜻이 이루어지지 않으면 나는 이 자리에서 언젠가 할복자살을 하게 될 것이오!"
김두한의 박력있는 목소리가 의사당을 진동시키자 흥분한 100여 명의 부하들이 고래고래 소리질렀다.
"김두한 의원 만세!"
"민주주의 만세!"
국회 경비병들이 몰려와 장내를 진정시키느라 법석을 떨었다. 아무튼 김두한의 첫 국회 발언은 할복자살 운운하는 폭탄적 선언으로 온 장안의 화제가 되었다.
며칠 후, 조병옥이 민국당(民國黨) 대표의 신분으로 김두한을 찾았다.

"김 의원! 자유당에 입당했다는 것이 사실인가?"

"박사님! 누구보다도 박사님이 절 잘 아시지 않습니까?"

"이미 소문이 다 났어! 천하의 김두한도 별 수 없다는 생각에 섭섭할 뿐이네."

"박사님, 사실은……."

김두한은 그간의 자유당의 간계와 자신의 견해를 낱낱이 털어놓았다.

조병옥은 실망의 낯빛을 좀체 감추지 못했다.

"아무리 그래도 그렇지, 자유당에 입당하다니……."

"저를 믿어보십시오. 이 김두한의 자유당에 대한 투쟁을!"

"좋네, 김 의원을 믿겠네."

김두한은 다시 한 번 조병옥의 넓은 아량에 감복했다.

"김 의원! 자유당은 지금 삼선개헌을 구상하고 있네. 민주주의 나라에서는 감히 생각지도 못할 망나니 짓을 서슴지 않고 있어. 우리에게는 자네의 투사적 힘이 필요해!"

"박사님, 이 김두한이가 숨쉬고 있는 한 꼭 저지코야 말겠습니다."

조병옥은 김두한의 불굴의 신념에 고개를 끄덕였다.

"김 의원의 자리는 언제든지 비워두겠네. 언제든지 달려와 주게."

"박사님! 고맙습니다. 결단코 박사님의 뜻에 어긋나지 않겠습니다."

두 사람의 맞잡은 손이 굳게굳게 결속되고 있었다.

김두한의 반발

이기붕과 장경근, 두 사람은 머리를 맞대고 종신 집권의 계책을 꾸미고 있었다. 그러자면 자유당 의석수를 136석 이상으로 늘려 야당의 세력을 저지해야만 했다.
 온갖 회유와 협박, 그리고 선심공세에 날이 갈수록 자유당에 동조하는 의원들이 늘어갔다.
 자유당에 입당한 김두한에게도 예외는 아니었다. 울화통이 터진 김두한은 급기야 국회의사당에서 일을 저지르고 말았다.
 "만일 정치라는 얄팍한 이름을 이용하여 공공연히 자행되는 사태를 정부가 예의 주시하지 않는다면 민족적 반역으로 간주하여 철퇴를 내려 보일 것이다."
 노발대발하는 김두한을 보는 의원들은 실소와 함께 놀라움을 느끼는 눈치들이었다. 무서움이 없는 김두한, 직선적인 김두한에게 잔뜩 긴장하고 있었던 것이다. 그런데 7월 어느 날 정말로 김두한이 주먹을 휘두르는 사태가 발생했으니 문제는 심각해졌다.
 자유당이 중앙 소집 위원회를 소집해 대통령 중임 제한 철폐의 내용이 거론되고 있었다.
 자유당 중앙 위원이란 감투를 쓴 김두한은 울며 겨자먹기 식으로 참석해야만 했다.
 이기붕이 요지발언을 했다.
 "우리 자유당은 창당 이후부터 지금까지 이승만 대통령을 중심으로 일치 단결하여 반공은 물론 국민경제 향상에 심혈을 쏟아온바 일취월장의 성장을 거듭해 왔습니다. 만일, 지금의 헌법으로 각하께서 계속 영도를 할 수 없는 사태가 발생된다면 이는 온 나라의 불행이요, 국가의 장래 또한 기약할 수 없음을……."
 이어 장경근이 단상에 올랐다.
 그는 동경 제국대학에서 바이마르 헌법을 익힌 당대 최고의 법이론가며 권모술수 또한 타의 추종을 불허하리만치 해박한 지식을 갖춘 인물이었다.
 그는 개헌의 취지와 그 방법, 그리고 개헌의 방향에 대해 일목

요연하게 설명을 해서 참석 의원들의 우뢰와 같은 박수를 받았다.
하지만 '초대 대통령에 한하여 차한(此限)에 부재(不在)한다'는 말에 김두한은 비위가 뒤틀리고 말았던 것이다.
차한부재. 다시 말하면 초대 대통령은 집권의 임기를 제한하지 않는다는 내용을 헌법에 명시하겠다는 뜻이다.
대통령 중임 제한 철폐. 이것은 민주주의로 가는 것이 아니라 오히려 독재 기반을 구축하기 위한 것이라는 것을 김두한이 모를 리 없었다.
"장 의원! 질문이 있소!"
"말하시오.."
"차한부재란 말이 무엇이오? 무식한 김두한이를 위해서 좀 구체적으로 설명해 주시오!"
표정이 험악해진 김두한을 본 이기붕이 재빨리 나섰다.
"내가 설명해 드리겠소. 김 의원."
김두한의 날카로운 시선은 장경근에게서 떨어지지 않았다.
"아닙니다. 난 장 의원에게 질문을 한 것이니 의장님은 나서지 마시오!"
장경근도 김두한이 꼬투리를 잡고 있다는 사실을 간파하고 친절한 미소를 지으며 김두한에게 다가왔다.
"즉, 종신제라는 말입니다. 국가와 국민을 위한 마지막 결과지요."
김두한의 얼굴이 더욱 험악하게 일그러졌다.
"뭐라고, 종신제? 그럼 죽는 날까지 계속 대통령을 한다는 말이던기?"
"그렇죠! 그것만이……."
장경근의 말이 채 끝나기도 전에 김두한이 버럭 소리쳤다.
"당신 동경 제국대학 출신이라면서?"
김두한의 뜻밖의 말에 장경근이 입을 딱 벌린 채 아무 말도 못한다.
"당신 거기서 뭘 배웠소?"
"아, 바이마르 헌법을……."
장경근은 당황함을 느끼는 동시에 비위 또한 상했다. 그래서 김두한에게 비양거리는 투로 말을 했다.
"혹, 바이마르 헌법에 대해 들어보신 적이라도 있는지요?"
"난 무식해서 바이마르가 뭔지는 잘 모른다만은 당신이 모르는 것을 하나 알고 있지!"
"내가 모르는 것을…… 그게 뭡니까?"
장경근이 의아하다는 듯 말했다.
그 순간, 김두한의 주먹이 장경근의 아구통을 강타했다.
"바로 이거다, 이 새끼야!"
장경근의 외마디 비명을 지르며 그 자리에서 쓰러져버렸다.
일국의 민의원이 그것도 중앙 위원회 개헌을 논의하는 자리에서 주먹을 휘둘렀으니 예사로운 일이 아니었다.
"이봐요, 김 의원!"
이기붕이 떨리는 목소리로 김 의원을 부르다 그만 털썩 주저앉고 말았다.
"개헌 좋아하시네, 잘들 해 처먹어라!"
분에 못이겨 장경근을 박살내긴 했으나 막상 뛰쳐나와 보니 갈 곳이 없었다. 그는 발길을 해공 신익희 자택으로 옮겼다.
"선생님, 잘 계셨는지요."
"아니, 김 의원이 웬일인가?"
유석과 해공은 깜짝 놀랐다. 아무리 김두한이 민주주의를 사수하겠다고 하는 투사일망정 엄연히 자유당 의원이 아닌가.
"아니, 자유당 소속 의원이 이런 곳엘 오면 어쩌나? 세인들의 눈이 있는데!"
유석이 웃으며 김두한의 의중을 떠보자 김두한은 볼멘 목소리로 투덜거렸다.
 "이거야 원, 울화통이 터져서 견딜 수가 없습니다."
 밑도끝도 없이 투덜거리며 주먹을 부르르 떠는 그를 유석과 해공은 그저 묵묵히 바라보고만 있었다.
 "이거 정말 못 견디겠습니다."
 "김 의원 무슨 일이라도 있었나?"
 "선생님, 이놈들을 확 쓸어버릴까요?"
 "무슨 일인지 차근차근 얘기하세. 원 성미 하나는……."
 "개헌이 뭡니까? 뭐 차한부재라나요!"
 "아! 그 일 말인가? 그래서 지금 우리도 방안을 연구하고 있던 중일세. 하지만 겨우 15명의 의원으로 뾰족한 묘안이 떠오르지 않아 걱정이라네."
 "그래서 제가 장경근의 아구통을 날려버리고 오는 길입니다."
 "뭐! 장경근이를?"
 장경근은 경기도 부천에서 당선된 인물로 이승만과 이기붕의 절대적인 신임을 얻고 있었다. 그런 장경근이를 건드렸으니 얘기는 심각하게 된 것이다.
 그것도 중앙 위원회 석상에서의 김두한의 폭력행위에 이기붕 일파가 가만 있을 리 없었다.
 "폭력배를 그냥 놔 둘 수는 없다. 당장 내쫓아야 한다."
 의견의 목소리가 높아지고 김두한에 대한 징계론이 거론될 즈음 이기붕은 소태를 삼키는 기분을 억누르고 있었다.
 개헌안 표결을 앞두고 엄청난 여파를 염려한 때문이다. 이기붕을 비롯한 자유당 내의 개헌파들은 김두한을 눈에 가시처럼 여기면서도 어쩔 수 없이 참고 있었다.
 그렇지만 이 사건은 곧 이승만에게 보고되었다.
 이승만의 부름을 받고 경무대로 들어간 김두한. 일찍이 오끼나와 형무소에서 사형집행을 기다리다 정부수립이란 대운으로 목숨을 건지고 이승만을 만났을 때의 일이 떠올랐다.
"자네, 이젠 사람 그만 죽이게!"
김두한에게 내뱉은 그 가혹하리만큼 냉정한 말을 기억하고 있는 김두한이다.
하지만 오늘의 김두한은 일국의 민의원의 신분으로 만나고 있었으니 참으로 세상일이란 예측할 수 없는 것이다.
"이봐! 자네가 장경근에게 폭력을 가했다며!"
이승만은 노골적으로 노여움을 표시했다.
"그렇습니다."
"왜! 자넨 아직도 깡패인가?"
"각하!"
"필요없어! 자넨 역시 그대로야! 일국의 민의원이 되었으면 뭔가 달라져야 할 게 아닌가!"
"각하! 그날의 저의 행동에 저는 조금도 후회하지 않습니다. 다만 정의가 어떤 것인가를 보여줬을 뿐입니다."
"정의라니, 그건 또 무슨 소리야?"
"장경근은 각하를 욕되게 하려고 작정하고 있습니다. 민주주의 나라에서 삼선을 하겠다는 허무맹랑한 억지가 어디 있습니까? 차한부재라니요? 그래서 제가……."
"집어치우게. 자네는 걸핏하면 민주주의, 민주주의 하는데 도대체 민주주의가 어떤 것인지 알긴 아나? 그래, 민주주의를 지키겠다는 사람이 폭행을 해?"
"각하! 민주주의는 말로만으로는 지켜지지 않습니다. 민주주의를 수호하기 위해서는 장경근이 같은 간신배들을 멀리하는 길 뿐입니다."
"집어치워!"
"각하! 영단을 내리십시오! 이러다가는 이 나라 민주주의도 끝장입니다!"

조금도 물러서지 않는 김두한의 행동에 자유당의 중진들을 비롯한 경무대 비서진들은 혀를 내둘렀다.
하지만 역사의 수레바퀴는 삼선개헌을 위한 엄청난 음모의 구렁텅이로 서서히 굴러가고 있었으니 1954년의 가을 바람은 유난히 스산하기만 했다.
1954년 9월 8일, 드디어 자유당은 개헌안을 공포하기에 이른다.
1. 주권의 제한 또는 영토의 변경을 가져올 국가안위에 대한 중대사항은 국민투표에 의해 최종 결정한다.
2. 참의원 의원을 3년마다 1/2씩 개선한다.
3. 참의원은 국무위원 인준권을 갖는다.
4. 국회의 국무위원 불신임 조항을 없애고 정상적인 대통령 책임제로 한다.
5. 경제 체제의 중심을 사유사영으로 한다.
6. 대통령 궐위 시 국민의 직접선거에 의한 부통령이 권한을 대행하되 3개월 이내에 재선거를 실시한다.
7. 현 대통령에 대한 중임 제한을 철폐한다.
자유당의 속셈은 이 7번 조항에 쏠려 있었다.
9월 20일, 야당인 민국당은 성명을 발표, 정부와 집권당의 개헌안 발의에 항의하면서 국회 통과의 저지를 위해 극렬히 들고 나섰다.
"현실을 무시한 정부와 여당의 행위를 전 국민과 더불어 결사 반대한다."
민국당의 반대 성명으로 여야의 정면 대결은 마침내 표면화되었다.
국회 본회의에 나선 야당 지도자 신익희는 이승만의 삼선개헌을 신랄히 비판하고 나섰다.
"민주주의를 누구보다도 먼저 수호할 의무와 책임을 가진 민의원들이 국민의 여망을 저버린 채 사회를 악의 구렁텅이로 몰아 넣고 있으니 참으로 통분하고 개탄할 일이다."
 신익희 의원의 강경한 발언에 의사당 안은 침묵이 흘렀다.
 이어 발언에 나선 이기붕의 찬성 지지 운운하는 발언이 있자 자유당 의원을 비롯한 의사당 안은 갑자기 의사당이 떠나갈 듯한 환호로 대물결을 이루었다.
 잠시 후 의원 휴게실, 조병옥이 부의장 곽상훈과 담소를 나누는 자리에 김두한이 찾아왔다.
 "이러다가는 정말 개헌안이 통과되고 말겠습니다!"
 "놈들의 마음대로 되지는 않아!"
 유석 조병옥의 단호한 대꾸였다.
 "조금 전의 흐름이 어찌 불안합니다. 정말 이러다간 끝장납니다."
 "난 자네가 부표를 던질 것으로 믿네, 그러면 235석이야."
 "그렇게 쉽게 생각하실 일이 아닙니다. 자유당 애들이 막 손을 쓰고 다니고 있어요."
 "또 무슨 짓을?"
 "무소속은 물론 야당 의원들한테도 마구 돈을 뿌리고 다니니 드리는 말입니다."
 조병옥이 지그시 눈을 감은 채 입술을 깨물었다.
 "이러다가는 민주주의고 뭐고 다 절단나고 말 거예요."
 "김 의원의 정치적 신념에 고마움을 느끼네. 그리고 부탁하고 싶은 것이 있네."
 "예! 뭡니까? 신명을 바쳐 박사님의 뜻을 따르겠습니다."
 "자유당 내에서 개헌을 반대하는 의원들을 규합해 주겠나?"
 "근데 이기붕 그 자식이 눈 한 번 쓱 흘기면 잔뜩 겁을 집어 먹으니 한심해 죽을 지경입니다. 그런 놈들이 무슨 정치를 한다고 국회에 들어왔는지……."
 "아무튼 자네의 옛날 솜씨를 기대할 뿐이네."

조병옥의 간곡한 당부에 김두한은 사뭇 참담한 표정을 감추지 못했다. 주먹이라면 몰라도 정치적으로는 미약한 김두한이었다.
"여보게, 김 의원. 개헌안 통과는 곧 역사에 크나큰 오점을 남기는 치욕이야! 어떻게 해서든지 자유당의 계략을 저지해야만 하네!"
곽상훈도 걱정스러운 표정으로 김두한에게 당부의 말을 했다.
이때에 이르러 야당 진영은 자유당의 삼선 개헌 계획을 저지하기 위한 대책으로 모든 당리당략과 이해관계를 떠나 새로운 야당을 태동시키자는 의견이 무르익기 시작했다.
그리하여 신익희를 중심으로 한 야당의 지도급 인사들은 야당의 단합과 대여 투쟁에 효과적인 방안을 모색하기에 이르렀다.
반면, 자유당의 사정은 여의치 못했다. 특히 김두한을 비롯한 소장파 의원들이 큰 골칫거리였다. 그들의 반발은 곧 자유당의 행로에 대한 반대요, 국민 양심을 대변하는 몸부림이기 때문이다.
"개헌? 왜 옳지 못한 일을 벌여 스스로 국민의 욕을 얻어 먹는 거야? 내 아무리 자유당 의원이지만 찬성할 수 없어!"
이기붕과 장경근은 개헌의 당위성과 필연성을 역설하느라고 비지땀을 흘렸다.
그때마다 김두한은 그들의 궤변을 사사건건 물고 늘어졌다.
"의장께서는 개헌안을 전 국민의 여망이라고 하시는데 어디다 근거를 둔 것이오? 길 가는 사람에게 물어 보시오, 씨알이나 먹히나!"
"김 의원, 당신은 언제나 반대만 외치는데 당신은 자유당 의원이 아니오?"
"나는 목에 칼이 들어와도 할 말은 하고 사는 사람이오. 내 말에 틀린 점이 있으면 말해 보시오."
"김 의원! 당장 이승만 대통령께서 물러나시면 이 나라의 꼴이 어떻게 되겠소. 그렇다고 이승만 대통령만한 인물도 없지 않소?"

"무슨 뚱딴지 같은 소리요! 그렇다면 대통령감이 없어서 개헌을 한다 이 말이오?"

"그렇소이다. 우리로서도 고육지책이오!"

"고육지책! 그 웃기는 소리들 좀 하지 마시오. 이 나라에 그만한 인물이 없다니? 정녕 없다면 이 김두한이가 나서 주지!"

김두한이 노골적으로 개헌을 반대하고 나서니 자유당으로서는 매우 골치 아픈 일이었다. 자유당의 소장파 의원들의 생각도 김두한과 같았으나 다만 겉으로 표현하지 않을 뿐이라는 것을 잘 알고 있었다.

이러한 가운데 1954년 11월 8일 오전 11시, 마침내 말썽 많은 개헌안이 82차 국회 본회의에 올려졌다.

삼선 개헌안을 제안한 이재학 의원이 단상에 오르자 헛기침을 몇 번 하더니 강경한 목소리로 발언을 시작했다.

"이 개헌안을 제출하게 된 동기는 첫째, 국내외 정세가 대단히 위급한 상황에 있으니, 이에 대처하기 위함이요, 둘째, 안정을 통한 국가발전을 더욱 공고히 하기 위함이요, 셋째, 우리의 실정에 알맞는 국가기본법을 제정하기 위함입니다."

자유당에서는 박수가, 야당석에서는 야유가 터져나왔다.

이어 야당을 대표한 조영규(曺泳珪) 의원이 개헌을 반대하는 연설을 하였다. 연설 도중 자유당 의원들이 야유와 고함을 퍼부었다.

"야! 그럼 자유당은 다 매국노란 말이냐? 그만 지껄이고 내려와!"

자유당 의원들의 계속되는 야유에 갑자기 천지를 진동시키는 목소리가 들렸다.

"어떤 놈이 연설 중에 참견이냐! 조용히 하지 못해!"

자유당 의석에 앉아 있던 김두한이었다. 명색이 자유당 중앙위원 신분이면서 당 소속 의원들에게 고함을 쳤으니 모든 의원들이 의아하여 그를 멀뚱멀뚱 쳐다만 볼 뿐이었다. 이 틈을 이용해 조영규 의원은 자신의 견해를 역설해 나갔다.
 "민주주의를 본받으려면 완전히 미국식으로 하든, 영국식으로 하든, 프랑스식으로 하든 할 것이지 미국에서 조금, 영국에서 조금, 프랑스에서 조금, 이렇게 주먹구구식으로 헌법을 만들어 가지고 여차하면 자유당에게만 유리하게 하겠다는 의도가 아니오? 과연 누구를 위한 헌법인가!"
 이렇게 여야의 공방전이 치열하게 맞부딪쳤다.
 11월 27일, 드디어 개헌안 표결의 날이 다가왔다. 이 역사적인 순간을 지켜보는 국민의 시선은 분노와 고통, 그리고 실낱 같은 희망으로 뒤범벅되어 국회의사당은 민의의 전당이 아니라 실로 한숨의 전당이 되고 있었다.

사사오입 개헌안

 "그러면 지금부터 제 90 차 본회의를 시작하겠습니다."
 부산 을구 출신의 전진한이 단상에 나섰다.
 전진한. 일찍이 이승만 대통령에 의해 사회부장관으로 발탁되었으나 이승만의 독선에 반기를 들고 야당 대열에 선 인물로 장관직에 취임하던 날 허름한 잠바에 낡은 구두를 신고 출근하다 수위로부터 제지를 당했을 정도로 검소하고 불의를 못 보는 성질. 그가 자유당의 대오각성을 촉구하는 발언을 시작하였다.
 "국민의 뜻에 따라 우리 200여 의원들은 부표를 던짐으로써 민주주의의 새로운 장을 엽시다. 그리하여 민주주의의 국민임을 만전하에 과시합시다!"
 이어 등단한 신도성(愼道晟)이 자유당의 양식을 호소하는 발언을 잔잔하게 읊어나갔다.
 그는 먼저 동경 제대 법학과 출신답게 개헌의 반대 이유를 이론적으로 조목조목 들추어내 비판한 뒤 우화 한 토막을 비유해 자유당 의원들을 비꼬았다.
 "옛날 꿩을 잘 잡는 매가 있었습니다. 꿩을 잡을 때마다 주인이 귀여워해 주니까 신바람이 난 매는 산에 있는 꿩을 모두 잡아 버렸습니다. 그런데 주인의 태도가 갑자기 달라져 버렸습니다. 꿩이 없으니 매도 필요없었기 때문에 그만 매는 목숨을 잃고 만 것입니다. 자유당 의원 여러분! 의원으로서 당과 정부에 동조하는 것은 당연한 일이지만 무작정 꿩을 잡는 매가 되지 않기를 바랍니다."
 민주주의를 짓밟는 행동에 대해 국민의 이름으로 반격에 나선 야당의 우국충정은 실로 처절했다.
 "그러면 지금부터 표결에 붙이겠습니다."
 최순주 부의장이 사회봉을 두드렸다.
 3개월 동안 숱한 논란과 혼란을 야기시켜 온 개헌안이 긴장과 격정의 분위기 속에서 판결나게 된 것이다.
 "의장! 이의를 신청하오!"
 전북 김제 출신의 무소속 송방용(宋邦鏞)이 분노에 찬 얼굴로 단상으로 뛰어 올라갔다.
 "자유당의 암호투표 방식은 불법이다. 누구는 만년필, 누구는 색연필…… 이건 유치한 수법이다. 즉각 철폐하라."
 송방용의 폭탄 발언으로 의원석과 방청석은 환영과 비난의 소리로 뒤범벅이 되었다.
 "옳소! 그것은 불법이다!"
 "무슨 말인가? 거짓말 말아라!"
 이렇게 다시 의사당이 시끄러워질 때 이기붕의 지령으로 미리 와 있던 이정재의 우뢰와 같은 고함소리가 들려왔다.
 "어떤 놈이야? 불법이라니!"
 신성한 국회의사당에 찬물을 끼얹은 방청석의 무법자. 검은 가죽잠바에 검은 선글라스, 거기에다 50여 명의 부하 주먹을 이끌고 연신 방청객들을 험상궂게 노려보고 있었다.

이런 와중에 장택상, 곽상훈, 조병옥 등 야당의 중진들이 계속 개헌안의 부당성을 역설하고 있었다. 약자의 슬픔, 강자의 횡포, 그 시대의 역사는 그렇게 흘러가고 있었다.
"그럼 지금부터 투표에 들어가겠습니다. 호명하는 의원은 차례차례 투표에 임해 주시기 바랍니다."
그로부터 걸린 시간은 겨우 25분 정도. 이 나라의 민주주의가 뒷걸음질하고 만 연출 시간은 겨우 25분밖에 걸리지 않았던 것이다.
개표 완료.
어찌 된 일인지 최순주가 개표상황 보고를 하지 않은 채 심각한 표정으로 앉아 있지 않은가.
방청석이 다시 술렁이기 시작했다.
"뭔가 있긴 있나본데……."
김상돈이 신익희에게로 달려왔다.
"부결인 것 같습니다!"
같은 시간, 원내총무 최순주, 장경근 등이 심각한 의논을 나누고 있었다.
이렇게 소란스러운 가운데 최순주에 의해 사회봉이 두들겨졌다.
"재적 202명, 가 135표, 부 60표, 기권 7표. 개헌안이 부결되었음을 선포합니다."
"만세! 대한민국 만세! 민주주의 만세!"
해공과 유석, 곽상훈, 전진한, 조영규, 신도성, 김상돈, 이철승 등이 우루루 일어나 방청객들과 함께 만세를 부르며 환호했다.
이 나라의 역사와 민족 위에 군림하려던 자유당과 이승만의 계획은 단 1표 차이로 무너지고 말았다. 그러나 자유당은 또다른 음모와 술책을 은밀히 준비하고 있었으니 이른바 사사오입 개헌안이 그것이다.
정부기관지 5신문은 참으로 웃지 못할 기사를 호외로 발행, 서울 시내에 뿌렸다.

"개헌안, 전 국민의 성원 속에 가결!"

호외를 읽고 시민들은 연신 고개를 갸우뚱거렸다.

내용인즉 203명의 2/3는 분명 135명이라는 것이었다. 왜냐하면 203의 2/3를 정확하게 계산하면 135.333……이므로 사사오입 방법에 의해 135명이면 의석수의 2/3라는 이론을 내세운 것이다.

이러자 자유당 의원들은 전북 진안(鎭安) 지구의 보궐선거가 있기 전, 그러니까 재적 의원이 202명이었을 때 언론기관이 발표한 '재적 의원 2/3 135표면 통과'라는 기사를 주장하고 나섰다.

다음날, 권모술수의 대가인 장경근이 S대학 수학교수인 최모 교수를 배석하고 이승만을 만났다.

"각하, 개헌안이 통과됐는데도 불구하고 부결이라 선포했으니 이런 낭패가 어디 있습니까?"

장경근이 최 교수에게 눈짓을 해보였다.

"각하 203명의 2/3는 135.333……명입니다. 따라서 사사오입을 하여 0.333을 떼어버리면 135가 되므로 135명은 곧 의석수의 2/3가 된다는 해석이 됩니다."

최 교수의 말에 장경근이 재빨리 끼어들었다.

"각하! 지금 최 교수의 말처럼 학술적으로 135는 203의 2/3가 되므로 아무런 하자가 없습니다."

"내 의견도 마찬가지야! 사실이 그렇다면 그렇게 해야겠지!"

급기야 자유당은 성명을 통해 개정안 가결을 선포하기에 이른다.

"203의 2/3는 135.333이므로 사사오입에 의거 135는 203의 2/3가 되므로 가결을 선포한다."

이런 허무맹랑한 주장에 야당 측이 반발하고 나섰다. 허무맹랑한 이론으로 사람을 쪼개려고 하느냐? 개헌안은 의석수의 2/3 이상이어야 함으로 135.333은 곧 136표 이상을 뜻하는 것이다!"

국민학교 산수책에나 나오는 사사오입의 공식에 대한 논란으로 여야의 대결은 불붙었다.
1954년 11월 29일 오전 10시 44분.
비장한 표정으로 들어선 최순주가 개헌안 부결 선포의 취소를 선언한다.
"본인의 정족수 계산착오에 의해……."
최순주의 말이 채 끝나기도 전에 야당 의원석이 발칵 뒤집혔다.
"의장!"
그러나 최순주가 이 말에 신경쓸 리가 없다.
"재적 203명외 3/2는 135표로 본인은 개정안이 통과되었음을 헌법 제98조 제4항에 의거 선포합니다."
야당은 완전히 기습을 당하고 말았다.
그 순간, 야당의 이철승 의원이 단상으로 뛰쳐 올라갔다. 최순주의 멱살을 움켜 쥔 이철승이 최순주를 단상에서 끌어내려 하자 자유당 의원들이 벌떼처럼 달려나와 국회의사당에서는 일대 난투극이 벌어졌다.
여야 의원들이 난투극을 벌이고 있을 때 곽상훈 의원이 단상에 뛰어올라 외쳤다.
"한 번 부결된 것을 가결이라고 번복하는 것은 헌법에도 없는 불법입니다. 그래서 본인은 오늘의 가결을 인정할 수 없습니다."
곽상훈은 목이 터져라 취소를 외치며 의사봉을 두들겼다.

이정재의 국회 난입

"여러분 이곳은 정의와 대도를 걸어야 할 의사당입니다. 최 부의장은 다시 취소를 선언하시오!"
곽상훈이 외쳤다.
"자유당은 도대체 이 나라를 어디로 끌고 가려 하는가?"

곽상훈의 울부짖음에 짐짓 소란이 삭아들었다.
 그때, 조병옥이 일어섰다.
 "의장! 질의하겠소."
 조병옥이 부리부리한 두 눈을 이기붕의 시선에 꽂았다. 흠칫 놀란 이기붕이 조병옥의 의견을 받아들였다.
 "조병옥 의원 말씀하세요."
 조병옥이 근엄한 표정으로 단상에 오르자 돌연 장내는 잠잠해졌다.
 "존경하는 의원 여러분! 이 순간은 우리 국회를 위해서, 이 나라를 위해서 참으로 침통한 시간입니다."
 말을 잠시 중단한 조병옥이 최순주 부의장을 쏘아보았다.
 "이봐! 최의원! 당신 정신나간 사람이구만! 이거 순 날치기 아닌가?"
 최순주는 꿀먹은 벙어리처럼 입도 뻥긋 못했다.
 바로 그때다. 방청석에서 야유와 욕설이 쏟아져 나왔다.
 이정재와 그의 부하들이었다.
 바로 그 시간, 의자에 앉아 쓰디쓴 눈물을 삼키고 있던 김두한은 뒤통수를 얻어맞은 듯한 충격을 느꼈다.
 "아니, 정재가……."
 이정재는 자유당의 노예가 되어 여기까지 쳐들어왔다. 누구를 위하여? 이정재는 과연 무엇을 위하여?"
 김두한은 이 나라의 민주주의를 위해서, 그의 신앙이다시피한 민주주의를 위해서 27일의 개헌안 표결에 자유당 의원으로서도 부표를 던지지 않았던가!
 그리고 오늘, 부결이 가결로 둔갑을 하고 여야 쌍방간에 벌어지는 육탄전의 비극을 지켜보며 김두한은 눈물을 흘리고 있었다.
 주먹세계에서 반생을 살아온 그로서 느끼는 충격은 실로 엄청난 것이었기 때문이다.

"이것이 민주주의란 말인가? 이 꼴을 보려고 내가 민의원이 되었더란 말인가?"

조병옥은 이정재의 야유에도 불구하고 발언을 계속했다.

"이러한 치사한 방법을 동원하여 이 나라 민주주의 역사에 일대 오점을 남길 것인가? 방청석에 폭도들을 불러모아 어떻게 하겠다는 것인가?"

조병옥의 발언 도중에도 자유당 의원들은 조병옥을 힐난하고 나섰고 야당 의원들은 사유당의 행위에 비난을 퍼부어 댔다. 조병옥이 소리쳤다.

"조용히들 하시오!"

조병옥의 호령에 장내는 숙연해졌다.

"그런고로 나는 선언합니다. 이런 상황에서 의사진행도 토론도 있을 수 없습니다. 하여서 나는 제의합니다. 우리 야당 의원들은 퇴장하기로 합시다."

김상돈이 벌떡 일어나 소리쳤다.

"저기 저놈을 잡아내!"

김상돈의 손가락은 정확하게 검은 양복의 불청객 이정재를 가리키고 있었다.

"회의장을 공포의 분위기로 몰아넣은 자유당의 밀파꾼! 이정재를 끌어내라!"

김상돈의 말에 아랑곳할 이정재가 아니었다.

"우우…… 집어치워라!"

그러자 야당 측에서 우루루 일어섰다.

"국회의사당이 대체 무슨 꼴이야! 여기가 깡패들의 집합소란 말인가! 대체 의장은 뭣하는 사람인가?"

이런 가운데서도 이기붕은 의사진행을 위해 발버둥치는 척했다.

"조용히들 하세요, 조용히들 해요."

그러나 상황이 조용할 태세가 아니었다. 이런 상황에서 무슨 대화가 이루어질 수 있겠는가? 물론 이미 엎질러진 뒤였다. 그야말로 난장판 그대로였다.
"퇴장합시다."
김상돈이 앞장섰고 그 뒤를 이철승이 따라 나갔다.
그 순간 이승만의 영구 집권의 길이 활짝 열리고 있었으니 망국의 역사는 마침내 그렇게 시작되고 있었던 것이다.
사사오입 개헌안이 억지로 통과되자 흩어진 야당 세력들이 규합하기 시작했다.
"단결합시다! 비록 60명밖에 안 되지만 우리가 뭉친다면 국민의 절대적 지지를 받을 수 있습니다!"
"맞습니다! 우리 뭉칩시다!"
조병옥의 호소에 이어 비분에 찬 목소리로 곽상훈이 다시 한 번 야당의 대동단결을 호소했다.
"우리가 뭉치면 자유당에 당당히 투쟁할 수가 있습니다. 자유당에서도 많은 의원들이 우리에게 협력할 것입니다. 호헌동지회(護憲同志會), 그렇습니다. 호헌동지회를 결성합시다."
호헌동지회.
야당 세력은 급기야 호헌을 다짐하는 동지들의 모임을 결성하게 된다.

정치에 대한 배신감

1954년 11월 30일, 92차 본회의가 열리는 날이다. 전날의 수라장이 언제 있었냐는 듯 고요한 의사당에 자유당 의원들이 속속 모여들었다.
비록 야당 의원이 60여 명밖에 안 될지언정 등원을 거부한 빈 의자들이 썰렁하기만 했다.
발언에 나선 경북 의성 출신의 박영출(朴永出) 의원은 국회 운영위원장으로서 자유당의 거물급 인사였다.
 "어제의 유감스러운 사태에 대한 앞으로의 대책을 요구하고자 합니다. 의장께서는 철저히 조사하여 다시는 어제와 같은 불미스러운 사태가 발생하지 않도록 해주시기 바랍니다."
 박영출 의원이 얼굴색 하나 변하지 않고 '정체불명의 사나이' 운운하며 어제의 사건이 자유당과는 무관하다는 뜻을 비추려고 애를 썼다.
 "옳소! 철저히 조사해야 합니다!"
 여기저기서 쏟아지는 박수소리와 함께 벼락치듯 들려오는 고함소리.
 "웃기지들 말아라, 이놈들아! 정체불명? 조사? 뻔한 걸 가지고 무슨 장난들이야!"
 김두한이 의자에 턱 버티고 앉아 자유당 의원들을 쏘아보고 있었다.
 "아니! 저자가 또……."
 김두한이 어이가 없어 이죽거리자 자유당 의원들이 웅성거리기 시작했다.
 "개헌안에 부표를 던진 놈이 무슨 낯짝으로 자유당석에 앉아 있나?"
 의석이 계속 소란스럽자 이기붕이 말을 꺼낸다.
 "의사당 내에 침입한 괴청년들의 난동은 도저히 묵과할 수 없는 일이므로 저는 의장으로서 그들을……."
 이기붕의 말을 끊고 김두한이 비아냥거렸다.
 "그 정도면 사람 많이 웃겼으니 이제 그만들 하시오!"
 다시 의석이 소란스러워졌다.
 김두한이 벌떡 일어서더니 의사당이 무너질 듯이 소리질렀다.
 "야, 이 새끼들아! 좀 솔직들 해봐! 누가 깡패 불러들이고 이제 와서 이게 또 무슨 짓들이야! 제기랄!"

김두한이 주먹으로 자신의 의석을 꽝 내리치자 탁자가 박살이 나버렸다.
"잘들 해 처먹어라. 보이는 게 뭐 있는 놈들이어야지!"
김두한이 씩씩거리며 밖으로 나가자 좌중은 그제서야 안도의 한숨을 푹푹 내쉬었다.
"이거야 원, 주먹 약한 사람들은 어디 무서워서 국회의원 노릇이나 하겠나?"
"저자는 뭘 믿고 저렇게 날뛰는 거야?"
"그놈의 주먹이 박살날 일이지 왜 멀쩡한 탁자가 박살나나 그래?"
김두한은 의사당을 뛰쳐나왔으나 막상 갈 곳이 없었다. 그래서 무작정 종로 2가 쪽으로 걸어갔다. 난생 처음 느껴보는 패배감, 그리고 정치라는 것에 대한 묘한 배신감마저 들었다. 야당 의원들도 야속하기만 했다. 민주주의를 사수하려는 강력한 의지가 그들에게서도 보이지 않았던 것이다. 그들이 자주 말하는 의사당에서의 죽음으로 민주제단에 피를 뿌리겠다는 신념을 왜 보다 더 확고하게 실천에 옮기지 못하는가? 고래고래 고함만 질러댔지 실속이 없는 야당 의원들이 차라리 증오스럽게 느껴졌다. 야당의 허약함에 더 큰 실망을 그는 느꼈다.
"이것이 정치라는 것인가? 그렇다면 나는 어떻게 해야 하는가……."
김두한의 발걸음이 점점 무거워졌다. 그냥 무작정 걸었다. 소리내어 울고라도 싶었다.
"그때가 그립구나. 우미관이 그리워!"
김두한은 우미관 주먹부대를 이끌던 시절을 회상했다. 권모술수가 없고 의리 하나로 살아온 시절들. 그 숱한 죽음의 고비를 넘기고 좋은 세상을 만들어 보려고 뛰어들었지만 자신의 정치에 대한 한계점에 절망을 느꼈다. 차라리 주먹황제 시절로 돌아가고 싶었다.
"의리가 있는 세계, 웃음이 있는 세계, 낭만이 있는 주먹의 세계가 그립구나, 그리워!"
김두한은 옛날의 관할구역인 우미관 극장이며 술집, 파고다공원, 관철여관 등을 배회하며 발부리에 채인 것 같은 심정을 홀로 달랬다.
김두한이 울먹이며 종로거리를 헤매고 다닐 때, 자유당 이기붕 일파는 개헌안 통과 기념파티를 벌이고 있었다.

제 7 장
김두한의 전율

김두한과 이정재

앞에서도 잠깐 언급되었지만, 자유당 이기붕의 밀약을 받고 의사당을 공포의 분위기로 몰아가는 이정재. 그는 누구인가?
이정재는 해방 전 김두한 부대의 막료로 활동하다 6·25 사변을 전후로 동대문을 거점으로 거대한 주먹조직을 이룩한다.
6·25로 폐허가 된 동대문 시장의 재건은 곧 국민경제를 일으키는 것임을 판단한 이정재는 땅 3천 평을 사들였다.
"사랑하는 상인 여러분! 나는 동대문 시장의 재건을 사명으로 3천 평의 땅을 샀소! 이 땅에 여러분이 힘을 합쳐 건물을 세우고 동대문 시장을 재건합시다."
전쟁이 할퀴고 간 후 아픈 상처를 입은 상인들은 환호성을 올렸고 이정재는 동대문 시장 상인 연합회 회장으로 추대되었다.
이정재는 이 기회를 놓치지 않고 장안의 주먹들을 모아 '7형제 동지회'를 창설하여 정치주먹으로서의 입신을 계획하게 된다.
이정재를 비롯한 조열승, 오영환, 임화수, 고일심, 김양수, 차석준의 7형제가 일으킨 격랑은 제1공화국의 정치를 혼미와 암흑

속으로 몰아넣는 데 충분한 역할을 했다.
 당시, 이정재의 가장 큰 힘이 되었던 사람은 이승만 대통령 경호 책임자로 있던 동향 후배 곽영주였다.
 곽영주는 일제시대 때 해군 지원병을 거쳐 경찰 시험에 세 번이나 낙방하고 실의에 젖어 있을 때 이정재의 도움으로 미군정 치하의 '수도 경찰학교'에 들어가게 되었고 거기에서 이승만의 애정을 받아 경호 책임자 자리까지 올랐으니 이정재를 받들어 모실 수밖에 없었으리라.
 이정재는 곽영주의 막강한 권력을 등에 업은 데다가 휘문고보에서 닦은 조직적인 두뇌와 탁월한 통솔력을 바탕으로 자신의 주먹세계를 전국 최고의 세력으로 키워나갔다.
 엄격한 규율로 상하의 위계질서가 뚜렷했으며 게다가 이정재는 정치적인 안목도 탁월하여 정치인으로서의 입신도 꿈꾸고 있었다.
 "난 강도짓을 해서라도 이천 땅을 살찌우겠어!"
 이것이 정치의 입신을 꿈꾸는 이정재의 야망이었다. 그가 얼마나 자기 선거구인 경기도 이천을 애지중지했던지, 나중에 이기붕에게 선거구를 빼앗겼을 때 많은 군민들이 안타까워했었다. 이기붕과 맞붙었어도 결코 불리한 대결이 아니었음을 아는 그가, 누구보다도 정치적 야심이 대단했던 그가 왜 순순히 물러났었던가?
 그 당시 김두한은 제3대 민의원 선거에 출마한 상태이므로 조직은 있었으나 예전처럼 막강하지 못한, 다시 말하면 주먹으로서는 이빨 빠진 호랑이였던 셈이다. 그럼에도 김두한의 존재는 여전히 주먹세계의 대부로서 살아 있었다.
 자연 이정재는 김두한을 정치적 라이벌로 생각하고 있었다. 또한 사람 명동파의 이화룡이 있었으나 그는 주먹세계의 라이벌이었지 정치와는 거리가 먼 인물이었다.
 이러한 관계에 있었던 이정재가 의사당에 난입하여 김두한의 비위를 건드려 놨으니 김두한으로서도 참으로 서글픈 일이었다.

그도 그럴것이 금배지를 달고 있는 김두한이 주먹으로, 그것도 자기의 막하에 있던 이정재와의 대결이 꺼림칙했던 것은 당연했으리라.

또 이정재는 이기붕이란 자유당 거물을 등에 업고 정치주먹을 휘두르고 있었으니 쉽게 다스릴 인물은 이미 아니었다.

자유당과 족청(族靑)

1952년 창당된 자유당은 시간이 흐를수록 철기 이범석이 이끄는 민족청년단, 즉 '족청(族靑)'의 기세에 눌려 이승만도 공포를 느끼고 있었다.

민족지상, 국가지상이란 슬로건을 내걸고 등장한 족청은 좌우익 투쟁에 있어서 언제나 우익의 전위대 역할로 공을 세웠다.

그러던 족청세력이 자유당 내의 모든 지배권을 서서히 차지하게 되자 이승만의 엉덩이가 뜨거워지게도 되었던 것이다.

그리하여 이승만은 1952년 9월 12일 특별담화를 발표하기에 이르렀다.

"자유당 내에 창당 때의 의도를 깨뜨리는 부식세력이 당내에 분열과 해독을 끼치고 있으니 단호히 대처하라."

이승만의 추상 같은 명령에 1953년 9월을 전후로 거대한 족청세력은 완전히 몰락하고 말았다.

족청세력이 몰락하자 자유당 또한 풍지박산이 나버렸다. 왜냐하면 자유당 내의 거물급 인사들이 대개 족청세력이었기 때문이다.

이승만은 이기붕, 이갑성, 박용만 등 9인의 수습위원을 임명하고 재건작업을 서둘렀다.

1954년 3월, 이기붕은 제5차 전당대회를 열어 새로운 면모를 내외에 선보였다.

이정재의 맹목에 가까운 충성심을 이용, 이기붕은 거의 반강제적으로 서울시 당위원장에 오르고 곧 재건된 새 자유당의 중앙당 의장에 임명되었고 주도권 쟁탈전에서도 배은희, 이갑성 등을 물리침으로써 자유당의 2인자로 부상하게 된다.

1955년 이러한 이기붕의 세도에 정면 도전하고 나선 사람들이 있으니 이기붕은 벼락맞은 사람처럼 놀라고 만다.

'자유당 창당 동지 간담회 발기회'라는 조직이 결성돼, 이기붕 일파의 썩어가는 정치노선을 힐난하고 나선 것이다.

그들 조직의 구성원은 모두 53년에 이기붕 일파에 의해 숙청된 족청세력과 이기붕과의 당권 경쟁에서 물러난 세력들인지라 문제는 심각했다.

"뭐야! 자유당 창당 동지회?"

이 소식을 듣자마자 이기붕은 기절할 만큼 놀라고 말았다. 이기붕은 본래 심약하기로 소문난 사람. 이런 놀라운 소식에 간이 콩알만해졌다.

이기붕은 연희전문을 중퇴하고 미국 데이버 대학을 졸업, 일제시대에 뉴욕에서 허정(許政)과 함께 '삼일신보(三一新報)'라는 교포신문을 발간하며 활동하다 1934년에 귀국했다. 능숙한 영어 실력, 빠른 두뇌 회전, 예리한 판단력을 소유한 이기붕은 미국에서의 이승만과의 인연으로 이승만의 절대적인 신임을 얻을 수 있었던 것이다. 그 동안 안정세를 구축, 노령의 이승만을 이을 후계자 작업을 착착 진행해 오던 이기붕이 당황하는 것은 어쩌면 당연했다.

"주동자는 어떤 놈들이냐?"

"모두 구 족청계 놈들입니다."

족청계라면 이가 갈리는 이기붕이었다.

"그런데, 아주 골치아픈 자가 또 하나 끼어 있습니다."

"어떤 녀석이야?"

"김두한이라는 놈까지……."
"뭐야, 김두한? 그 자식은 약방의 감초로구만. 원 그런 자식이……."
"의장님, 그뿐 아니라 현직 의원들도 상당수 가담해 있는 줄 압니다."
"어떤 자식들이야?"
"예, 손권배, 유지원, 함두영, 박기운, 박재홍도 끼어 있고 옛날 거덜난 배은희, 이갑성도 가담하고 있습니다."
"거지떼를 모아두었군!"
심사가 뒤틀린 이기붕이 푸념했다.
"그날은 김두한이가 경비를 맡는다디군요."
이기붕을 비롯한 자유당의 주류파들은 목에 핏대를 세우며 분통을 터뜨렸다.
드디어 자유당 창당 동지회의 대회 안내 팜플렛과 광고가 서울 시내를 뒤덮었다.

   일시 : 1955년 7월 30일 오전 10시
   장소 : 시천교 강당
   주최 : 자유당 창당 동지회
   주최자 : 윤재욱, 신태악, 우문, 황호현, 승명천, 김두한
   준비위원 : 배은희, 이갑성, 지청천, 유지원, 유화청

팜플렛을 받아든 자유당 의원들의 의견은 찬성과 반대로 양분됐다.
"좋은 기회다. 자유당은 체질 개선이 불가피하다!"
"아니다, 이기붕 의장이 당권을 장악하고 있는데 무슨 소리냐?"
시천교 강당에는 전국 각지에서 300여 명의 대원들이 몰려들고 있었다. 그들의 표정엔 비장한 각오가 담겨 있었다. 전민의원 김철수가 개회를 알린 것은 10시가 조금 지나서였다.

"오늘날 자유당의 정치 행각을 주시하는 우리는 국민과 더불어 한심하기 그지없음을 느낍니다. 반공과 정국 안정을 기치로 우리가 자유당을 창당할 때와는 달리 지금 자유당은······."

이때다. 사회사가 채 끝나기도 전에 난데없이 나타난 폭력배, 다름아닌 이정재였다.

"자유당 창당 동지회라니, 꼴갑들 하시는구만!"

이정재가 창당 동지회원들을 잔뜩 노려보다가 김철수의 마이크를 빼앗아 들었다.

"사회는 내가 맡겠다."

이정재가 날뛰자 김철수가 잔뜩 겁을 집어먹었다.

"발기인이 아닌 사람은 나가 주세요."

"뭐, 나가 달라고? 나도 자유당 창당 동지회라고. 이거 괄시가 너무 심하군 그래!"

누가 하나 이정재의 난폭한 행동에 대항하지 못했다. 20여 명의 깡패들이 눈을 부라리고 있었고 단상에는 그 악명 높은 이정재가 버티고 있었으니 모두 쥐죽은 듯했다.

"내가 사회 보는 데 불만 있는 놈은 나와 봐! 본보기로 황천으로 보내줄 테니까!"

이정재가 소리쳤다. 그의 눈은 300여 명의 창당 대의원들을 경멸하는 빛을 발하고 있었다.

이렇듯 기고만장한 이정재의 난동을 가로막고 김두한이 강당문을 박차고 들어섰다.

"내가 이의있다!"

장내가 웅성거렸다.

"정재, 오랜만이군!"

"여긴 웬일이오?"

"여길 떠나줬으면 좋겠군!"

"난 사회자니까 떠날 수 없어!"

"좋은 말로 할 때 썩 떠나!"
"뭐야?"
"썩 떠나라고!"
"누구한테 명령이야!"
"주먹도 골라가면서 쓰는 거야. 체면 봐줄 때 썩 꺼져!"
"체면이라고? 이거 웃기지 좀 마라!"
사태가 험악해지자 이정재의 부하들이 단상으로 뛰어 올라왔다.
"얘들이 네 부하들이냐?"
두 사람은 동시에 이성을 잃어버렸다. 김두한으로서는 대회를 방해하는 이정재와 그의 부하들의 불순한 행동 때문에, 이정재로서는 아직도 아우 취급하며 한 수 접어두고 대하려는 김두한의 태도에 대한 분노로 급기야는 서로 멱살을 맞붙잡고 말았다.
김두한은 정말 노했다. 이정재의 저고리 한쪽을 움켜쥐고 오른손 주먹을 치켜들었다. 이 주먹 한 방이면 아무리 이기붕의 비호를 받으며 설쳐대는 이정재라 할지라도 그대로 잠들어버릴 것이다.
"네 놈이 정말 이럴 수가 있냐?"
김두한이 호통치자 이정재도 잽싸게 김두한의 허리를 움켜쥐고 한 손으로 어깨를 붙들었다.
"망신당하기 전에 주먹을 거두라고!"
그와 동시에 이정재의 부하들이 김두한의 주위를 에워쌌다. 여차하면 김두한을 짓이기겠다는 표정들이었다.
"썩 물러나지 못할까! 네 놈들이 이 김두한이를 치겠다는 게야?"
"글쎄, 주먹을 거두라니까!"
김두한과 이정재. 그들은 이렇게 맞부딪쳤다.
일찍이 1940년대 초반도 의용 정신대라는 인연으로 만나 의형제까지 맺고 의리를 다짐하지 않았던가!
그런 두 사람이 자유당이라는 벽에 부딪쳐 마침내 주먹대결을 해야만 할 기이한 운명에 처해 있으니 김두한으로서는 참으로 통분할 일이 아닐 수 없었다.

김두한은 이미 주먹세계에서 한걸음 물러난 이빨 빠진 호랑이. 더구나 그의 가슴에는 금배지가 달려 있었다. 과연 김두한이 옛날의 주먹실력을 발휘할 것인가. 장내의 모든 사람들이 숨을 죽이고 두 사람의 거동 하나하나를 주시하고 있었다.

김두한과 이정재. 서로의 눈에서 분노와 증오의 눈빛이 이글이글 타오르고 있었다.

"해산하시오! 해산하시오!"

중로 경찰서 김태홍 경위가 호각을 불며 고래고래 소리질렀다.

자유당은 이미 각본을 짜놓고 있었다. 김두한이 경비를 서니 대충 대회만 무산시키려는 의도였다.

긴장감이 맴돌던 시천교 강당의 대회는 자유당의 각본대로 흐지부지되고 말았다.

한산해진 시천교 강당에는 김두한만이 남아 있었다.

울분과 분노가 그의 가슴에서 팽이처럼 뱅뱅 돌아가고 있었다.

"금배지가 뭐란 말인가? 이런 모욕을 당하고서도 분을 풀지 못할 만큼 소중한 것이란 말인가?"

김두한은 무섭게 달라진 이정재의 모습을 그려보았다. 그 녀석을 위해서라도 주먹을 날렸어야 했다는 생각이 그를 또다시 괴롭혔다.

"정재야! 주먹을 정의에다 불붙여 다오! 새로운 이정재의 길을 열어 다오!"

김두한의 눈물

"이 동지! 훌륭했소, 훌륭했어!"

"아닙니다, 이것이 나라를 위하는 길이요, 곧 자유당을 위하는 길이 아닙니까!"
 자유당 창당 동지회를 무산시킨 이정재가 이기붕을 만나고 있었다.
 "역시 이 동지답군. 믿음직스러워!"
 "의장님의 분부라면 목숨을 바쳐 따르겠다는 것이 저와 저의 부하들의 신념입니다."
 "이 동지의 충성을 내가 어찌 잊겠나. 내 이 동지에게 약속하지."
 이기붕의 약속은 참으로 이정재가 꿈꾸어 오던 정치 입신이었다.
 "이 동지도 이제 국회에 진출해야지."
 "제가 어찌……."
 짐짓 사양하는 듯했으나 이정재의 가슴은 울렁거렸다.
 이정재는 야망에 불타는 인물이었다. 동대문에서 주먹황제가 된 후 줄곧 정치인이 되기 위한 경주를 쉼 없이 해왔다. 이정재는 오로지 그 길을 위해 이기붕의 1급 주먹 참모로서 충성을 다해 왔던 것이다.
 한편, 이정재의 방해 공작으로 무산된 자유당 창당 동지회는 따로 모임을 가져 성명서를 작성, 발표하기에 이른다.
 김두한이 성명서를 취재기자들에게 나누어 주고 있었다.
 "기자 양반들, 정의가 폭력에 짓밟히는 나라는 아마 우리 나라뿐일 것이오. 여러분 볼 면목이 없소이다. 이 성명서 좀 대문짝만 하게 1면 톱으로 실어 주시오."
 김두한, 윤재욱, 신태악, 우문 등이 주동이 된 성명서는 자유당이 서슴지 않고 있는 '인의 장막'을 신랄히 규탄하고, 나아가 그들의 대오각성을 주장하고 있었다.
 그 내용을 잠깐 요약해 보면,
 '세인들은 이기붕 씨 집을 가리켜 서대문 경무대라 일컫는다.

이 말은 고관에서부터 미관말직까지 서대문에서 모든 국가 정책이 이루어지고 있다는 뜻이다. 실로 권력을 남용하여 온 국민의 분열과 불화를 조장하는 이기붕 일파를 당에서 쫓아내 새로운 자유당의 면모를 만천하에 과시해야 할 것이다.'
 국민들은 급기야 당내 주도권 싸움을 벌이며 국민을 외면하는 자유당의 추태에 대해 불만이 고조되었다.
 창당 동지회의 성명서는 김두한의 부탁대로 신문마다 대문짝만하게 발표되있고 이것을 본 이승만은 내로하고 말았다.
 "자유당의 불순분자들을 그냥 두지 않겠다!"
 그리자 이승만의 눈치만 살피던 이기붕이 여세를 몰아 자유당 성명서를 발표하기에 이르렀다.
 "자유당 창당 동지회는 사기 집단에 불과하다. 그들 주동 인물은 구 족청세력으로서 정치적 야욕과 이기심 때문에 사회 질서를 무참히 어지럽히고 있다. 자유당의 현명한 의원들은 추호도 현혹됨이 없기를 바란다."
 이승만의 절대 신임 속에 집권당인 자유당의 승리는 언제나 맡아논 당상이었다.
 한편, 김두한은 자유당 창당 동지회 대회를 주도하다 크나큰 상처를 입고 말았으니 그의 정치적 운은 이다지도 그를 따라주지 않는가!
 그 첫째는 이기붕과의 정면대결에서 패배한 정치적인 좌절이었다.
 "민주주의를 지키려는 나의 신념은 언제나 이룰 수 있을까?"
 그는 푹푹 한숨만 내쉬었다.
 이미 사사오입 개헌안 파동에 대한 배신감이 삭지 않은 때에 또다시 좌절을 맛봐야 했다.
 "국민을 위한 국민의 정당을 만들려는데 이 위대한 일이 고작 여기에서 끝나고 말았단 말인가? 이것이 정치의 대의명분이란 말인가?"
 김두한은 정치라는 교묘한 옷을 걸치고 온갖 권모술수와 힘을 조장하는 정치인들에게 실망을 하고 있었다. 그 실망은 그의 정치적 신념인 민주주의의 실현에 대한 패배감, 그것으로 겪는 좌절이었다.
 그가 받은 두 번째 상처는 이정재에게서 받은 모욕이었다.
 이정재는 일찍이 김두한의 막료로 있던 인물. 이정재가 동대문 시장을 거점으로 주먹을 일으킬 때 물심양면으로 그를 도와주었고 그의 앞날을 축하해 주지 않았던가. 그러나 이정재는 이기붕의 주먹 참모가 되어 김두한에게 의리를 배신하고 나섰으니 참으로 가슴아픈 일이었다.
 그러나 김두한이 더욱 가슴아팠던 이유는 주먹이 정치에 이용된다는 사실이었다. 정의를 위한 주먹의 불문률이 무너져 간다는 사실이었다.
 민의원이 되기 위하여 주먹을 떠나온 그에게 이정재의 정치주먹은 결코 용납될 수 없는 것이었다. 하지만 지금에 와서 금배지를 팽개치고 주먹세계로 다시 들어갈 수 없음이 그의 가슴을 갈기갈기 찢어 놓았다.
 이러한 김두한과는 달리 이정재는 김두한을 정치적 경쟁자로 간주하고 있었다.
 이정재는 자신의 입신양명을 위해 이기붕에게 방해가 되는 인물은 누구를 막론하고 제거해야 된다는 생각을 굳혀 가고 있었다.
 "그 길만이 이기붕 의장도, 나도 공존공생할 수 있는 길이다."
 이정재는 정치적 야심에 방해가 되는 인물들을 생각해 보았다.
 "김두한, 이화룡."
 하지만 이화룡은 오직 주먹사업에만 관심이 있을 뿐 정치에는 벽을 쌓고 있으니 별 문제가 아니었다. 문제는 김두한이었다.
 "그 곰보딱지 새끼. 무슨 수를 써서라도 잠재우고 말 테다."

이정재와 김두한의 사이에는 자유당이라는 높은 벽이 가로막아 그들을 완전히 갈라놓고 만 것이다.
1955년 5월, 제3대 정부통령 선거전에서 이승만은 어부지리로 대통령에 당선된다. 국민의 절대적인 지지를 받던 민주당 대통령 후보 해공 신익희가 전라도 지역으로 유세를 떠나다가 열차에서 심장마비로 급사하고 만 것이다.
신익희의 인기는 그야말로 하늘을 솟구치고 있었다.
특히 그가 죽기 하루 전날인 5월 4일의 정견 발표 대회엔 무려 100만 명이 넘는 대인파가 한강 백사장을 메울 정도였다.
"못 살겠다, 갈아보자!"
민주당의 슬로건은 국민의 절대적인 지지와 인기를 한몸에 받았었다.
그러한 신익희가 전북 이리에서 급서하고 말았으니 국민들은 대성통곡하지 않을 수 없었다.
"이런 날벼락이 또 있을까!"
민주당 의원들은 죽은 사람뿐만 아니라 앞으로의 정국에 대한 걱정으로 가득찼다.
이 선거에서 부통령에 장면이 이기붕을 물리치고 당선되어 약간의 위안을 받은 민주당은 그 해 8월의 국회의원 선거를 기약하며 마음을 달래고 있었다.
"비록 대통령은 못 냈지만 지방선거에서 대승리를 찾아 자유당에 대항하자."
1956년 8월 8일, 그 당시는 지방자치제가 실시되던 때이므로 각 지방의 시, 읍, 면장과 시, 도 의원 선거가 열리고 있었다.
그러나 부통령을 민주당에 빼앗긴 자유당이 가만 있을 리 없었다.
자유당은 집권당이다.
집권당으로서 지방의회를 많이 확보해야 상부의 명령이 지방으로 순탄하게 전달되기 때문에 힘을 동원해서라도 의석수를 많이 차지하려는 것은 집권당으로서의 당연한 계획이었다. 자유당의 주특기인 '힘에 의한 정치'가 다시 불붙기 시작했다.

경상남도 진주시 의회 시의원에 입후보한 민주당의 윤삼식은 경찰의 요구로 제2국민병 수첩을 내줬다가 등록조차 못했는가 하면 전라남도 야당 후보자는 도시 미화를 어지럽힌 혐의를 뒤집어쓴 채 구속되기도 했다. 이런 일은 전국 각지에서 비일비재해 경찰은 야당 의원들이 등록 서류를 꾸미는 데 최대한의 비열한 방법을 모조리 동원하여 방해하였다.

그래도 굴복하지 않는 후보들은 폭력으로써 짓눌렀다.

당황한 민주당 측에서 지방자치제 선거에 등록치 못한 후보들을 살리기 위해 투표 7일 전까지 기회를 주자는 임시조치법안을 국회 본회의에 상정시키려 했으나 자유당에 의해 사전 봉쇄되고 말았다.

민주당은 궁여지책으로 세계 의정 사상 유례가 없는 국회의원 가두시위를 벌였다.

1956년 7월 27일 오후 4시경 26명의 민주당 의원들은 대표 최고위원에 조병옥, 4인 최고위원에는 곽상훈, 장면, 김준연, 김도연을 중심으로 정국의 안정을 도모하기 위해 거리로 나선 것이다.

"우리는 국민의 권리를 되찾아 주기 위해 최후의 일각까지 투쟁할 것을 선언한다.", "지키자, 국민주권!"의 플래카드와 피켓, 그리고 태극기의 물결이 거리를 덮었다.

"자! 나의 뒤를 따르시오! 민주주의를 외칩시다!"

검은 군화, 검은 작업복의 김두한이 선봉에 서서 소리를 쳤고 야당 의원들이 함성을 지르며 행렬을 뒤따랐다.

거리마다 인산인해를 이룬 서울 시민들의 박수소리가 천지를 진동했다.

얼마쯤 갔을까, 귀청을 울리는 호루라기 소리와 함께 100여 명의 사복경찰들이 행렬을 가로막고 나섰다. 우람한 체격의 사복경찰들이 플래카드를 찢고 피켓을 빼앗아 짓밟아버렸다. 반항하는 의원들에게는 무차별 폭력을 가했다.

김두한은 이성을 잃은 채 펄펄 날뛰었다. 팔을 걷어붙이고 경찰을 닥치는 대로 잠재워버렸다.

"김두한이를 잡아라!" 사복경찰들을 지휘하던 자가 소리쳤다.

그러나 천하의 김두한이 호락호락 경찰들에게 잡힐 리 만무였다. 비록 40이 넘는 중년이 되었으나 그 패기와 힘은 옛날의 실력 그대로였다. 달려들던 10여 명의 사복경찰들이 줄줄이 뻗어 나가 떨어졌다. 상황이 다급해진 우두머리가 작전을 바꾸어 교란작전을 폈다.

이렇게 양군이 대오를 잃고 우왕자왕하자 김두한은 다시 대오를 정비했다.

"흩어지지 마시오. 행렬을 맞추어 나를 따르시오!"

김두한이 이끄는 행렬은 미 대사관 앞까지 헤쳐나갔다.

찢어진 플래카드, 부서진 피켓이 이들의 처절한 민주주의 수호에 대한 신념을 잘 대변해 주고 있었다.

미 대사관이 있는 반도 호텔 앞, 김두한이 오기를 기다리고 있던 내무부장관 이익흥과 치안국장 김종원이 무술경관과 기마대를 거느리고 행렬을 가로막고 있었다.

백두산 호랑이와의 재대결

김두한은 이익흥과 김종원을 날카롭게 쏘아보았다. 행렬이 잠시 침묵으로 흘렀다.

"악질 같은 녀석!"

김두한은 부두 노동자 사태로 김종원과 맞붙었던 기억을 떠올렸다.

"순순히 행렬을 해산하라!"
한 나라의 의원들이 가두시위를 벌일 만큼 허물어진 이 나라의 민주주의, 거리의 난투극, 가두시위를 저지키 위해 명색이 장관과 치안국장이란 자가 진압대를 지휘하고 나섰으니 그 시대의 현장은 참으로 목불인견이었다.
"김 의원, 좀 더 좋은 자리에서 만나고 싶었는데 참으로 유감입니다."
김종원이 가소롭다는 듯 조소를 띠며 말했다.
"잔소리는 안방에서나 하시고 좀 비켜주시지! 우리의 평화적 시위에 참견 말라 이 말이오!"
김종원이 이익흥 장관에게 귀엣말을 했다.
"저 녀석은 무식하기 그지없는 놈입니다. 본때를 보여줘야 정신을 차릴 놈이죠!"
이익흥이 고개를 끄덕이며 손을 치켜들었다.
"행동 개시하라."
무술경관들이 순식간에 대열을 헤집고 들어와 몽둥이를 휘둘러 댔다.
김종원의 발 밑에는 벌써 김선태 의원이 짓밟혀 있었다.
시민들의 비명이 이곳저곳에서 마구 터져나왔다.
"야, 이 새끼를 지프에 실어!"
이 광경을 목격한 이철승이 번개처럼 달려들어 이익흥을 붙들었다.
"야, 저놈도 지프에 실어!"
워낙 많은 숫자의 경관들이 설쳐 대는 통에 김두한을 더욱 바쁘게 만들었다.
그때 장택상이 놀라 외치는 소리가 들려왔다.
"김 의원!"
김두한이 고개를 돌려보니 무술경관 한 놈이 장택상의 머리를 몽둥이로 후려치려 하는 것이 아닌가. 김두한과는 불과 3미터 거리.
 "이 자식이 감히 누굴……."
 김두한이 공중으로 떴다. 공중을 한 바퀴 돌며 내리찍는 오른발이 경관의 아래턱을 강타했다.
 이 일발공격으로 젊은 무술경관은 그대로 잠들어버렸다.
 "이 민족 반역자들아! 다 덤벼라!"
 뛰고 날뛰던 무술경관들이 움찔움찔 뒤로 물러났다. 이익흥도 흠칫 놀라 행동을 멈추고 김두한을 바라보았다.
 "이봐, 김 의원! 정말 안 되겠구만!"
 유독 김종원만이 김두한을 대적하고 있었다.
 "너 이 새끼 어디에다 겁없이 끼어들어. 건방진 녀석 같으니라고!"
 "너야말로 겁없이 날뛰는 놈이로구나."
 "황천길이 가까우니 못하는 소리가 없군!"
 "오늘이야말로 네 놈의 제삿날인 줄 알아라!"
 김두한의 눈이 실낱처럼 작아졌다. 그 살기가 한낮의 도심을 긴장 속으로 몰아넣었다.
 "허허허, 너무 흥분 말게나. 나와 타협하자구!"
 "타협? 뭘?"
 "시위대를 해산시키게."
 "뭐야, 이 새끼! 시위대라고? 우린 민주주의의 선봉자일 뿐이야. 이 새끼야!"
 김두한이 김종원을 향해 달려가자 무술경관들이 김두한을 가로막았다.
 "이 새끼들아! 민주주의를 짓밟고서도 국민에게 찬탄받는 정치를 할 성싶었더냐? 썩 비켜 서!"
 이렇게 김두한이 김종원과 옥신각신 다투고 있을 때 야당 대원들의 대열은 완전히 무너지고 말았다. 오직 김두한만이 고군분투하고 있을 뿐 대열은 무술경관에 의해 완전히 풍지박산 나버린 것이다.

김종원의 계획은 착착 들어맞고 있었다. 김두한이 없는 시위대는 별볼일 없다는 것을 간파하여 김두한과의 말다툼을 유도해냄으로써 그들의 계획은 성공한 셈이었다.

"자! 이제 떠나자!"

김두한의 욕설에도 아랑곳하지 않고 김종원은 야당 의원 몇 명을 지프차에 실은 채 무술경관의 경호를 받으며 유유히 사라져 버렸다.

김두한은 털썩 주저앉아 소리내어 울부짖었다.

"정의는 반드시 불의를 이겨야 하는데도 불구하고 불의가 득세하여 만세를 부르고 정의는 이렇게 무릎꿇고 눈물을 흘려야 하는 세상, 아! 통분하고 통분할 일이로다!"

연도의 많은 시민들이 눈물을 뿌리며 슬퍼했다.

김두한의 고뇌

이정재가 두 눈에 쌍심지를 켜고 김두한의 꼬투리를 사사건건 캐어내고 있을 때 마침내 사건은 터졌다.

1956년 8월 1일 오후 3시, 이정재가 국회의사당으로 김두한을 찾아와 결투 신청을 했다. 김두한으로서는 일생일대의 모욕이었다.

문제의 발단은 김두한의 이기붕에 대한 맹렬한 공격과 이정재의 이기붕에 대한 맹목적인 충성심이 불씨가 된 것이다. 또한 이정재의 김두한에 대한 의도적인 시기심과 정계에서 펄펄 뛰는 김두한에 대한 라이벌 의식 때문에 이정재의 불만은 고조되었던 것이다.

그 동안 김두한은 야당의 기수로 앞장서서 자유당이 저지르는 정치 행각에 거침없는 격렬한 항의와 투쟁을 벌여왔다. 더구나 이기붕에 대한 김두한의 공격은 보는 사람들도 섬찟할 정도였다.

이기붕, 이승만의 절대적 신임 하에 위세를 떨치는 시대 최고의 권력자가 아닌가. 그러한 이기붕이 일개 야당 의원인 김두한을 맘대로 다스리지 못하는 까닭은 야당이 가장 아끼는 투사인 김두한을 잘못 건드렸다가는 야당이 벌떼처럼 일어날 것이고 자유당 내의 비주류 의원들의 반발도 염려했기 때문이다.

이기붕은 권모술수에 유능한 정치인. 그러니 김두한은 단순하고 막무가내의 정치 이념만 있을 뿐이니 있는 듯 없는 듯 내버려 두자는 것이 이기붕과 그의 측근들의 전략이었다.

그러나 이기붕이 시키는 일이든, 그렇지 않은 일이든 이기붕의 시선을 끌려 하는 이정재가 좋은 기회가 왔다 싶어 벌떡 들고 일어선 것이다. 명색이 이기붕의 주먹참모가 아니던가.

"야, 이 새끼! 심사가 뒤틀려서 어디 보고 있겠나."

이정재의 결심은 굳어졌다.

그는 역시 머리가 비상했다. 그가 그러한 엄청난 결심을 하게 된 복안은 이렇다. '설사 국회에 난입하여 난동을 부린다 해도 튼튼한 이기붕이 나를 감싸줄 것이다. 이 기회에 김두한의 콧대를 완전히 박살내 버리자.'

이정재는 국회에 난입하려는 엄청난 계획을 머리 속에 구상하고 있었다.

"그래, 의사당! 그곳에서 일을 벌리자. 이정재의 힘을 과시하자."

오후 3시경, 김두한은 제3대 민의원 출신인 민관식 의원과 휴게실에서 담소를 나누고 있었다.

김두한의 비서 박영근이 달려와 귀엣말로 이정재가 나타났다는 사실을 알렸다.
"의원님, 이정재가 의원님을 찾습니다."
"정재가?"
"낌새가 심상치 않습니다. 부하들을 줄줄이 거느리고 왔습니다."
김두한이 문을 열자마자 이정재의 고함소리가 의사당을 휘감았다.
"야, 두한아! 너 이 새끼 죽고 싶냐?"
삼삼오오 짝지어 시국을 논의하던 휴게실의 담소장이 갑자기 살벌하게 변해갔다. 이건 또 무슨 불청객이란 말인가.
"네 녀석이 언제부터 그렇게 거들먹거리고 다녔냐? 오늘은 아주 뿌리를 뽑아주고 말 테다!"
이정재는 왕년의 오야붕에게 나오는 대로 욕설을 퍼부었다.
김두한으로서는 미처 생각지도 못한 치욕스런 도전을 받은 꼴이 되었다. 아직 누구한테서도 이런 방자하고 오만한 치욕을 받은 적이 없는 김두한이었다.
김두한의 실눈이 가늘게 떨리고 있었다.
"오늘 단판을 지으려고 왔다. 더이상 네 놈의 방자한 꼴을 못 보겠다 이 말이다."
김두한의 두 주먹이 불끈 쥐어졌다. 더는 못 참겠다는 김두한의 표정이 이정재를 쏘아보았다.
김두한은 아무 말 없이 이정재를 바라보기만 했다.
그는 무엇을 생각하고 있는가.
'이 건방진 녀석을 한 주먹에 잠재워 버릴까? 아니야, 이 주먹은 오직 민주주의를 수호하는 데 쓰기로 하였던 주먹이 아닌가. 이런 치욕을 못 이기고 주먹을 휘두른다면 나는 정치인이기에 앞서 저놈과 뭐가 다를 바 있는가. 참자, 이것이 너와 나를 위하는 길일 테니까.'

김두한은 입술을 앙 다물고 분노를 삭이고 있었다. 그러다가 그가 표정을 바꾸었다.
"허허…… 정재. 왜 그렇게 화가 났는가?"
김두한이 쓸쓸히 웃으면서 내뱉았다.
"능청 떨지 말아라!"
"능청이라니……."
김두한의 표정은 웃고 있었으나 속은 바글바글 끓고 있었다. 금새라도 주먹이 이정재를 강타할 기세였으나 억누르는 표정이 간간이 얼굴에 나타났다.
일찍이 17세의 나이로 주먹세계를 주름잡아 온 김두한, 아직 패배한 적이 없는 김두한이 아니던가. 잇뽕이라는 별명이 잘 말해주듯 한 방이면 천하가 잠들었던 그의 주먹이 울고 있었다.
누구보다도 김두한을 잘 아는 이정재였지만 그는 조금도 기세를 늦추지 않고 김두한의 이러한 약점을 교묘히 이용하고 있었다.
"야, 이 새끼야! 한 판 붙자니까 뭘 망설여!"
그래도 김두한은 꾹꾹 참았다. 이를 악물고 있자니 피가 바싹바싹 말랐다. 하지만 이런 이정재를 상대해서 유리할 것이 없음을 그는 알고 있었다.
"정재, 다음에 만나면 좋겠군."
"이봐! 당신 이기붕 의장한테 너무 무례히 굴지 말라구."
이정재는 맥이 풀려 한결 목소리를 낮추어 타이르듯 말했다.
"잘 생각하게. 무엇이 정의를 위한 길인지를."
김두한은 지금 자신의 행동에 놀라고 있었다. 그 불 같던 성미가 인내하고 있다는 것에 대해.
"그럼, 난 이제 가겠어! 각별히 행동에 조심하라구."
이정재가 부하들을 이끌고 사라졌다.
그때까지도 김두한은 장승처럼 그 자리에 우뚝 서 있었다.
그의 두 주먹이 파도처럼 울렁거리고 있었다.

"김 의원! 잘 참아 주었네. 일국의 민의원이 아닌가? 어찌 시정의 잡배와 싸움질을 할 수 있겠어?"
　어느새 조병옥과 장택상, 곽상훈이 달려와 그의 인내심을 자랑스럽게 달래주고 있었다.
　김두한은 그의 오랜 참모이며 생사고락을 같이 해 온 김영태와 실컷 술을 마셨다. 생전 처음으로 취할 만큼 술을 마셨다. 그리고 그는 쌓인 것을 펑펑 쏟아냈다.
　"영태야! 이 금배지 확 집어뜯어 버릴까? 이 치욕의 망물을!"
　"형님, 그건 치욕이 아니라 형님의 완전한 승리입니다. 어찌 정재 같은 애송이와 주먹놀음을 하겠어요."
　김영태도 김두한을 붙들고 함께 울었다.
　"당장이라도 다시 돌아가고 싶구나. 그 배은망덕한 놈의 최후를 보여주고 싶구나."
　"형님, 벌써 잊으셨는지요. 민주주의를 찾을 때까지 주먹을 버리겠다는 맹세를요."
　"그래, 내가 왜 그걸 잊었겠느냐. 혈서까지 쓴 내가 아니냐! 하지만……."
　"아냐! 하지만 정재의 길이 보여! 그는 이미 인간이 아닌 짐승이야! 의리도 없고 정의도 없어! 그런 주먹이 어찌 세상을 파고 나오겠어? 그 녀석이 아깝다는 생각도 가끔은 들어!"
　역시 김두한다운 말이었다.
　그는 당장이라도 동원할 수 있는 부하가 족히 3,000명은 되었다. 이정재가 이끄는 동대문 주먹부대가 아무리 세력이 강해도 결코 꿀릴 만큼 허약한 부하들이 아니다. 반공의 최전선에서 죽음을 불사한 맹장들이 아닌가.
　금배지를 붙인 김두한이 도전을 받지 않으리라는 약삭빠른 이정재의 계산.

김두한의 이정재에 대한 화살은 민주주의 쟁취의 투쟁으로 꽂혀 가고 있었다.

제 8 장
오오, 창천(蒼天)아 !

김두한의 정치색

　김두한은 무소속으로 민의원이 되어 우여곡절 끝에 자유당에 가입, 다시 탈당하여 무소속으로 다시 조봉암(曺奉岩)이 이끄는 진보당으로, 다시 무소속으로 활동한 그야말로 파란만장한 정치가였다.
　어떤 야당 의원보다도 극렬한 대여투쟁에 앞장섰으나 결코 한 당에 구속되기를 싫어했던 그의 정치행각은 세인들로부터 의문을 자아내기에 충분했다.
　그야말로 독불장군 김두한이었다.
　그러한 이유로 김두한은 알쏭달쏭한 정치인, 정치색이 불분명한 정치인으로 세인들의 입에 오르내렸다.
　김두한의 정치신념은 과연 무엇인가. 민주당 조병옥의 말을 자신의 정치철학으로 여기면서도 민주당 의원이기를 거부하고 무소속으로 남아 독불장군처럼 자신의 정치행각을 불태워 온 김두한.
　"여러분! 이 김두한이 여러분을 만나러 왔소이다!"
　이렇게 시작되는 그의 청중과의 만남은 자유당에 대한 신랄한 비판과 욕설, 그리고 민주주의의 수호로 끝을 낸다.
 이러한 김두한의 연설을 들으려고 지원 연설장에는 청중들이 인산인해를 이루었다.
 1956년 8월 13일, 서울시 의원 선거 때의 일이다.
 어떤 심산인지 김두한이 무소속 의원들만 골라 지원 연설을 해댔다. 여기서도 그는 극렬한 어투로 자유당 정권을 몰아붙였다. 자연 자유당이 김두한을 미워할 수밖에 없었다.
 "여러분! 이 김두한이 여러분을 만나러 왔소이다. 이 무식한 김두한이가 의원이 된 것은 오로지 민주주의를 수호하기 위해서입니다. 집권당인 자유당이 겉으로는 자유를 내세우면서 실상은 국민을 기만하기를 밥먹듯이 하는데 이런 개자식들은 당장 없어져야 합니다. 그럼에도 불구하고 아직도 버젓이 버티고 있는 것은 그들이 말로만 지껄여대는 민주, 민주에 국민들이 속고 있기 때문입니다. 말로만 민주 민주 해서 지금까지 이루어 온 것이 뭡니까? 폭련난무, 사회혼란, 가난, 이것이 그들이 이루어 놓은 금자탑이라 이겁니다. 참으로 한심하기 그지없습니다.
 그들의 엄청난 힘에 대항할 방법은 오직 하나뿐입니다.
 그것이 무엇이냐! 바로 무소속 의원들이 많이 당선돼야만 합니다. 야당도 집권당도 아닌 국민의 중간적 입장에 서서 옳고 그른 것을 주장해야 된다 이겁니다."
 심지어 그는 국회 본회의 때에도 강력한 발언과 욕설을 퍼부어대어 자유당 의원들로부터의 미움을 독차지했다. 하지만 그까짓 미움에 가슴조일 김두한이 아니었다. 오히려 능청을 떨기 일쑤이며 반발이 뜨거워지면 회유하는 기질 또한 프로급이었다.
 "본 의원이 너무 흥분한 나머지 욕설을 하게 되어 죄송하게 생각합니다. 하지만 국민을 위한, 국가대계를 위한 정치를 하라는 국민의 소리라 생각하시고 나의 발언에 박수를 보내주라 이겁니다."

그의 능청에 자유당 의원들은 혀를 내둘렀다.
그렇다고 무조건적으로 자유당에 대항하지만은 않았다.
옳고 그름을 판단하여 마음이 결정되면 강력하게 밀어 붙이는 스타일.
자유당이 좋은 일을 하면 찬사와 박수를 아끼지 않았던 김두한이다.
1954년 12월 16일, 이승만의 담화는 극한 분쟁을 야기시켰다.
대처승은 승복을 벗고 비구승들이 사찰을 지키라는 담화내용이었다.
비구승과 대처승 간의 싸움은 피비린내가 났다. 결국 법정투쟁까지 불사하는 비극이 연출되고 만 것이다. 야당 의원들이 이승만의 종교탄압을 힐난하며 나섰다. 그러나 유독 김두한만이 사태의 내용을 엄밀히 비교 분석하여 비구승 쪽에 동조하고 나선 것이다.
그 당시 불교계는 일제가 뿌리고 간 대처승이 발을 붙여 불교의 금기로 되어 있는 결혼은 물론 음주, 육식 등 가리지 않고 심지어 기생들과 어울려 많은 불교 신자로부터 지탄을 받고 있었다.
그래서 김두한은 불교 본래의 정신을 되살리는 길은 비구승들이 사찰을 지켜야 한다고 주장하였다. 이것은 그의 정치관을 잘 대변해 주는 것이었다. 무조건 이승만의 불교탄압에 동조하는 것이 아니라 그것이 옳다고 믿는 대로 행하는 것이 그의 정치적 신념이었다.
"나 김두한이 한말씀 하려 합니다. 나는 불교신자는 아니나 이렇듯 사태가 심각하여 법정투쟁으로까지 번졌으니 이 김두한이 가만 있을 수 없습니다. 기독교에는 목사, 가톨릭에는 신부가 있듯이 불교계의 스님은 오직 하나라 이겁니다. 불교계에 대처승이 들어와서 하는 일이 뭡니까? 하라는 수도는 안 하고 술 마시고 기생들과 뚱땅거리고 있으니. 고기 먹고 술 마시고 싶으면 사찰을 떠나라 이겁니다. 정부도 마찬가집니다. 비구승과 대처승 간에 싸움을 붙여놨으면 결말을 내야지 나 몰라라 수수방관하는 저의는 무엇입니까? 참으로 한심합니다."

청산유수처럼 쏟아져 나오는 그의 달변, 욕설이 난무하는 그의 연설이었지만 어느 것 하나 틀린 얘기가 없었으므로 사람들은 혀를 내둘렀다.

"김두한 의원이 무식하다는 말은 이제 거짓이 되어버렸군."

"유능한 비서라도 채용하고 있나보지."

김두한의 연설 능력은 어디서 나오는 것일까?

김두한을 가리켜 그의 정치적 사부인 소병옥은 '되로 배워 말로 써 먹는 사람'이라고 치켜세운다.

재무장관이나 경제부처의 장관들이 본회의에서 질의를 하면 김두한은 도통 무슨 뜻인지를 알지 못했다. 특히 예산안 심의나 추가경정 예산안이 본회의에 상정되면 김두한은 꿀먹은 벙어리처럼 입도 뻥긋 못했다.

"이와 같은 문제는 국회 내의 전문가들이 하면 될 것이고 나는 나의 길이 있지."

김두한의 생각은 바로 정치, 내무 등 '민주정치' 문제가 그의 전문 분야라고 생각했다. 그렇다면 주먹으로만 반생을 살아온 그에게 민주이념의 지식은 어디서 나왔는가.

김두한은 여러 의원들이 담소하는 얘기, 그것들 중에서도 정치 이론에 대한 지식을 신중히 들었다. 특히 야당 진영의 이론가인 정일형, 유옥우, 김선태 등의 원로 의원들과 민관식, 조재천, 조영규, 정성태 등 젊은 의원들의 패기에 찬 대화들을 귀담아 들었다. 또는 정치 전문가, 대학 교수, 심지어는 학생, 서민들이 하는 말 하나하나를 나름대로 재정립하여 단상에 오르면 그야말로 박력있는 청산유수로 연설을 해댔다.

참으로 그는 초능력의 기억력을 지닌 사람이었다.

불교분쟁이 일어났을 때도 가장 많은 상식과 언변으로 여야 국회의원들을 침묵시켰던 것은 바로 그의 기억력에 의한 연설을 할 수 있었기 때문이다.
　불교분쟁이 법적으로 비화되자 비구승 몇 명이 어느 날 김두한을 찾아왔다. 이 비구승 중에는 당시 불교 최고의 지도자인 효봉 스님도 끼어 있었다.
　"아니, 스님들이 웬일로 저의 집을 다 방문하셨는지요?"
　김두한이 잠옷 차림으로 비구승들을 맞이했다.
　"불교분쟁은 참으로 비극적인 일입니다. 김 의원께 해결을 논의하러 왔지요."
　효봉 스님이 점잖게 서두를 꺼냈다.
　"들어서 알고는 있지만 내 원래 무식하여 식견이 있어야지요."
　이때까지도 김두한은 불교분쟁에 그다지 많은 관심이 없었다. 근거가 있어야 나서지 무작정 투쟁만 좋아하는 김두한은 아니었다.
　그런데 효봉 스님이 진지하게 불교의 취지와 역사, 그리고 현실을 설명하자 김두한의 관심이 쏠렸다.
　효봉은 불교계 최대의 지도자.
　일제시대에 판사로 있으면서 사형선고를 내리고 죄책감에 사로잡혀 엿장사를 시작했다가 불교계에 뛰어든 인물이다.
　이러한 효봉을 김두한이 알 리 없었다. 다만 승복을 걸치고 있으니 스님인가보다 생각할 정도였다.
　그러나 김두한은 효봉의 얼굴에서 발산되는 알 수 없는 빛으로 감전된 듯한 기분을 느끼고 있었다.
　"스님, 좋습니다. 제가 나서죠!"
　이렇게 하여 김두한은 효봉 스님으로부터 불교계 제반 문제와 앞으로의 향방에 대해 듣고 느낀 것을 인용, 발췌하여 불교계의 문제점을 예리하게 꿰뚫어 불교분쟁의 해결에 나섰던 것이다.

그의 주위엔 언제나 그의 정의감과 용기를 추종하는 인재들이 구름처럼 몰려들었다. 지식인을 비롯 노동자, 농민, 학생들의 조언을 하나도 빠트리지 않고 기억해 두었다. 연설장이나 국회 본회의에서 어김없이 써먹는 그의 재질에는 귀신도 놀라고 말 것이다.

독립유공자 생활대책 보장하라

김두한은 언제나 약자의 편에 서서 그들의 권익과 보호를 위해 뛰는 정치인이었다.
그래서 그는 노동자, 농민을 위한 '근로농민당'이라는 정치단체를 창당하려고 동분서주했다.
6·25 사변이 한창일 때 그는 대한노총에 관계하며 이 나라의 노동자, 농민이 얼마나 소외당하고 있는가를 직접 목격해 왔다. 하지만 지금까지도 그들의 가난과 고통이 해결되지 않았음에 그의 의협심은 그칠 줄을 몰랐다.
비록 이론과 이념이 정치적으로 완벽히 정립되지 않아 욕설이 난무하기는 하지만 그의 노동자, 농민에 대한 애정은 어느 누구보다도 깊고 넓었다.
집권당과 야당의 정권 야욕에 그는 신물이 났다.
"나는 나의 정치생명이 끝나는 날까지 노동자, 농민, 그리고 저소득층과 불우하게 살아가는 이들을 위해 끝까지 투쟁하겠다. 이것은 곧 애국의 길이며 민주주의를 수호하는 길이라고 나는 확신한다. 이 시대의 청년들은 깨어나라. 그리고 투쟁하라."
하지만 김두한이 내뱉는 정의는 공염불일 뿐이었다.
정치는 왕성했으나 근본적인 기반이 갖춰지지 않았던 제1공화국의 정치무대.
이 현실의 벽이 김두한을 외롭게 만들었던 것이다.

6·25 사변 이후의 경제 복구는 노동자, 농민을 뒤돌아 볼 여유조차 없었다. 시시각각으로 확산되는 투쟁으로 사회는 혼란했고 자유당은 자유당대로 권력의 유지에만 신경을 곤두세우고 있었으니 참으로 통탄할 일이었다.

"민주주의! 민주주의!"

김두한의 투쟁은 눈물겹도록 격렬하였다. 그때까지만 해도 민주주의 근본 개념조차 국민들은 알지 못했다. 민주주의가 도입된 지 겨우 10여 년에 불과한 제1공화국 시대에 완숙된 서구적인 민주주의가 어찌 배어 있었겠는가.

이러한 그 당시의 상황을 자유당은 교묘히 이용했다. 민주주의 겉테두리만 알 뿐 근본적인 이념을 알지 못하는 국민들에게는 자유당의 근본 취지를 뒤집기보다도 쉬운 일이었다.

그래서 김두한은 근로농민당 창설을 위해 고군분투하고 있는 것이었다.

그렇다고 지금까지의 자유당에 대한 투쟁이 식어드는 것은 아니었다.

그는 근로농민당을 창설하기에도 분주하였으나 그때에 열린 국회 본회의에서 국민복지를 위한 자유당의 무능을 비판하고 나섰다.

1957년 4월 한복 차림의 김두한이 단상에 올랐다.

"존경하는 의원 여러분! 내가 오늘 민족의 혼과 기백이 살아있는 한복을 입게 된 동기는 여러분의 애국정신을 호소하기 위함입니다!"

김두한이 애국정신 운운하자 자유당 의원들이 술렁거렸다.

"흥, 그놈의 애국! 애국! 제놈만 애국자인 모양이지!"

장내가 술렁이자 김두한이 단상을 탁 내리쳤다.

"거 좀 조용히들 하시오. 명색이 의원이란 사람들이 그다지도 예의가 없단 말이오!"

김두한의 예의를 지키라는 말에 의원석에서 폭소가 터져나왔다. 언제고 먼저 투쟁의 선봉이 되다시피한 그가 점잖을 떨자 폭소가 터져나올 수밖에.
　"나는 항일투사 김좌진 장군의 피를 물려받은 것을 언제나 자랑으로 여깁니다. 그러나 그것 때문에 받은 고초는 이루 표현할 수 없을 정도로 많습니다. 그렇지만 먹고 사는 것만큼은 부족한 줄 모르고 살았습니다. 왜냐하면 주먹이라도 있었기 때문입니다. 하지만 독립운동했던 부모를 둔 덕분으로 배를 굶주리는 독립유공자들의 후예들이 얼마나 많습니까? 일제의 앞잡이, 매국노들이 가난한 것을 보았습니까? 이것이 틀려먹었다 이말입니다!"
　독립유공자.
　김두한은 지금 그들의 생활대책에 대해 걱정하고 있는 것이다. 해방된 조국의 하늘 아래서 그 누구도 감히 말할 수 없었던, 감히 내색조차 할 수 없었던 이야기를 다부지게 들고 나선 것이다.
　"지금 우리가 국회의사당에 있는 것이 누구의 덕분입니까? 미국놈 덕분입니까? 친일파 앞잡이 놈들 덕분입니까? 분명히 짚고 넘어갑시다. 지금 자유당의 내노라 하는 인물들이나 돈 많은 재벌들, 장교들, 이들이 누굽니까? 친일파 아닙니까? 나라 팔아먹을 때는 언제고 이제 똑똑한 척 나서는 그놈들의 심보는 철판이라도 덮었습니까? 날벼락을 맞아도 시원찮을 놈들이 어찌 머리통 치켜들고 하늘을 쳐다보며 삽니까? 아예 시계바늘을 거꾸로 돌리는 편이 낫겠소!"
　김두한이 누에고치가 실을 뽑듯 줄줄 말을 쏟아냈다. 의사당 안은 침묵으로 뒤덮였다.
　"우리 생각 좀 나눠 봅시다. 민주주의! 민주주의! 떠들어 대는 말 잘하는 의원님들! 정의! 정의! 말로만 떠들어 대는 의원님들! 지금 전국에서 쌀 한 톨 구경 못하는 사람이 얼마인지 아시오? 집이 없어 야숙하는 사람이 얼마인지 아시오? 또 그들이 어떤 사람들인지 호구조사 한 번 해보시오! 죄다 독립유공자 후손이요, 나라 지키려다 되려 버림받은 억울한 사람들이오. 그들을 돌보기는커녕 오히려 민주주의란 미명으로 그들을 억압하고 그들의 생활을 박살낸 자들이 바로 당신들! 바로 당신들이란 사실을 깊이 명심하시오!"

그렇다. 정부수립이 어디 가만히 앉아서 이루어졌는가! 왜놈이 시켜줬던가? 모두가 국민들의 피와 땀이 이루어 놓은 정부가 아니던가! 그런데도 자유당은 그들의 애국 충정은 강 건너 불구경이요, 오로지 이승만이 없었다면 정부가 수립되지도 않았을 거라는 터무니없는 망발을 서슴지 않으며 그것도 모자라 이승만이 없으면 이 나라의 민주주의는 유지될 수 없다고 하니 김두한이 눈감고 가만 있을 리 없었다.

따지고 보면 해방 이후, 하지 중장이 이끄는 미 군정은 과거 친일파의 세력을 이용하여 치안을 유지하고 미 군정의 안정을 유지하지 않았던가. 반면 이승만은 자신의 세력을 키우고 기반을 튼튼히 구축하기 위해 친일파의 득세를, 미 군정의 정책을 눈감아 주고 있었던 것이다.

김두한이 꼬집어 들추어내는 것이 바로 이것이었다.

"조국의 해방을 위하여 목숨을 초개와 같이 버린 독립유공자, 그리고 그의 후손들이 해방된 조국의 하늘 아래서 깡통을 차고 있으니 이런 원통하고 분통할 일이 또 어디 있겠습니까! 그러므로 본 의원은 제의합니다."

김두한의 연설을 듣던 기자들이 메모를 위해 잔뜩 긴장하고 있었다.

"역시 김두한은 대단한 인물이야!"

"김두한이 없다면 신문지가 텅텅 비겠어!"

김두한이 손으로 이마의 땀을 쓱 쓸어냈다.

"이유를 막론하고 독립유공자에 대한 생활대책을 보장하라!

그러한 일환으로 그들에게 매월 연금을 지급하라!"
"그 액수는 얼마를 얘기하는 것이오?"
기자가 열심히 메모를 하다 물었다.
"이것 보쇼, 기자 양반! 전번 자유당이 사사오입 개헌안을 통과시킬 때 의원들에게 뿌린 돈이 얼마인지 아십니까? 1인당 50만 환이었다 이말이오. 그런 돈 있으면 독립유공자들 생활대책에 보태자 이말입니다. 사람이 사람의 탈을 쓰고 조상을 업신여기는 것은 짐승만도 못 하지요. 더구나 여기 계신 분들은 국민을 등에 업고 나온 10만 선량이 아닌지요. 적어도 우리 3대 의원만큼은 독립유공자에게 눈을 돌려 역사적인 결단을 내리자 이말입니다. 본 의원의 말이 꼭 통과되기를 정부와 여당에 강력히 호소하는 바입니다."
김두한의 발언이 끝날 때까지 어느 누구도 문제의 부당성을 제시하고 나서지 못했다. 모두가 옳은 얘기요, 꼬투리가 없는 말이었기 때문이다. 하지만 어느 누구도 김두한의 말에 동조하지도 않았다.
나라의 형편도 형편이거니와 자유당의 정권을 유지시키기 위한 이승만의 계획에 반역되기 때문이기도 했다.
"누가 몰라서 안 하나……."
모두가 시큰둥해졌다.
김두한이 분노한 것은 자신이 독립유공자의 후손이기 때문만은 아니었다. 어떻게 조국이 독립되었으며 누구 때문에 이 나라가 오늘에까지 존재하고 있는가. 만주벌판에서 일본군과 싸워 쟁취한 해방을 자유당은 왜 외면하는가. 아무리 국가 경제가 어렵다 해도 독립유공자만은 생활대책을 마련해야 하지 않는가.
김두한의 이와 같은 호소가 점점 빈번해지자 몇몇 의원들이 뜻을 같이 하고 나섰다. 그러나 그것도 잠깐, 정권연장에만 눈이 어두웠던 자유당 정부는 일언반구도 없이 김두한의 제안을 내팽개쳐

버렸다.

장충단의 폭력행위

 뒤뚱거리는 이 나라의 현실을 바로 잡기 위한 김두한의 신념은 언제나 투쟁, 그것뿐이었다.
 주먹을 떠나 정치를 택한 김두한은 민주주의를 사수키 위한 필사의 투쟁을 경주해 왔으나 자유당의 높은 장막은 언제나 그를 실의로 몰아넣었다.
 지식적 투쟁이 아닌 신념의 투쟁, 그 의기만은 실로 타의 추종을 불허하였다. 권모술수를 모르는 정치인. 서민의 편에 선 대중의 정치인.
 그는 자유당 치하에서의 민주주의의 시련을 통감하면서도 한시도 뜻을 굽힐 줄 몰랐다.
 혼란과 혼미한 정국, 이것이 제 1 공화국의 정치무대였다.
 나라의 장래를 걱정하는 야당 의원들이 '국민주권 투쟁위원회'를 발족, 1957년 5월 25일, 장충단 공원에서 자유당의 만행과 정치부패, 부정을 온 국민에게 폭로하는 시국강연회를 개최하였다.
 그러나 집권당인 자유당의 사주를 받은 폭력단에 의해 무산됨으로써 이 나라의 민주 발전사에 또 하나의 오점을 남기고 말았다.
 야당이 목소리를 듣고 싶어했던 30만이 넘는 인파가 장충단 공원을 입추의 여지없이 꽉 메꾸었다. 장충단을 통하는 골목마다 인산인해를 이루어 그야말로 시국강연은 온 국민의 성원을 받는 대회가 되는 듯했다.
 야당 의원들이 정부와 자유당의 정치적 만행을 강력히 규탄하고 나섰다.
 열기가 고조되자 민주당 최고위원인 조병옥이 초만원을 이뤄준

데 대한 감사의 인사를 올린 뒤 연설을 시작하려 했다.
"친애하는 국민 여러분! 오늘 이 자리는……."
조병옥의 연설이 시작되자마자 돌과 각목들이 연단으로 던져졌다.
"야, 조용히 하지 못해?"
"죽기 전에 집어치워!"
연단 앞에 모여 있던 50여 명의 괴청년들이 소란을 피워댔다.
조병옥이 노한 어투로 괴청년들을 나무랐으나 잠잠해질 기세는 이미 아니었다. 급기야 연단으로 뛰어올라가 기물을 파괴하고 방화를 했다. 그야말로 순식간에 아수라장이 되고 만 것이다.
조병옥을 비롯한 야당의 중진급 인사들은 분노로 부들부들 떨었다. 광란적인 그들의 횡포는 무서우리만치 난폭하였다.
이때 일부 군중들이 술렁이기 시작했다. 사태를 직감한 조병옥이 분노를 삭이며 소리쳤다.
"여러분! 이 자리는 민주주의를 신봉하고 이 나라를 민주주의로 구해보려고 모인 우국충정의 자리입니다. 모두가 참고 또 참아 성스러운 이 자리가 욕됨이 없기를 바랄 뿐입니다."
폭력으로 억눌린 야당의 집회장에 경찰은 늦게서야 출동하여 이영수(李永守)라는 대학생을 사건 주모자로 체포하였다.
국민주권 투쟁위원회는 이 사건과 관련하여 성명서를 공식 발표하였다.
"돌과 각목으로 민주주의를 무너뜨리려 했던 이 폭력사건의 주모자인 보수파 대학생 이영수를 비롯한 자유당의 횡포에 우리 야당은 국민과 더불어 개탄하는 바이다."
야당의 성명서처럼 5·25 장충단 사건은 30여 만 군중이 지켜보는 앞에서 자유당의 횡포를 드러내고 말았다.
야당으로서는 자유당에 대한 정당한 투쟁의 꼬투리를 완벽하게 거머쥐게 된 것이다.

그럼에도 불구하고 자유당은 민주주의를 앞세운 야당 진영을 낱낱이 비판하는 성명서를 발표하기에 이른다.
"이번 사건은 야당의 맹목적인 민주주의 운운에 분노한 시민들이 저지른 우국충정의 표본이었다."
이러한 시절이 바로 제1공화국이었다.
이날 시국강연회의 경비를 맡았던 김두한은 연단과는 너무 멀리 떨어져 장내 정리를 하고 있었기에 괴청년들의 난동을 막을 수 없었다.
"이런 약삭빠른 녀석들!"
김두한이 분통을 터뜨렸으나 괴청년들은 이미 일을 끝낸 뒤 모습을 감춘 뒤였다.
"참으로 무지막지한 놈들이로구나!"
김두한은 한숨을 내쉬었다. 자신의 희망이 얼마나 현실과 멀리 떨어져 있는가를 절실히 느끼고 있었다.
그러면 1957년 5월 27일자 조선일보의 사설을 통해 그 당시의 정치상황을 유추해 보기로 하자.

장충단 강연식장에서 생긴 폭력행위가 보여준 것

25일 하오, 장충단 공원에서 합법적 절차를 밟아서 야당 국회의원들이 국민주권 옹호투쟁의 이름으로 개최하였던 시국강연회가 예상한 대로 정체불명의 폭한들의 만행으로 인하여 중도에서 해산하고 말았다는 소식을 들었을 때 국민의 한 사람으로서 누구나 슬픈 마음을 금할 수 없었을 것이며 또 국가장래를 위하여 불안감을 억제할 수 없었을 것이다.
우리는 여야간의 정쟁은 어디까지나 국회의사당 내에서 헌법과 국회법이 규정하는 방식에 따라서 행하여질 것을 주장하여 왔지만 다수당의 불필요한 불참 유회전술로 인해 모든 방안을 잃은 야당 국회의원들이 부득이 의사당 밖에서 자기들의 의견을 피력하여 여론의 지지를 얻고 그 여론의 힘으로써 정국의 수습을 도모하려는 데까지 이른 것을 듣고 국가전도에 대한 적지 않은 불안감을 갖게 되었던 것이다.

또한 그 강연회가 과연 평온하게 끝날까 하는 데 일말의 의구심을 품었던 것도 사실이다.

왜냐하면 작년 정부통령 선거전 당시부터 지방선거전을 통하여 그 후 야당들의 지방당부 결성식, 야당 측 주최의 강연회 등등 일련의 정치적 회합에는 반드시 정체불명의 폭력배들의 행패가 발생하여 그 행사를 방해하였고 치안 당국자들도 단속의 효과를 거두지 못하였던 까닭이다.

이러한 불상사가 발생할 때마다 그것은 국회에서 논의의 대상이 되었지만, 항시 여당 측의 적극적인 협력을 얻지 못하여 그 정치적 수습도 유야무야로 되고 말았다.

그러는 동안에 국민들의 마음 속에는 정체불명의 폭한의 정체에 관하여 각자의 해석이 생기게 되었고 야당의 행사에는 으레 그런 불상사가 발생하리라고 예측하는 것이 상식처럼 되어 버렸다. 이 어찌 슬프다 하지 않겠는가. 생명, 재산의 안전과 정치활동의 자유를 보장한 헌법 조문이 완전히 공문화할 우려도 없지 않다.

헌법규정과 정치적 실태와의 거리가 멀어지는 것은 어느 모로 보나 환영할 수 없는 악현상이라고 아니할 수 없다. 원래 정치적 폭행이나 테러라는 것은 집권자에 대하여 피치자의 집단이 소기의 정치적 목적을 달성하기 위하여 행하는 것이 통례로 되어 있는 것이다.

반대로 집권자들이 반대세력의 대두확장이 두려워서 폭력을 행사하는 것은 극히 예외적인 일이다. 왜냐하면 그들은 그러한 폭력행위를 입법의 과정을 통하여 탄압을 합법화할 수 있기 때문이며 미처 그럴 시간적 여유가 없을 때에도 비상사태의 선포 등으로 폭력행위를 정당화할 수 있기 때문이다.

우리는 우리가 작금 양년을 두고 경험하고 있는 폭력행위자들의 정체가 밝혀지지 않고 있는 이상, 구태여 그것을 억측 단정하려 하지 않지만 그것이 계속되고 있다는 점에서 그것을 단순한 비상 계획적이며 일시적인 소동으로 간주할 수 없다는 것을 지적하여 치안당국자는 그 정체를 밝힐 책임을 져야 할 성질의 폭력행위라고 규정하지 않을 수 없다.

더욱이 국민의 마음 속에 자의적인 그 '정체'의 개념이 뿌리를 박기 시작하였으니 그 정체 규명의 필요는 더욱 간절한 것이다. 우리는 또한 이 복면의 괴한들에 대하여 한 마디 덧붙이고자 한다.

폭력행위는 아무리 그것이 숭고한 목적을 위하여 자행되는 경우라도 최후적으로만 행사할 수 있는 수단이라는 것은 누구나 다 알고 있는 것이다.

그것은 정치적 문제를 극화하여 대중의 이해와 협력을 촉구하기가 쉽고 또 정치적 권력을 장악하는 데는 결국은 인물과 재물에 손을 대게 되는 것이며 무저항주의만으로는 효과를 거둘 수 없고 폭력행위의 위협이나 배경이 있으면, 정치문제의 평화적 해결에 도움이 되는 효과를 나타낼 수 있는 까닭이다.

그러나 동시에 폭력행위는 상대방의 보다 큰 폭력행위를 유발할 가능성이 있을 뿐 아니라, 자기 자신들의 잔인화와 무감각을 초래하여 일체의 문화적, 과학적, 철학적 문제까지도 폭력으로 해결하려는 경향을 갖게 되고, 무제한적 폭력행위는 결국 폭한들을 폭군으로 만들 위험성이 있는 것이라고 경고하고, 따라서 폭력을 숭고한 목적을 위하여 행사할 때도 그 목적 범위 내에 자제할 것을 역설하고 있는 것이다. 묻노니, 그대들의 이 폭력행위로 달성하려는 숭고한 목적은 무엇인가?

그것이 야당의 말살이라면 이 목적은 숭고하다 할 수 없다. 근래 외지 뉴스위크는 미국 병사들의 대 한국 인식의 일단을 소개하며 '한국의 민주주의는 환상이고 한국민들은 민주주의를 가지고 있지 않으며, 민주주의가 무엇인지 모르며, 설혹 민주주의를 안다 하더라도 민주주의를 원치 않을 것이다'라고까지 극언하고 있다. 그대들의 언동이 이런 그릇된 한국의 인상을 우방 병사들에게 주고 있는 것이다.

 그대들도 야당 존재 이유와 필요를 모르지 않을진대 그 동기는 무엇인가? 일시적인 영웅심이나 금전에 팔린 소행으로밖에 볼 수 없다. 재언하노니, 폭력행위의 실효는 대중의 공명을 얻는 데 있는 것이고, 불연이면 실패에 돌아가는 것이다.

 이들을 조롱하는 자들도 자성하라. 그들은 장충단 수만 청중의 성난 눈초리를 보았을 것이다. 그대들의 소행은 야당의 웅변보다 수백 배의 효과를 야당에 주었고, 여당에게 본의 아니게 손실을 주었다.

 그리고 보다 큰 손실을 국가 장래에 끼치고 있는 것이다. 우리는 국민과 더불어 치안 당국의 책임 있는 조처와 폭한들의 자성을 촉구하는 바이다.

김두한의 정(情)

 민주주의 투쟁의 선봉장 김두한은 생활이 검소하기로도 유명하다. 검은 양복 한 벌의 단벌신사였다.
 "김군, 이것 갖다 입게!"
 길을 가다가도 옛 부하들의 남루한 모습을 보면 집으로 데려와 옷가지며 쌀이며 돈이며 모조리 털어주곤 했다.
 자연히 가정생활은 말이 아니었다. 한 번은 김두한에게 붙들려온 부하가 민망스런 표정으로 묻는다.
 "형님의 생활도 말씀이 아닌데 그만 두십시오. 저희야 어떻게 되든 형님이라도······."
 "이보게, 나야말로 아무려면 어떤가. 자네들 보기가 민망스럽

네."

 정부에서 배당된 지프차도 모두 옛 부하들을 돕는 데 써버리고는 그는 걸어다녔다. 이런 모습을 본 정부 고관이 새 지프차를 주었으나 이 차마저도 일 주일이 못 돼 처분하고 말았다.

 그는 언제나 가난했다. 주머니는 언제나 찬바람이 씽씽 불었다. 그는 보수주의 투쟁을 하면서도 옛 부하들을 잘 돌보지 못하는 심적인 괴로움에 늘 시달렸다.

 일국의 민의원이 주먹을 휘둘러 돈을 강취할 수도 없었다. 그들에게 언젠가 잘 살 날이 올 것이라며 입버릇처럼 되뇌였던 자신의 정치적 한계성이 안타까웠다.

 부하들의 모습은 언제나 남루한 옷가지에 빛 잃은 얼굴이었다. 그들이 누구던가? 모두 반공의 현장에서 목숨을 걸고 싸웠던 역전의 맹장이 아니던가?

 김두한의 경제적 도움은 사실 실낱같이 미미할 수밖에 없었다. 워낙에 없었던 살림에다 정의에 강직한 성격 탓에 뒷돈도 있을 리 만무였다. 김두한의 기대에 눈치를 살피던 옛 부하들이 차츰 그의 곁을 떠나 다른 주먹부대로 흡수되었고, 아예 생활 현장으로 나서는 사람도 있었다. 개중에는 신세를 한탄하는 낙오자로 전락된 부하들을 볼 때마다 김두한의 마음은 찢어질 듯이 아팠다.

 김두한이 약속했던 자활개척단.

 전쟁고아, 부랑아, 건달들에게 자활의 의지를 심어주고 생활의 터전을 위한 기술을 습득시키겠다던 김두한의 꿈은 지금까지도 유야무야 되고 있는 처지였다. 아무것도 가진 것도 없는 김두한이 그 엄청난 일을 하기란 실로 연목구어나 마찬가지였다.

"제기랄, 야당은 뭐고 여당은 또 뭔가. 다 같은 동족끼리 여·야만 따지고 앉아 국민을 위하는 길은 나 몰라라 하고 있으니······."

 김두한이 자유당의 간부나 정부 고관들을 백방으로 쫓아다니며 자활개척단의 설립을 주장하였으나 그들은 하나같이 고개를 설레설레 저었다.
"잘 되면 김두한의 공로요, 못 되면 자유당 탓이 아니겠소! 그들이 뭉쳐 어떤 행동을 할지도 모르는 일 아니오."
참으로 어처구니없는 일이었다. 김두한은 자활개척단의 설립이 얼마나 현실과 동떨어져 있는가를 느끼며 입술을 깨물었다.
정치의 벽.
권모술수가 난무하는 정치의 벽.
한낱 티끌에 불과한 김두한은 높디높은 정치의 벽을 슬퍼하고 있있다.
"이렇게 나의 계획이 수포로 돌아가고 마는구나. 4년의 세월이 안타깝도다. 아픔과 좌절, 이것이 나의 정치적 인생이란 말인가?"
그는 울부짖었다.

김두한의 낙선

김두한은 국회의원 선거에 6번 출마하여 2번 당선되고 4번을 떨어지는 수모를 당했다. 4년간의 3대 민의원 시절과 6대 보궐선거에서 활동한 10개월뿐이었다.
하지만 아직도 우리의 뇌리에 주먹황제로서의 김두한과 정치가 김두한이 남아 있게 된 것은 그만큼 그의 정치적 투쟁이 화려했고 그가 왕성한 정치활동을 해왔기 때문이다.
김두한의 첫 낙선은 4대 민의원 선거에서였다. 1958년 5월 20일, 종로 을구에 노동당의 공천을 받아 출마했으나 한근조 후보에게 패하고 만다.
김두한의 패배는 미처 예상치 못한 결과였다. 야당의 최선봉의 민주주의 투사 김두한의 패배는 그를 아는 모든 사람들을 충격으로 몰아넣었다.

그의 낙선 이유는 이러했다.

자유당에 대한 실망을 느낀 국민들이 자유당에 대항하기 위한 야당의 세력을 키우기 위해 제1야당인 민주당 후보들에게 표를 몰아 주었기 때문이다.

"자유당의 독재 정치를 저지하기 위해서는 민주당 의원들을 많이 당선시켜야 한다."

이와 같은 국민의 염원은 특히 서울에서 더욱 심해 서울 시내 16개 선거구 중 14개구를 민주당이 휩쓴 것만 보아도 잘 알 수 있다 하겠다.

그의 두 번째 낙선은 자유당의 침몰로 민주당 정권이 들어서면서 실시한 제5대 민의원 선거에서였다.

1960년 7월 29일, 그는 충남 홍성(洪城) 지구에 출마하여 또다시 낙선하고 만다.

홍성은 그의 아버지 김좌진의 고향이었다. 이때도 그는 민주당에 가입치 않고 무소속으로 나섰다. 아무리 민주당이 집권당이라고는 하나 여당은 생리적으로 그에게 맞지 않았다.

멀고 먼 정치무대로의 야망. 두 번의 낙선은 그에게 크나큰 쓰라림을 안겨다 주었다.

김영환 10,370표, 김두한 9,593표.

그로부터 석 달 후, 또다시 전진한에게 패하고 마니 김두한의 정치적 운명은 끝장인가?

종로 갑구의 윤보선 의원이 대통령이 됨에 따라 치러진 보궐선거에서 또다시 차점으로 낙선한 것이다.

연속적인 실패에서 비롯된 충격은 컸다.

일찍이 우미관 뒷골목에서부터 패배를 몰랐던 김두한, 자유당의 독재정권에 알몸으로 부딪친 그의 기개와 배짱도 이제 막을 내리려는 것일까?

제 9 장
자유당 무너지다

하늘이여 땅이여!

 1958년 5월, 김두한이 노동당으로 출마한 제4대 민의원 선거에서 낙선하고 1960년의 새해는 밝아왔다. 2년 여의 정치공백 기간 중에 그는 정치에로의 터전을 닦으며 청년운동을 하고 있었다.
 60년 1월 초하룻날을 맞이하는 이승만과 이기붕의 각오는 정말 필사즉생의 심기였다. 이 해에는 제4대 정부통령 선거가 실시되는 해였다. 이승만으로서는 4선이요, 이기붕으로서는 3대 때 장면에게 당한 패배를 설욕하는 기회이기도 했다.
 특히 이 선거를 대비한 이기붕의 각오는 예전과는 전혀 달랐다. 이때 이기붕의 나이 65세. 일생일대 마지막 기회가 될지도 모르는 일이었다. 또한 이승만이 85세의 고령이었으므로 이기붕으로서는 절대로 부통령에 당선돼야만 했다. 4년의 임기 동안 있을지도 모를 대통령의 유고는 곧 대통령이 될 수 있는 길을 닦아놓는 것이기도 하니까.
 이기붕에게는 수단과 방법이 필요치 않았다. 무슨 수를 동원해서든지 꼭 부통령이 되어야만 했고 야당인 민주당으로서도 4년 전

신익희의 사망으로 빼앗긴 권좌를 설욕하기 위해 대통령 후보로 조병옥을, 부통령 후보로 장면을 내세워 자유당의 힘에 정면으로 도전하고 나섰다.

과거 12년 간의 장기집권에서 잃어버린 국민의 신임을 자유당은 누구보다도 잘 알고 있었다. 그러므로 그들에게 새로운 음모가 싹트고 있었으니 이른바 '부정선거'를 계획하고 있었던 것이다.

그들은 언제나 같은 일만을 되풀이 해 선거전선에 열을 올리고 있었다.

"나라를 위하고 국민이 잘사는 길은 이승만 대통령이 다시 대통령이 되어야 하고 대통령을 보좌할 인물은 이기붕 선생밖에 없다."

그러나 지난 12년 간 감언이설에 얼마나 많이 속아왔던가. 이미 국민의 시선이 서서히 떠나고 있었는데 말로써 어찌 3층 석탑을 쌓을 수 있겠는가.

자유당의 정치공세에 속아 붓뚜껑을 쿡쿡 찍어준 결과 돌아난 것은 부정부패, 독재, 가난…… 이제 무엇을 더 바라겠는가.

이승만은 1940년대 말의 이승만이 아니다. 민주주의의 아버지가 아니라는 뜻이다. 그의 고집이 나라를 망치고 정치, 경제, 사회, 문화 등 모든 분야를 파국으로 몰아넣었다. 이미 그는 가장 비민주적인 독재자가 되어 서서히 자신마저도 망가뜨리고 있는 것이다.

한편 이기붕은 어떤가. 그는 협잡과 권모술수, 그리고 목적을 위해서는 수단과 방법을 가리지 않는 잔인한 면모를 지닌 인면수심(人面獸心) 같은 정치인이었다.

이들에게 국민이 얼마나 속았고 기만당해 왔던가. 또한 얼마나 많은 상처를 입었던가.

이미 민심이 자유당의 호사담화에 반항하고 있던 1960년 1월이었다.

거기다가 1959년 추석날에 사상 최대 최악의 태풍 사라호가 부산을 비롯한 남부지방을 초토화시킴으로써 자유당으로서는 궁지에 몰리고 말았다.
　주민들의 원망은 급기야 이승만 정부와 자유당으로 파급되었다.
　"나라가 망할려고 태풍이 때린 거야!"
　"정치를 그 꼴로 하니 하늘이 노한 거야!"
　태풍으로 집과 경작지를 잃은 농민, 찢긴 가난의 상처는 선거운동을 하는 공무원들에게 원한을 낳았나.
　"발이나 뻗고 선거도 합시다."
　"자유당이 뭐가 좋아 또 찍소? 한두 번도 아닌 지금까지 속아왔으면 됐지 또 속으란 말이오?"
　민심은 천심이요, 권력도 10년이 못 간다는데 뿌리 깊은 자유당은 마침내 생명이 다했는가?
　이렇게 민심이 흉흉한데 또다른 천재지변으로 자유당 사람들은 간이 콩알만하게 작아진다.
　1960년 1월 26일, 서울역 구내에서의 대참사.
　구내 계단이 무너지는 통에 승객 31명이 집단으로 압사하는 참사가 벌어지고 말았다.
　선거 준비하랴, 사라호 태풍으로 얼룩진 민심 수습하랴, 서울역 대참사 해명하랴 자유당 정부는 눈코 뜰 새 없이 바빴다.
　이런 난세의 위기에 처한 이기붕이 특유의 비법을 명령하니 이른바 힘의 정치가 또다시 등장한다.
　"힘, 힘을 뒀다 뭐하나? 힘으로 밀어붙여!"
　명령을 하달받은 내무부장관 최인규는 즉시 전 공무원에게 비상근무령을 내려 두 달 앞으로 다가온 선거에 만반의 준비를 강요했던 것이다.
　야당이 내세운 민주투사 유석 조병옥 대표의원은 국민의 지지를 절대적으로 독차지하고 대권을 위한 기반을 튼튼히 쌓아나갔다.

그러나 이게 또 무슨 일인가?
민주당 대통령 후보 조병옥이 위암을 치료하기 위해 미국으로 떠난다는 소식이 1월 29일자 신문에 대서특필되고 있었다.
4년 전, 그러니까 1956년 30만 인파를 불러 모은 신익희가 선거를 앞두고 급서한 사건을 기억하고 있는 국민들은 차라리 두 눈을 감아버렸다.
또다시 정권교체의 기회는 사라지고 이승만의 독재정치가 연장될 것인가?
"이 나라 민주주의의 고된 시련이다."
"이승만은 타고난 행운아인가보다."
자유당의 붕괴를 기대하는 국민들이 제각기 한마디씩 쏟아부었다.
그날 김포공항에 나타난 조병옥의 얼굴은 병색이 완연했다. 하지만 잔잔한 웃음을 잃지 않으려는 밝은 표정으로 기자들의 질문에 답했다.
"대통령 선거를 지척에 두고 떠나는 심정에 대하여?"
"건강의 상태를 점검하기 위해 미국 월터리드 육군병원으로 떠난다. 이 결정을 내리기까지 나의 심정은 말로 표현할 수 없을 정도로 괴로웠다."
"이번 선거전에 대한 각오는 어떻습니까?"
"지금까지 걸어온 시련을 바탕으로 우리 민주당의 투쟁력을 십분 발휘하여 민주제단의 제물됨을 각오하는 신념으로 자유당에 대항하겠다."
"국민들에게 하고 싶은 말이 있을 텐데요?"
"정권교체를 갈망해온 국민들에게 지금의 나는 송구하기 이를 데 없다. 그러나 2월 말경에는 건강한 몸으로 귀국하겠다. 내가 없는 동안이라도 야당에 더욱 적극적인 지지를 보내주기 바란다."
트랩을 오르는 조병옥의 낯빛이 두려움과 불안으로 드리워졌다.

신병 치료로 도미하는 조병옥. 이 어찌 통탄할 일이 아니겠는가.

조병옥이 출국 전 만난 이승만에게 "이번 선거는 깨끗한 승부를 가려보자."라고 소리쳤다. 그의 미국행을 바라보는 국민과 여당 의원들의 시선에도 초조함이 맴돌고 있었다.

1960년 2월 5일, 자유당이 이승만과 이기붕을, 민주당도 2월 7일, 조병옥과 장면을 러닝메이트로 중앙선거관리 위원회에 정식 등록함으로써 선거전의 열기는 더욱 뜨거워졌다.

이때도 군소정당에서 대통령 후보를 마구잡이 식으로 추대, 등록시켰다.

반독재 민주수호연맹에서는 장택상을, 통일당에서는 김준연이 대통령 후보로, 국민당의 임영신은 부통령 후보로 등장했다.

이렇게 선거전이 많은 후보들로 난무한 가운데 열기가 오르고 있을 즈음 2월 11일, 기자회견을 자청한 최인규가 기상천외한 발언을 한다.

"공무원은 자유당 정권 아래서 녹을 먹으니 선거운동에 참여해야 되지 않겠는가?"

이 발언의 저의는 부정한 선거방법을 공식적으로 강조한, 참으로 어이없는 추태였다.

사실 내무부에서는 이미 각 공무원에게 비밀지령을 내려 이번 선거에 대비한 필승의 계획을 수립해 놓고 있던 터였다.

그 내용을 잠깐 살펴보면 다음과 같다.

1. 전 경찰관은 미리 사표를 제출할 것.
2. 1할 내지 1할 5부 이상의 유령선거인 명부를 작성할 것.
3. 투표율을 8할 5부 이상으로 끌어올릴 것.
4. 투표소를 불편한 곳에 설치하여 야당과 선거인의 투표를 최대한 저지시킬 것.
5. 투표소 주변에 공무원, 경찰로 구성된 완장부대를 곳곳에 배

치하여 분위기를 제압할 것.

 6. 민주당 참관인, 선거위원의 매수가 불가능한 경우는 직계 가족의 사망전보를 쳐서 즉시 귀가 조치시킬 것.

 7. 조병옥이 돌아오기 전에 민심 동요를 최대한 억제시킬 것. 성적이 불량한 각 지구별 책임자는 자연 사표 수리됨을 각오할 것.

 8. 선거대책 지령문은 사용 즉시 소각시킬 것.

 이와 같은 자유당의 비열한 선거 전략이 각 공무원에게 하달되자 전국 곳곳에서 야당 계열의 선거운동이 집단 폭행을 당하는 등 시민들까지도 폭행을 당하기 일쑤였다.

 "야당 운운하는 녀석들은 한 녀석도 남기지 말고 족쳐버려!"

 자유당이 물고온 공포의 선거분위기는 온 나라를 혼란으로 몰아넣었다.

 엎친 데 덮친 격이라고나 할까? 4년 전의 신익희 사망이 또다시 재현되고 말았으니 민주주의 시계바늘은 또다시 거꾸로 돌아가고 말았다.

 "조병옥 의원, 심장마비로 사망!"

 누구를 위한 신의 장난인가. 국민은 통곡하고 자유당은 박수를 치며 좋아했다.

 이제 손바닥 뒤집기보다도 더 쉽게 돼버린 자유당의 선거전략. 그러나 문제는 부통령 선거였다.

 4년 전 장면에게 패한 기억이 아직도 선명한 이기붕이 참모들을 모아 진군의 끈을 더욱 당겼다.

 "장면에 대한 동정표가 예상되니 여러분은 마음가짐을 더욱 견고히 하라!"

 "우리의 계획엔 한치의 오차도 없습니다. 이번에는 꼭 승리하겠습니다."

 최인규가 침을 튀기며 이기붕의 승리를 장담했다.

자유당의 선거전략은 이기붕의 당선을 목적으로 더욱 거세었다.

가열된 시위

이렇게 자유당의 폭력과 횡포가 그칠 줄을 모르자 공명선거를 요구하는 데모가 일어나기 시작했다.

1960년 2월 28일, 대구에서 경고생들이 가두시위를 벌인 것을 시발로 곳곳에서 자유당의 선거전략에 반대하는 데모가 터졌다.

하지만 자유당은 눈썹 하나 까딱하지 않았다. 언제나 그래 왔던 것처럼 제풀에 지쳐 사그라들었고 힘으로 찍어누르면 되었있다.

이런 때 또다른 대참사가 일어나 자유당은 진퇴양난의 수세에 몰리고 만다.

3월 2일, 부산 국제화학 공장에서 화재가 일어나 공원 63명이 불에 타 죽은 대참사가 발생한 것이다.

정치는 혼미를 거듭하고 사회의 불안은 점점 중병처럼 심해져 갔으나 선거전만은 예나 다름없이 불붙고 있었다.

3월 5일, 이승만 대통령이 밀양에서 선거 연설을 했다.

"이 나라가 잘 되려면 현 정권이 계속 유지되어야 하며 민주당은 국민의 기대를 수용할 능력이 없는 미숙한 당입니다."

85세의 노령에도 불구하고 정정한 이승만의 연설은 승리를 장담하고 있는 듯했다.

바로 이날, 민국당의 부통령 후보 장면은 서울운동장에서 정견발표를 하고 있었다.

"3·15 선거야말로 이 나라의 민주주의의 대세를 가늠하는 생사의 기로에 놓여 있습니다. 비록 조병옥 대통령 후보가 사망했으나 표만은 민주당에 몰아주어 자유당의 독재에 정면으로 대항하는 국민의 여망을 보여줍시다."

장면의 호소는 차라리 애원에 가까웠다. 곧이어 벌어진 가두시위에서 학생 30여 명이 경찰에 체포되는 불상사가 일어나기도 했다.
 3월 8일, 마침내 자유당의 비열한 흉계가 세상에 드러났다.
 경주 시내 모 인쇄소에서 다량의 모의 투표지가 민주당 선거운동원에게 발각되고 만 것이다.
 그러나 자유당은 흥분하는 민주당과 국민들에게 담담히 자기들의 견해를 발표한다.
 "그것은 당원 훈련용 모의투표지다. 민주당의 모함에 국민여러분은 현혹되지 않기를 바란다."
 참으로 어처구니없는 말이다. 훈련할 게 따로 있지 투표용지로 무슨 훈련을 한다는 것인가. 투표용지에 붓뚜껑 제대로 못 누르는 국민이 어디 있단 말인가.
 그 시대의 정치 상황을 잘 대변해 주는 사건이 또 터졌으니 국민들의 원성은 이제 극에 달했다.
 3월 10일, 시민 하나가 야당을 옹호하고 나서다 살해되고 만 것이다.
 이 참혹한 사건에 국민들은 치를 떨며 통탄해 했다. 이 사건으로 인하여 학생 데모 사건은 수원, 충주 등지 곳곳에서 연쇄적으로 일어났고 최인규는 수습을 위해 발벗고 뛰어다녔다.
 3월 11일, 이강학 치안국장이 광주에서 일어난 시민 살해 사건은 불의의 살인사건으로 이 사건을 선거와 결부시켜 데모를 계속한다면 힘으로라도 저지하겠다고 으름장을 놓았다.
 그러나 한 번 치솟은 불길은 삭아들 줄을 몰랐다. 전국 도처에서 데모대가 들고 일어났고 국민들은 학생들에게 박수를 치며 이에 호응했으니 상황은 극에 달하고 말았다.
 미국 대사관 앞에는 자유당 독재정권을 타도하자는 벽보와 전단이 뿌려지고, 공명선거를 주장하는 목소리가 드높아갔다.
 급기야 경찰은 두 눈에 쌍심지를 켜고 학생 데모의 진압에 총력을 펼치니 선거를 하루 앞둔 3월 14일의 이 나라는 공포의 도가니였다.
 3월 15일, 드디어 역사적인 선거의 막이 오른 제4대 정부통령 선거.
 공무원과 경찰이 완장을 두르고 선거분위기를 공포로 몰아넣었다.
 그날 오후, 선거가 끝나자마자 3·15 선거는 '고목나무에 꽃을 피운 부정선거', '민주주의를 화장시킨 화장터'라고 규정한 국민들이 선거의 무효를 주장하는 대규모 시위를 벌였다.
 흥분한 국민들이 파출소에 불을 지르고 시내 곳곳의 관공서를 습격, 기물을 부수는 소란으로 마산 시내는 쑥밭이 되어버렸다.
 3월 16일, 중앙선거관리위원회는 투표율 94.3%를 기록한 가운데 이승만과 이기붕의 당선을 발표하였다.
 "국민의 적극적인 협조와 자유당의 지지에 감사드리며 열화 같은 국민의 여망에 부응하기 위해 분골쇄신 노력하여 경제부흥과 민주발전에 박차를 가하겠다."
 그러나 자유당의 승리에 이승만과 오랜 친분관계가 있는 아이젠하워 대통령까지도 기상천외한 부정선거에 유감을 표명하고 나섰으니 그때의 부정선거를 유추해 보더라도 얼마나 자유당의 횡포가 심했나를 알 수 있을 것이다.
 학생들이 거리로 뛰어나와 부정선거를 규탄하는 가운데 중앙선거관리위원회는 이승만 963만 여 표, 이기붕 833만 여 표로 이승만과 이기붕의 당선을 정식으로 공포했다.
 그러나 이날 민주당은 국회에서 선거 무효를 주장하고 나섰다. 국민들의 끓어오르는 분노가 민주당과 힘을 같이 하는 가운데 자유당은 3월 말까지 국회의 휴회를 발표하기에 이르렀다.
 '한국의 민주주의는 고목에 핀 곰팡이다.'
 3월 19일, AP 통신의 치욕적인 논평기사에도 불구하고 문교부

장관 최재유는 기자들을 불러놓고
"학원에 주둔하고 있는 경찰의 철수를 고려해 본 적이 없으며 가일층 강화해 나갈 방침이다."라고 말해 국민의 원성은 더 높아졌다.

3월 22일, 이승만 정권 초창기에 국무총리와 외무장관을 역임한 바 있는 장택상은 이승만의 85회 생일을 맞아 '하야를 진심으로 권고한다'라는 선동적인 권고문을 발표하여 파문을 일으켰다.

이렇게 국내외적으로 부정선거의 규탄이 그칠 날이 없자 이승만은 고육지책으로 이번 선거에서 결정적인 역할을 완수한 내무부장관을 최인규에서 홍진기로 바꾸어 국민의 여론을 무마시키려 했으나 이미 엎질러진 물이었다.

한 번 불붙기 시작한 민주화의 불길은 쉼 없이 타올랐다.

1960년 4월 20일, 이승만의 생일선물로 하야를 권고했던 장택상이 3·15 부정선거를 법으로까지 발전시킴으로써 열기는 더욱 고조되었다.

4월 6일, 이승만 독재정권에 대항하는 야당 인사와 시민들이 합친 2천여 명의 침묵시위가 경찰들의 폭력으로 무법천지를 이루었다.

법보다 주먹이 우위에 있었던 시대, 이승만의 지난 12년 간의 정치는 폭력과 혼란 속에서 몸부림치고 있었다.

이승만의 하야

서울 시내 전역에서 자유당 규탄데모가 산발적으로 터지는 가운데 스크럼을 짠 고려대학교 학생들이 국회의사당으로 방향을 잡고 몰려왔다.

"이승만 독재정권은 물러나라!"
"3·15 부정선거에 책임을 져라!"

구호를 외치며 몰려오던 고려대학교 학생들은 동문 선배인 야당 의원 이철승의 간곡한 만류에 스크럼을 풀고 일단 물러서기로 했다.
　데모를 마치고 학교로 돌아가던 고대생들이 깡패들에게 습격을 당해 종로 4가는 아수라장이 되었다.
　민중의 분노가 하늘을 치솟을 듯 격화되자 경찰은 울며 겨자먹는다는 식으로 여섯 명의 깡패를 구속시켰다. 이기붕의 비밀지령을 받은 이른바 동대문 주먹사단의 이정재 부대였다.
　그러나 구속 몇 시간 만에 동대문 경찰서장 양홍식에 의해 여섯 명의 폭력배는 곧 풀려났다. 4·19의 민주행진이 천지를 뒤흔들던 그 시간의 일이다.
　이날 정부 여당은 밤이 새도록 불안과 초조 속에서 데모진압 방법을 논의하였다.
　드디어 역사의 날은 밝아왔다.
　1960년 4월 19일. 새벽부터 2만여 명의 학생데모대가 서울을 뒤덮었다. 깜짝 놀란 경찰은 마침내 총부리를 겨누고 말았다.
　"마구 쏘아버려!"
　밤새워 데모진압 방책을 연구한 그것은 총격이었다.
　총알이 빗발쳤고 학생들은 피를 흘리면서 쓰러졌다. 무려 142명이란 학도들이 민주화의 제물로 죽어갔다.
　하지만 자유당의 계략은 엄청나게 빗나가고 말았다. 총을 쏘고 주먹을 휘두르면 수그러들 줄 알았던 데모대가 점차로 격렬해지자 자유당은 드디어 초조해지기 시작했다.
　그날 오후 1시, 문교부는 비상계엄령과 함께 전국 각 학교의 휴교령을 선포했다.
　"불법적인 시위대를 법이 허용하는 최대의 역량을 발휘하여 저지하라!"
　계엄사령관에 육군참모총장 송요찬을 임명하면서 이승만은 엄명을 내렸다.
 하지만 학생들이 서울 시내 10개 파출소 및 관공서에 불을 지르고 조금도 굴복할 뜻을 표명치 않자 자유당의 굳센 뿌리가 점차 흔들리기 시작했다.
 4월 20일, 계엄령이 발효되고 계엄군이 총칼을 들이댔으나 목숨을 건 학생들의 민주행진은 계속됐다.
 구석으로 몰린 송요찬이 기자회견에서 '평화적인 데모대는 폭도가 아니다'라고 말했다. 경찰과 군인이 총칼로 데모를 억누르는 판국에 평화적 시위만은 용납하겠다는 그야말로 어불성설에 불과한 말이 데모대에 먹혀들 리 만무였다.
 데모로 시작하여 데모로 끝이 나는 하루가 계속되던 4월 21일, 마침내 전 국무위원이 대통령에게 일괄 사표를 제출하기에 이르렀다.
 4월 22일, 이승만은 마산 시장 박영두와 서울 시경국장 유충렬을 사퇴시키고 변영태, 허정을 불러 시국대책을 논의했다.
 자유당은 전 국민의 분노를 한꺼번에 짊어지고 기우뚱거리고 있었다.
 혼란의 연속.
 급기야 4월 23일, 임기를 며칠 앞둔 장면이 부통령직에서 사임했다.
 결국 이승만은 4월 24일, 자유당 총재직의 사퇴를 발표, 국민들의 동요를 잠재우고자 했다.
 이승만은 술수가 뛰어난 정치인, 하지만 이승만이 자유당 총재직에서 물러난다 한들 그 동안의 비민주화 정책이 감추어지는 것은 아니었다.
 국민들이 이승만의 술책에 넘어갈 리 만무하였다.
 "이승만도 물러가고 이기붕도 물러나라. 자유당 사람들은 모두 물러나라!"

국민들의 열화 같은 반발에 이기붕도 할 수 없이 모든 공직에서 물러나고 만다.
 4월 25일, 비상계엄령이 국회에서 해제되고, 각 대학 교수들은 시국수습안을 발표하고 나서 400여 명이 시가행진을 벌였다.
 "시국수습을 위해 이승만은 물러나라!"
 스승들의 시위에 사기가 오른 학생들이 참여한 거리는 인산인해의 민주화물결로 출렁였다.
 4월 26일, 데모대는 100만 명 이상으로 불어났다. 사태를 직감한 이승만이 데모대 대표 5명을 경무대로 초청, 면담을 하기에 이르렀다.
 대표들은 한결같이 국가와 민족을 위해 대통령직에서 사임해 줄 것을 강력히 요청했다.
 면담을 끝낸 이승만은 네 항목으로 된 하야 성명을 발표하고 만다.
 1. 국민이 원한다면 본인은 대통령직에서 물러나겠다.
 2. 정부통령 선거를 다시 실시하겠다.
 3. 이기붕을 모든 공직에서 물러나게 하겠다.
 4. 내각책임제 개헌을 추진하겠다.
 4월 27일, 국회는 대통령 사임서를 수리하고 허정을 대통령 권한대행으로 임명해 버렸다.
 4월 28일, 이기붕이 불안과 두려움에 못이겨 가족과 함께 집단 자살을 하고 이승만이 12년의 경무대 생활을 청산하고 이화장으로 이삿짐을 옮기는 날은 참으로 쓸쓸하기만 했다.
 그 숱한 간신배들, 아첨꾼들은 다 어디로 가고 경호책임자 곽영주와 비서관 박찬일만이 맥없이 그의 뒤를 따랐을 뿐이었다.
 학생, 그리고 온 국민이 민주 승리의 함성을 올리는 가운데 이승만과 이기붕의 세도는 서서히 사라지고 말았다.
 5월 1일, 허정의 과도정부는 3·15 선거가 이기붕 일파의 사리

사욕에 의해 자행된 부정선거였음을 인정하고 선거무효를 선언했다.

전 내무부장관 최인규, 전 치안국장 이강학, 전 경무대 경호책임자 곽영주 등 자유당의 거물급 인사들이 구속되고 말았다.

이화장에서 은거 중이던 이승만이 5월 9일을 기하여 정계 은퇴를 선언했다. 1945년 온 국민의 거족적인 환영을 받으며 해방 조국에 돌아오던 날로부터 오늘에 이르기까지 고난과 실의와 회한, 상심과 고독이 교차되어 그의 심정은 참으로 암담하기만 했다.

1960년 5월 29일 오전 8시 45분, 하와이 비행기에는 이승만과 프란체스카 여사가 넋나간 표정으로 밖을 내다보고 있을 뿐이었다.

전직 대통령의 이 비참한 새벽의 탈출을 지켜보는 이는 겨우 열 손가락 안에 들었다.

얼마 전만 하더라도 대통령의 권좌에서 부러울 게 없었던 그의 가슴에 지금은 만신창이로 찢겨진 아픔만이 풀풀 바람처럼 일고 있을 뿐이었다.

해방의 감격을 안고 하와이 호노룰루를 떠나올 때 조국의 땅에 뼈를 묻겠다던 노 혁명가의 소망이 완전히 무너지고 만 것은 그의 독단과 아집 때문이었을 것이다.

제 10 장
첫째도 나라 둘째도 나라

민주당의 전복

 김두한에게 있어서 민주당은 이제 여당이었다. 신파니 구파니 운운하며 당파 싸움에 열을 올리는 그들이었다. 그들은 이미 자유당 시절부터 이 나라 제 1 야당으로서의 의무와 책임을 망각한 채 당권을 잡겠다는 야심에 더 열을 올리고 있었다.
 "정치하는 사람들이 정치나 올바로 할 것이지 웬 패싸움이나 하고 이거 정말 한심해서 못 보겠군."
 김두한이 민주당에 등을 돌린 이유는 바로 이것이었다. 천성적으로 보스기질이 있는 그다. 용의 꼬리가 되기보다는 닭의 머리가 되겠다고 작정하고 또 자유당 시절 그렇게 살아온 김두한이 아니던가.
 타고난 오야붕인 김두한이 당파싸움의 광란적 추태를 일삼는 그들 틈에 끼어 끄나풀 노릇을 하기는 죽기보다 싫었던 것이다. 이것이 싫었기 때문에 그는 이미 오래 전부터 민주당과 손을 잡지 않았는지도 모른다.
 권모술수와 세파에 적당히 타협할 줄 아는 능력을 거부했던 정치인. 그가 어떻게 파란과 소용돌이의 정치기류 속에서 살아남을 수 있었겠는가.

그는 정치생활 중 단 한 번도 여당이 돼 본 적이 없다. 언제나 반골이었다. 그리고 언제나 가난했으며 언제나 약자 편이었다.

자유당이 망해 버린 지금에 와서도 민주당 정권과 타협하지 않고 또다시 야당이 돼 버린 김두한. 자유당 정권 내내 민주당과 손잡고 민주당보다 더 극렬한 대여투쟁을 했던 그가 이제 민주당이 정권을 잡은 판국에도 그대로 야당이기를 고집했던 것이다. 그의 말년 인생은 바로 그것으로 인하여 실패와 좌절의 연속이었다.

민주당의 정치적 방황은 심각했다. 오히려 자유당의 이승만 정권보다 더 부패와 무능과 실정을 남발하면서 이 나라 전체를 파국 지경으로 휘몰고 갔다.

장면 내각의 우유부단한 정치행각, 신파와 구파의 갈등에서 야기된 정치혼란, 연속적으로 터진 부정부패 사건 등으로 정치적 파국, 즉 박정희 소장이 이끄는 군세력이 5·16 군사쿠데타를 일으켜 정부를 전복하고 말았다.

3·15 부정선거에서 태동하여 민주당 정권의 불신이 낳은 숙명적인 사건이 급기야 터지고 만 것이다.

김두한의 애국단

김두한과 박정희 대통령과의 첫 만남은 박정희가 국가 재건 최고회의 의장 재직 때였다. 독립유공자 훈장 포상식 직후의 칵테일 파티에서였다.

김두한은 김좌진에게 주는 훈장을 대신 받기 위해 수상식에 나갔다. 이 자리엔 3·1운동의 주역 33인 중의 유일한 생존자인 이갑성을 비롯한 독립운동 인사들과 유가족들이 모두 다 나와 있었다.

김두한은 훈장을 받으면서 감개가 무량했다. 일찍이 3대 국회의원 시절에 독립유공자에 대한 생계 보조안을 제안했던 김두한이다. 그러나 많은 의원들의 외면으로 이 계획을 포기해야 했던 김두한은 그저 감격한 마음으로 이 훈장을 받았던 것이다.
 "이승만도 시도하지 못한 일을 혁명정부가 이룩했고 그 유가족들에게 연금 증서까지 주다니 고맙기 한량이 없소. 진작 했어야 할 일을 이제야 혁명정부가 하게 되었으니 전 국회의원으로서 부끄럽기 그지없소이다!"
 김두한이 소감을 묻는 기자들에게 털어 놓은 말이다.
 김두한은 이버서 백야의 훈장을 가슴에 차고는 카테일 잔을 들고 육군 대장의 4성견장에 훈장이 주렁주렁한 국가 재건 최고회의 의장 박정희 장군 옆으로 성큼성큼 걸어갔다.
 "박 의장님, 5·16혁명의 성공적인 거사와 독립유공자들을 표창하여 민족 정기를 빛내주시는 거룩한 뜻에 감사드립니다."
 "고맙습니다. 김두한 선생에 대해서는 많이 알고 있지요."
 두 사람의 대화가 잠시 끊어졌다. 그러나 김두한은 바로 옆자리에 서 있던 유원식 대령에게 박정희 의장이 들으라는 듯 소리치는 것이었다. 유 대령은 5·16군사혁명의 주체 세력으로 박정희 의장의 1급참모이기도 했다.
 "이렇게 경사스런 자리에서 이런 얘기 해서 안 됐소만 민정이양 공약을 절대로 잊으시면 안 됩니다."
 김두한의 도발적인 발언에 유원식은 깜짝 놀라며 말을 가로막듯 다가섰다. 그런데도 김두한은 더 큰 목소리로 소리쳤다.
 "세상 사람들이 다 꼼짝을 못해도 이 김두한이는 세상에 두려운 게 없소. 난 일평생 동안 소신을 굽힌 적이 없소이다."
 옆자리에는 박정희 의장이 김두한의 일장 연설을 의미심장하게 듣고 있었다.
 "내가 조선공산당 놈들 180만 명과 싸워서 우리 나라 건국에 이

바지할 때 공산당 놈들이 나한테 마흔여덟 번이나 총질을 하고 테러를 했지만 이 김두한이 이렇게 멀쩡히 살아 있다 이거요. 나는 이것이 정의다 생각되면 죽음 같은 건 두렵지 않았소. 민정이양, 이거 꼭 실천해야 합니다!"
　좌중의 모든 사람들이 김두한의 거동을 놀란 눈초리로 지켜보고 있었다.
　유원식 대령이 조금은 차가운 눈초리로 김두한을 위아래로 훑어보다가 이윽고 한 마디 내뱉았다.
　"우리는 틀림없이 민정이양을 합니다. 그러나 우리에겐 걱정이 있습니다. 구정치인들이 썩었기 때문에 정권을 맡길 참신한 정치세력이 있어야 하는데 그들을 찾기 어렵습니다."
　"그건 나도 동감이오. 그러나 분명히 있을 거요. 때묻지 않은 신선한 인재가 분명히 있을 것이오. 참신한 인재가 없다는 평계가 군정 연장의 이유가 되어서는 안 됩니다."
　"알겠소. 김 선생 뜻을 명심하겠소."
　"고맙소."
　김두한은 한껏 기분이 좋아져서 집에 돌아왔다.
　김두한은 따로 생각이 있었다. 그것은 자유당도 망하고 민주당도 사라진 새 시대에 군사정부와 손을 잡고 새로운 당을 창립하고자 하는 계획이었다.
　"군사정부가 마음 놓고 맡길 만한 정치세력을 만드는 데 내가 앞장서야겠다."
　이것이 김두한의 생각이었다. 이런 뜻에서 김두한은 1961년 초에 '애국단'이라는 단체를 조직했던 것이다.
　어린 시절 잔뼈가 굵은 우미관 뒷골목 부근의 태화 기독교 회관 건너편 계성빌딩에 본부를 정한 김두한은 이미 가루가 돼 버린 옛 주먹조직을 다시 모아 전국적인 조직체로 발전시켜 볼 생각이었다.

김두한은 이 조직을 더욱 양성화하기 위해 의장단에 원로급 인사들을 포섭, 등용시켰고, 각 지방 조직의 장에는 옛 부하들을 임명했다.

1936년 7월 김두한은 최고회의로 자신의 조직을 민정이양 기초작업에 활용하도록 제안하는 공안을 보냈다.

이때는 박정희 의장이 계속 민정에 불참하겠다고 선언하는 가운데 정구영 등이 주축이 된 민주공화당이 창당되었고 박정희 의장도 제3공화국의 대한민국을 떠맡을 대통령 후보로 나설 채비를 은밀히 갖추고 있을 때였다.

국가 재건 최고회의의 민정이양 약속이 완전히 깨져버리고 만 이때 김두한은 전후 사정도 모르고 그들에게 계속 손을 내밀었다.

"구정치인의 죄악상은 어느덧 망각의 피안으로 사라지고 군사정부에 대한 불평불만이 높은 데다 야당 측의 선동에 크게 영향받아 다가올 대통령 선거는 큰 고전이 예상됩니다. 이런 때 우리 애국단이 완충지대를 형성, 국민대중을 흡수하는 전위역을 맡고자 합니다. 이런 작전에 친여세력인 공화당이 앞장서게 되면 국민감정을 건드릴 염려가 있으니 전면에 우리가 나서는 것이 현명하다 하겠습니다. 초당적 위치에서 보다 애국적인 견지의 활동을 하려는 본 애국단의 목표를 이해하시어 빠른 시일 내에 면담의 기회를 주시기 바랍니다."

김두한의 이러한 제의는 순수한 애국적 견지에서 출발한 것이었다. 김두한은 무능무력한 민주당의 구정치인들을 미워하고 있었던 것이다.

"누르면 꼼짝 못하고 풀어 놓으면 벌떼처럼 일어나는 직업 정치인에게 이 나라를 맡길 수 없다."

이런 이유에서 김두한은 공화당의 수뇌진에게 새 시대의 전위대 역할을 하겠다고 자청하고 나섰던 것이다.

그러나 불행하게도 김두한의 이런 제의에 대한 공화당의 반응은

전무였다. 그들은 폭력단 출신 인물로 구성된 애국단이 혁명정부의 민정이양에 아무런 도움을 주지 못할 뿐만 아니라 오히려 그들의 참신한 이미지를 손상시킬지 모른다는 반응을 보이고 있었다.

김두한은 뻔질나게 중앙청을 드나들며 군사정부의 수뇌들과 만나려 해도 별다른 반응이 없자 자신의 우국충정이 무시당하는 현실을 안타까워했다.

김두한은 그럼에도 불구하고 애국단의 조직 강화에 주력하면서 사태를 주의깊게 관찰해 나가기로 했다. 또한 그는 11월 26일로 계획된 제6대 국회의원 선거에 자신을 포함한 30명 이상의 애국단 동지들이 의사당에 진출할 것을 목표로 하고 조직 확장에 열을 올렸다.

그러나 김두한의 이런 계획은 새 시대를 떠맡은 군사정부의 젊은 지도자들에 의해 번번이 좌절되고 말았다. 군사정부는 민주당 정권에 관계했던 무능무력한 정치인들과 함께 김두한의 애국단 조직마저도 때묻은 구정치인의 행각으로 여겼던 것이다.

김두한의 좌절은 이때부터 1963년까지 계속되고 있다. 그때까지도 그의 조직 '애국단'은 그대로 살아 있었다.

이때, 공화당은 김두한에게 애국단의 흡수가 아닌 순수한 개인 자격으로 여당세력에 합류하라고 계속 제의했으나 김두한은 고개를 흔들며 사양했다.

"그렇다면 나 혼자만의 길을 다시 떠나야겠지. 아무도 알아주지 않지만 이것이 애국하는 길이라고 나는 생각하고 있단 말이야!"

김두한은 악조건 속에서도 애국단 세력의 조직확장을 위해 심혈을 기울였으나 자금 부족 때문에 언제나 시련에 부딪쳤다.

점심시간이 되면 팥죽을 사다가 모든 단원이 한 공기씩 나눠 먹었고 시장에서 인절미 몇 조각을 사다가 한 쪽씩 나눠 먹는 등 애국단의 상태는 말이 아니었다.

그러다가 그는 마침내 국회로 진출하게 된다. 1965년의 용산구의 보궐선거에서 당선되어 7년의 정치공백을 깨뜨리고 의정 단상에 다시 서게 된 것이다.

멀고 먼 정치무대, 세종로 국회의사당으로 향하는 그의 발걸음은 옛날처럼 그렇게 활기에 차 있지 못했으나 작은 눈에서 뿜어져 나오는 매서움만은 예전과 다름이 없었다. 이때 나이 48세의 그는 중년이 되어 있었다.

48세의 중년 신사, 그의 얼굴엔 잔주름이 무성했다. 살아온 날들의 그 파란만장한 역사가 얼굴 가득히 배어 있었다.

왕년의 주먹황제다운 패기와 위용은 이제 찾아보기 힘들어진 얼굴. 하지만 민주화를 향한 그의 신념은 30대 청년과도 같았다.

"나이가 30이건 40이건 무슨 상관이야. 호랑이는 나이를 먹어도 여전히 호랑이듯이 내 신념은 변하지 않아. 내가 가진 것도 없고 정치적 힘도 없지만 정치를 택한 이상 내게 맡겨진 소임을 다하겠다 이거야."

불의를 미워하고, 대의를 위해 투쟁한다는 김두한이 다시 국회로 들어갔다. 7년 만의 일이다. 너무나 많은 시간이 흐른 지금, 그는 다시 금배지를 달고 의정 단상에 서게 된 것이다.

다시 국회로

김두한이 보궐선거를 통해 7년 만에 국회로 다시 들어가게 된 당시의 정치사정은 참으로 복잡했다.

1964년, 박정희 대통령은 민족의 활로를 찾기 위한 방법의 하나로 '한일협정'을 체결하는 길을 국가 정책의 제1 순위에 올려 놓았다.

일본과의 정치적, 경제적, 사회적 교류의 길을 터 놓는 길만이 경제적 부흥의 대명제를 이룩할 수 있는 길이라고 본 박정희 대통령의 결단. 그러나 이 계획은 야당과 학생층의 결사적인 반대를 불러일으키며 나라를 온통 파국의 상황으로 몰아 넣었다.

1964년 3월 6일, 재야세력을 주축으로 하는 '대일 굴욕 외교 반대 범국민 투쟁위원회'가 결성되어 마침내 한일협정 문제는 정치권의 제 1 의 현안문제가 되고 말았다.

'과거의 잘못을 사과하지 않는 일본과의 문호개방을 결사 반대한다.'

그러나 재야세력의 이런 맹렬한 반대에도 불구하고 정부는 한일회담 본회의를 강력히 추진해 나갔다.

'경제 부흥을 이룩하려면 과거의 잘잘못은 잊어야 한다!'

이러는 가운데 서울 시내를 비롯한 전국 각지에 대일 굴욕 외교를 반대하는 학생들의 데모가 우후죽순처럼 일어났다.

1964년 5월로 접어든 이 나라 경제는 더욱 데모의 열풍에 휩싸여 정세가 말이 아니었다. 단식, 가두행진, 민족적 민주주의 장례식 등 데모행렬이 극한적인 상황으로 치닫는 가운데 급기야 박정희 대통령은 서울 일원에 비상계엄령을 선포해 버렸다. 그 유명한 1964년의 '6·3 사태'이다.

그러나 이런 상황 아래서도 학생들의 데모는 그치질 않았다. 급기야 학생들과 재야 정치인들이 박정희 대통령의 하야를 요구하는 등 온통 소란스러운 정치상황을 연출하는 가운데 1964년이 저물어 갔다.

박정희 대통령은 이런 와중에서도 한일협정은 역사적 소망이며 우리 시대의 책무라고 외치며 기어이 이 일을 관철시키겠다고 말했다.

1965년 1월 8일. 제 7 차 한일회담이 열리고 2월 17일에는 일본의 외상이 맹렬한 데모대를 뚫고 중앙청에 당도하여 한일 기본조약에 가조인했다.

야당세력은 이에 맞서 그 동안 민주당, 민정당 등으로 갈라져 있던 야당 진영을 하나로 규합, '민중당'을 발족시키면서 한일회담 반대의 뜻을 굽히지 않았던 것이다.
 야당 진영의 극한적인 반대와 학생들의 데모대가 온통 서울 시내를 뒤덮는 가운데 박정희 대통령은 1964년 6월 27일 기어이 한일협정을 정식 조인시켰다. 국민의 반대 의사와는 관계없이 이 길만이 나라를 위하는 것이라고 외쳤던 박 대통령의 고집도 대단한 것이었다.
 그러나 이에 못지않게 야당의 반대도 대단했다. 급기야 민중당의 국회의원 열여섯 명이 한일협정에 반대하는 신념을 국민에게 보이기 위해 국회의원직 사퇴서를 제출한 것이었다.
 1964년 8월 13일, 마침내 윤보선, 서민호, 정일형, 정성태, 김도연, 김재광 등 6명의 의원이 의원직을 사퇴하여 다시 파문을 던졌다.
 김두한은 바로 서민호가 사퇴한 서울 용산 지구의 보궐선거에 나서기로 했던 것이다. 김두한이 이 보궐선거에 나가게 된 이유는 이러했다.
 한일회담 반대를 기점으로 반정부 폭동으로까지 비화된 6·3사태는 같은 야당진영에서까지도 찬반 양론이 분분했다. 민중당 안에서 최고의 지략가로 활동하며 협상에 탁월한 능력을 보이던 유진산 의원은 무조건의 반대만이 능사가 아니라고 말하며 학생데모의 배후에 야당의 과격분자가 도사리고 앉아 정권 탈취에만 눈이 어두워 있다고 소리쳤다.
 "학생들의 데모대 뒤에서 박수나 치며 그 사람들이 헌정을 파괴했으니 우리도 그렇게 하겠다 하는 태도는 민주 정치인으로서의 본분을 잃은 것이다. 전통적인 법질서의 테두리 안에서 대화로써 정정당당히 맞서야 하질 않겠는가?"
 유진산은 이 발언으로 민정당을 떠나야 했다. 그 유명한 '진산 파동'이다.
 그런데 이때 김두한은 자신이 조종하고 있던 학생조직을 통해 학생들의 데모를 저지하고 있었다. 공화당의 배척을 받는 김두한이 극렬한 재야세력의 조종을 받는 학생데모에 브레이크를 걸고 있었다는 사실은 참으로 아이러니컬하다.

더구나 일본이라면 이를 가는 그가 아닌가. 그가 철천지 원수로 생각하는 일본과의 굴욕적인 저자세 협정이 맺어지는 마당에 자신의 조직을 통해 학생 데모를 소강상태로 빠뜨리는 공작을 하고 다닌 것이다.

"학생은 공부를 해야 한다. 정치는 정치인이 하는 거다. 더구나 그렇게 과격한 방법의 시위는 오히려 국가를 혼란상태에 빠뜨릴 뿐이다."

김두한의 생각은 하나도 국가요, 둘도 국가에 있었다. 무식한 주먹잡이 출신인 김두한의 생각이 이곳까지 미치고 있을 때, 야당의 극렬한 정치인들은 여전히 학생들과 함께 단식과 화형식, 화염병 투척을 감행하고 있었다. 나라는 날이 갈수록 아수라장이 되고 있었다.

김두한이 6·3사태에 브레이크를 건 또 하나의 이유는 공화당의 당의장으로 있는 김종필과의 개인적인 우정에도 관계가 있었다. 김두한은 김종필이 갖고 있는 정치적 비전에 크게 감명을 받아 그의 정치생활을 적극 돕겠다는 결심을 일찍이 하고 있었던 것이다.

그러나 막상 김두한이 용산 보궐선거에 나설 때 그의 열렬한 후원자인 김종필은 '자의 반 타의 반'이라는 말을 남긴 채 떠나버리고 없었다.

이때 공화당은 한일협정 비준 뒤에 야당의 정치 복귀를 종용하기 위해 온갖 노력을 다하다가 막상 야당의 여섯 의원이 의원직을 버리는 극한 투쟁을 불사하자 보궐선거에 공천자를 내지 않기로 했다. 정치 도의상의 양보였던 것이다.

이때 공화당의 일부에서는 한일협정 비준에 대한 국민의 심판을 받는 계기로 보자며 공천론을 강력히 제기하기도 했으나 박정희 대통령은 끝내 후보자를 내세우지 않았다.
 이때 야당의 대열도 이합집산이 심했다. 민중당의 강문봉 의원이 한일협정을 반대하고 있는 당 방침에 항거하여 의원직을 내던지고 외유길을 택하는 항명파동이 있었다.
 김두한은 이 보궐선거에 나서기 앞서 사자의 시체를 밟고 일어서는 듯한 불쾌한 기분이 들었으나 결국 선거에 참여하기로 작정했다.
 돌이켜 보면, 김두한은 3대 국회의원 선거에 당선된 이후 지금까지 4차례의 선거에 출마했다가 연속 낙선되었다. 자유당 정권 밑에서 맹렬한 대여투쟁을 벌였던 정치경력도 무색하게 빈빈이 떨어진 김두한은 감회가 새롭게 젖어옴을 느꼈다.
 한일회담의 비준을 계기로 빚어진 정치적 상처를 안고 있는 야당의 시선이 김두한에게 싸늘하게 집중되는 것 같았다. 그러나 언제나 그랬지만 정치인이 정치의 장을 떠나 있을 때 당하는 설움과 고독과 비참함은 당해 본 사람만이 안다. 김두한은 결국 이 선거에 참여하여 그 동안의 패배를 상쇄하고도 남는 승리를 거두기로 결심했던 것이다.
 김두한은 이 선거에서 군소정당인 한독당의 공천을 받아 입후보했다. 한독당은 백범 김구 선생의 정치이념과 혁명전통을 계승한 정당이었다.
 다시 김두한의 불뿜는 속사포 연설이 시작되었다. 불 같은 사자후, 듣기에도 신이 나는 대여 강경발언, 부정과 불의를 미워하는 한 사나이의 벼락 같은 호령이 다시 시작된 것이다.
 "내가 국회에 나가서 정부가 시원치 않게 나오면 주먹을 휘둘러서라도 이 나라 국정이 올바로 되도록 만들겠다. 내 나이 50이 다 되었지만 주먹만은 옛날 그대로 살아 있다.
 나는 집권당의 독주를 막을 뿐만 아니라 야당다운 야당이 되게 하는 데도 앞장서겠다. 낮에는 야당을 하면서 밤에는 여당이 되는 정치가는 되지 않겠다. 여당이 내는 술이나 얻어 마시고 용돈이나 얻어 쓰는 자질구레한 야당 의원들을 고발하여 국민과 함께 호흡하는 참다운 야당을 육성하는 데 심혈을 기울이겠다. 이 김두한이는 정의의 편에서 정의와 함께 살아온 의리의 사나이다. 나를 다시 한 번 국회로 보내주면 여러분이 기대하는 진정한 야당의 정신, 민주의 불길을 들고 이 나라 정치를 깨끗이 청소해 놓겠다."

김두한이 드디어 입을 연 것이다. 특히 아버지 김좌진에게 내려진 건국훈장을 가슴에 차고 유세장 곳곳을 돌아다니는 그의 모습은 무척 인상적이었다.

그는 두려움을 모르는 뜨거운 가슴을 갖고 있었다. 무엇인가 터뜨려 버리지 않고는 못 배기는 천성, 그가 공화당 정부의 부정과 부패상을 낱낱이 폭로하며 한 표를 부탁하자 곧 최고의 인기를 다시 얻기 시작했다.

"김두한이 죽지 않고 살아 있었구먼, 역시 김두한이는 거물이야."

용산의 유권자들은 김두한이 터뜨리는 호쾌한 대여 공격에 박수를 보내며 지지 의사를 나타냈다. 여기에다 김두한에게 결정적으로 승리를 안겨 준 계기가 또 있다. 그것은 공화당의 김두한 지지였다. 실제로 공화당의 고위 당직자인 S의원은 투표가 있기 전부터 공공연히 이렇게 말하고 다녔다.

"김두한이 당선되어야 한다."

정치도의를 앞세워 후보자를 내지 않은 공화당이지만, 아무래도 자기들 쪽에 유리한 작용을 해 줄 사람을 밀어 국회 내의 부작용이나 야당 진영의 도전을 막을 계책을 세운다는 것은 정치 정략상 당연한 일이다. 공화당은 집권당으로서, 집권당 욕도 하지만 야당에 대해서도 날카롭게 비판을 가하는 김두한을 밀어 주기로 결정했던 것이다.

김두한은 예상대로 무난히 당선되어 실로 7년여 만에 멀고도 멀었던 정치무대로 복귀했으며 훈장을 단 가슴에 금배지도 달므로써 그 위용을 더했다.

3대 국회의원에 당선해서 왕성한 의정활동을 하다가 4대에 낙선, 5대에 또 낙선, 보궐선거에 또다시 낙선해서 만신창이가 되었던 김두한은 6대 국회 후반기에, 그것도 보궐선거라는 코스를 밟아 결국 금배지를 다시 단 것이다.

정치란 아편과 같다고 누가 말했던가. 그는 이미 정치라는 아편에 깊숙이 젖어 정치의 물을 하루라도 마시지 않고는 살아길 수 없는 몸이 돼 있었다.

그만큼 정치는 김두한을 매료시키고 있었다. 아니, 그만큼 이 나라 정치가 파국과 혼란의 연속이었기 때문이리라. 김두한은 언제나, 이런 혼란 상태를 정리할 사람은 진실한 애국적 동기를 가진 행동가들이어야 한다고 주장했다. 당리 당략이나 사심을 버리고 오로지 이 나라가 잘 되기를 바라는 정치인이 참신한 생각과 행동으로 나서야 해결된다고 보는 김두한의 정치철학. 누구의 편도 들지 않고 오로지 이 나라 잘 되기만을 바라는 마음에서 출발하는 정치여야 한다고 믿는 정치이념.

의원 선서를 마친 김두한은 선서가 끝나자마자 신상발언을 얻어 단상에 올라갔다.

"김두한이 공화당 당내 문제를 가지고 언급을 한다면 공화당 의원들께서는 왜 남의 당내 문제를 갖고 왈가왈부하느냐, 건방지다, 이렇게 말할지 모르나 공화당이 우리의 국정을 책임진 집권당이기 때문에 나는 국민의 한 사람으로 한 마디 하지 않을 수가 없다. 지금 청와대로 가는 길은 청와대 비서실장 이후락 씨에 의해서 완전히 차단되고 있다. 박정희 대통령이 이승만 박사처럼 세상살이에 어둡지는 않다고 내 들어서 알고는 있지만 이렇게 나가다가는 박정희 대통령도 인의 장막에 가려져 세상 물정 모르는 대궐 속의 임금님이 되고 말 것이다. 청와대 비서실이 정일권 국무총리가 이끄는 행정부보다 더욱 위세가 높고 행정부가 하는 일을 사사건건 간섭하며, 심지어 장관이 올리는 결재서류 한 장도 일일이 사전 검사를 한 뒤 통과를 시킨다니 도대체 이 나라엔 내각이 두 개가 있단 말인가. 공화당 의원들이 나라 사랑하는 마음에서 정치를 자유스럽게 하려고 해도 청와대 비서실 눈치를 살피느라고 쩔쩔매고 있다는 사실을 이 김두한이는 잘 알고 있다. 청와대 비서실은 원래 대통령의 업무를 보조하고 원활하게 일이 진행되도록 뒷받침하는 부서가 아닌가. 그렇다면 청와대 비서실은 권력을 남용하고 있는 것이고 국민을 우롱하고 있는 것이다. 아무쪼록 우리 행정부가 일사불란하게 행정체계를 이뤄 국민생활 안정에 기여할 수 있도록 청와대 비서실은 대오각성해 주기 바란다."

 누구도 입을 열어 말할 수 없던 정치 이면을 파헤쳐 폭로하는 김두한의 일장연설에 의사당 안은 찬물을 끼얹은 듯이 잠잠하기만 했다. 김두한은 이에 그치지 않고 집권당의 정치적인 문제를 하나하나 들춰내면서 그의 말대로 각성을 촉구했다. 만약 각성하지 않고 이대로 부정과 불의가 계속되면 가만 놔두지 않겠다며 주먹을 불끈 쥐기도 했다.

 이윽고 김두한은, 그의 연설을 듣고 '옳소'라고 외치며 박수를 치던 야당 의원들을 노려보며 천천히, 그러나 다부지게 입을 열었다.

 "나는 당신들 야당의 태도도 찬성할 수가 없소. 무조건 반대만 하면 야당이 할 일 다했다고 생각하는 자유당 시절의 생각에서 벗어나 생산적인 국회가 되도록 해야 되지 않겠소? 민생문제, 사회문제, 외교문제 등 산적한 국회 일을 여당과 함께 머리를 맞대고 착착 처리해야 하는데도 불구하고 무조건 입만 열면 반대만 외치니 이거 국사가 제대로 되겠냐 이말이오. 앞으로 나는 야당이 당리당략에만 눈이 어두워 가지고 국회운영을 마비시키면 서슴지 않고 달려나와 단상에서 끝어낼 것이니 각오하시오."

이번에는 공화당 의석에서 박수와 폭소가 동시에 터졌고 야당 의원들도 실소를 터뜨렸다. 김두한은 다시 좌중을 쓱 훑어보더니 결론으로 이렇게 말하는 것이었다.

"나는 이번 6대 국회에 참으로 비장한 각오를 가지고 들어왔소. 나는 우물쭈물 임기나 채우고 재선 준비나 하는 그런 비겁한 의원 생활은 안 하겠다 이말이오. 나는 형무소 가는 걸 두려워하지 않기 때문에 할 말은 반드시 할 것이오. 특히 이 나라 민주헌정을 짓밟는 행위가 이 의사당 내에서 벌어질 것 같으면 김두한은 국민의 눈과 귀를 대신하여 목숨을 걸고 응징할 것을 약속하는 바이오."

발언을 마친 김두한은 여야 의원석을 누비고 다니며 일일이 악수를 청했다.

"나 김두한이오!"

그 소리가 어찌나 큰지 의사당 안이 찌렁찌렁 울렸다. 본회의가 열려야 할 그 시간에 김두한은 배짱좋게도 이렇게 의원석을 누비고 다닌 것이다.

어느 신문은 김두한이 이후락 비서실장에게 화살을 돌려 공격의 포문을 연 것은 김종필을 간접적으로 지원하기 위한 것이라고 촌평하고 이번 선거에 김두한이 승리한 것은 김두한의 개인적 역량보다 김종필의 비밀 지원이 있었기 때문이라고 추측하기도 했다.

아무튼 장장 7년 여의 정치 공백을 깨뜨리고 국회에 다시 들어간 김두한은 국회 등원 첫날부터 이렇게 파문을 일으켰다.

그가 어찌나 설치고 돌아다니는지 이효상 의장은 빨리 의석으로 돌아가 앉으라고 독촉할 지경이었다.

한독당 사건

며칠 후의 일이다. 국회 본회의에 대 정부 질문의 열기가 불을 뽑는 가운데 등단한 야당의 신인우가 맹렬한 대여 공격을 퍼부어 댔다. 신인우는 이번 보궐선거에서 동대문에서 당선돼 김두한과 함께 국회로 들어왔다.

신인우는 처음에 점잖게 대여 공격을 하다가 나중에는 그만 흥분한 나머지 거의 이성을 잃을 정도가 돼 버렸다. 흥분이 지나쳐 정일권 국무총리에게 삿대질까지 하며 국회의원의 신분으로 차마 입에 담기 어려운 욕설까지 내뱉았다.

이런 신인우의 발언 태도는 공화당 의원들을 분노케 했고 야당 의원들마저도 민망한지 고개를 돌렸다. 그런데도 신인우는 시간이 갈수록 더욱 흥분하여 횡설수설하는 것이었다.

이때다. 김두한이 버럭 고함을 지르며 단상으로 뛰어오르는 게 아닌가.

"이봐, 신 의원!"

그러자 의사당 안이 벌집을 쑤신 듯이 왁자지껄해졌다. 남이 발언하는 것을 제지하고 나선 김두한의 언동은 또 무엇인가. 김두한은 분노한 표정으로 여야 의원들을 훑어보다가 그대로 단상에 뛰어올랐다.

"일국의 총리에게 당신 질문 태도가 그게 뭐요? 국무총리는 국민학생이 아니야, 여기는 학교가 아니란 말이야! 여기는 국정을 논하는 신성한 의정 단상인데 당신 좀 점잖게 연설을 해야지, 그게 도대체 어디서 배워먹은 버릇이야?"

그러더니 김두한은 다짜고짜 신인우의 팔을 잡아끌며 끌어내리려 했다.

"아니, 이거 왜 이러쇼?"

신인우가 완강히 버티었으나 김두한의 완력 앞에서는 속수무책이었다. 공화당 의석에서는 우렁찬 박수와 폭소가 터졌고 야당 의원석에서는 야유와 비난의 고함소리가 터져나왔다.

"김 의원 무슨 짓인가!"

그러나 김두한은 계속 신인우의 팔을 끌어 기어이 의석에 데려다 앉히는 것이었다.

잠시 후, 휴식 시간. 김두한이 휴게실에 앉아 있는데 공화당 의원들이 우루루 몰려와 악수를 청하면서 김두한의 용전분투를 칭찬했다. 그러나 김두한은 어찌된 일인지 고마워하기는커녕 통명스럽게 대꾸하는 것이었다.

"이봐 당신들 좋아할 거 하나 없어! 당신들도 독주만 하다가는 큰코 다칠 줄 알라구. 내가 아주 단단히 벼르고 이번 국회에 들어왔다 이 말이야!"

악수를 청하던 공화당 의원들이 머쓱한 표정으로 김두한의 얼굴을 바라보기만 했다.

이렇게 국회 생활을 요란하게 시작한 김두한. 그토록 소란스럽게 거론되던 한일회담 문제도 잠잠해지고 어느새 정가가 안정 국면에 접어들 무렵, 우여곡절 끝에 금배지를 단 김두한은 뜻하지 않은 또 하나의 파문을 일으키며 이 나라 정계에 격랑을 일으키기 시작했다. 신문이 앞 다투어 1면 톱기사로 김두한의 얘기를 싣고 김두한 문제가 정치권 지대의 최대 이슈로 등장한 것이다.

그 사건은 다름 아닌 '한독당 내란음모사건'이다. 이 사건으로 김두한은 현역 국회의원의 신분으로 서대문 교도소에 구속 기소되는 엄청난 시련을 겪게 된다. 그가 다시 감옥에 간 것이다.

1966년 1월 8일, 국내 각 일간지는 중앙정보부가 발표한 엄청나게 충격적인 기사 하나를 다투어 실었다.

'한독당 소속 김두한 의원을 비롯한 한독당 당원 10여 명이 반정부 폭동을 일으킬 계획을 세우고 사제 폭탄까지 만들어 교외에서 실험까지 했으며 이들은 공화당 정부를 무너뜨리고 폭력적인 방법으로 이 나라 헌정질서를 파괴하여……."

1월 10일, 김두한은 국가보안법 위반, 내란음모, 폭발물 사용위반 등의 혐의로 구속되었다. 이때 김두한과 함께 구속된 사람은 한독당 당원이며 고려대학교 4월 학생데모 주동자로 활동했던 국민대 강사 박상원, J대학 교수인 박후양, S극장 사장인 김상진 등 10여 명에 이르렀다.
 왕년의 반공투사가 국가보안법으로 구속된 이 어처구니없는 발표 앞에 모든 국민은 영문을 몰라 어리둥절할 뿐이었다.
 "뭐? 김두한이가 폭탄을 만들어서 폭력으로 뒤집어 엎으려고 했다고?"
 국민들이 이렇게 의아심을 갖고 이 사건의 추이를 지켜보고 있을 때, 국회는 국회대로 여러 문제로 복잡하게 얽혀 있었다.
 김두한의 구속에 대해 야당 의원들의 주장은 양분되어 있었다.
 "김두한이 야당이라면 몰라도 여당 편에 서서 우리를 얼마나 곤란하게 했었나? 그의 석방 의결안을 낼 필요가 없다."
 "아니다. 친여고 친야고 간에 일국의 국회의원인 그가 도주의 우려도, 증거를 인멸할 위험도 없는 그가 구속됐다는 사실은 행정부의 국회 경시조에서 나온 것이니 차제에 우리는 똘똘 뭉쳐 입법부의 실추된 위신을 되찾아야만 한다."
 이렇게 야당 진영이 찬반 양론으로 갈려 있을 때 공화당 내의 사정도 역시 복잡하기만 했다. 행정부에서 한 일을 가지고 왈가왈부하여 문제를 삼는 것은 집권자에 대한 항명이나 마찬가지이기 때문에 대부분의 여당 의원들은 유구무언으로 사태가 진행되는 것만을 지켜볼 따름이었다.
 한편 김두한의 입장에서 생각해 본다면 한심하기 짝이 없는 일이었다. 어찌 된 놈의 팔자가 국회의원 배지만 달았다 하면 형무소 행이란 말인가.
 3대 국회 때는 국회 개원식에도 참석 못하고 형무소 살이를 했고, 이번에는 또 금배지를 단 지 1개월 만에 또 콩밥을 먹어야 되다니 참으로 운명치고는 기이하고 답답하기만 했다.
 "도대체 이놈의 팔자는 어떻게 생겨 먹었길래 형무소를 내 집

건넌방 드나들 듯해야 하는지…….”
 아무리 형무소 가기를 두려워 않는 김두한일지라도 사태가 이 지경이 되고 보니 답답한 노릇이 아닐 수 없었다.
 이때의 김두한의 서대문 형무소 생활은 그의 일생을 통해 가장 고통스러운 것의 하나였다. 이때 이미 그의 나이 49세, 운명처럼 형무소를 드나들며 잔뼈가 굵은 그다. 일제 시대에는 평균 서너 달에 한 번씩을 교도소에 들어갔었다.
 그러나 이번에는 그때와는 경우가 선혀 다르다. 죄목부터가 국가보안법으로 반공을 국시의 제1로 삼는 우리 나라에서 그가 저질렀다고 하는 범죄는 너무도 엄청난 것이있다.
 비록 그가 현역 국회의원으로서 특별한 대우를 교도소 안에서 받았다고는 하나 그가 겪는 심적 고통은 엄청난 것이었다. 그는 어느 날, 공판정에서 기자들에게 넋나간 표정으로 이렇게 중얼거렸다.
 “자백을 강요하는 고문을 받았소!”
 그의 말이 사실인지 아닌지는 모르지만 아무튼 그의 신체는 이때부터 정상이 아니었다. 초췌한 낯빛으로 기자들을 바라보는 그는 옛날의 주먹황제 김두한이 아니었던 것이다.
 야당 의원들은 결국 공화당 의원들을 설득하여 김두한 의원 석방 결의안을 국회 본회의에 상정시켰다. 유진산, 조윤형 등이 김두한의 석방을 위해 무진 애를 썼다. 조윤형 의원은 조병옥 박사의 아들이다.
 결국, 이런 경로를 통해 김두한은 구속된 지 20여 일 만에 다시 풀려 나왔다. 기자들과 측근들이 왕년의 반공투사인 그가 국가보안법 위반이라는 엄청난 죄목으로 붙잡혀 고초를 겪은 이유가 뭐냐고 캐물었으나 그는 고개를 절레절레 흔들며 끝내 입을 다물었다.
 “지금은 말할 수 없지. 역사가 다 말해 줄 테니까. 그때까지 난

기다리겠네. 난 반공이라면 팔을 걷어붙이고 뛰어들어 오늘날까지 살아온 몸이야!"

김두한은 입을 굳게 다물고 더이상 누구를 원망한다거나 미워한다는 말을 하지 않았다. 그의 어깨는 축 처져 있어 도대체 이 사람이 뒷골목을 누비며 일본 순사들을 때려눕히고 화려한 주먹 세계의 오야붕으로 반생을 살아온 사람인지조차 의심스러울 지경이었다.

"자백을 강요하는 고문을 당했소."

그러면서도 그는 어떻게 고문을 당했으며 왜 고문을 당하면서까지 사실을 밝히라는 강요를 받았는지에 대해서는 입을 다물고 있을 뿐이었다.

바로 이때부터 김두한은 옛날의 김두한이 아니었다. 베일에 가려진 투옥의 이유와 함께 다문 입술에서 예전의 김두한, 그 패기에 찬 주먹황제 김두한의 모습을 찾기 어려웠다.

대한민국 국회사무처 발행 '국회사'는 당시의 상황을 이렇게 적고 있다.

1966년 1월 28일, 민중당의 조윤형 의원 외 32인이 제안한 '김두한 의원 석방요구에 관한 결의안' 내용은 다음과 같다.

'김두한 의원은 지난 1월 8일 국가보안법 위반·내란음모·폭발물사용 음모죄로 구속되었다.

그런데 김두한 의원의 구속 사유인 혁명 5단계 이론은 이 사건의 총괴수로 지목된 국민대학 강사 박상원이 지금까지 학생들에게 강의한 공지의 사실이었음은 물론 지난번 보궐선거 기간 중에 입후보자인 김두한 의원이 청중 앞에서 공공연히 연설한 내용으로 폭력적 정권탈취의 단계, 사상혁명, 정책혁명, 기술혁명, 생활문화혁명이라는 5가지 혁명 이론은 결코 사상적으로 불순한 내용이 아닌 것이다.

또 하나의 혐의인 소위 '몰로토프 칵테일' 폭탄을 제조하기 위해 김두한이 가담했다는 내용에 대해 김두한 의원 자신이 전혀 모르는 일이라고 부인했고 '민족방위군'을 만들어 김 의원이 그 총사령관이 되려 했다는 내용 또한 전혀 근거 없는 말이 아닐 수 없다.

또 설령 검찰이 말하는 혐의 사실을 시인한다 해도 작년 11월부터 수사가 시작되어 이미 수사는 일단락된 상태이므로 구속의 유일한 사유인 증거인멸의 우려가 전혀 없다.

뿐만 아니라 김두한 의원은 독립투사인 고 김좌진 장군의 아들로서 과거 미 군정 당시에는 반공의 선두에서 싸우다 사형까지 언도받은 애국지사가 아닌가.

따라서 김 의원을 석방해야 한다는 것은 너무도 당연하며 더구나 과거 행정부와 견해를 달리 한다고 해서 국회의원을 마음대로 체포해 온 폐단을 시정하기 위해서도 김 의원을 석방하는 것은 정당하므로 본 안건을 제안하는 바이다.'

이러한 민중당의 안건은 1966년 1월 29일, 제6차 본회의에서 총투표수 116표 중 106표의 찬성을 얻어 가결, 김두한은 결국 다시 국회로 돌아왔다.

김두한은 신상발언을 얻어 자신이 풀려날 수 있도록 힘써 준 의원 모두에게 감사드린다는 짤막한 인사말을 마치고 자기 의석으로 돌아갔다.

옛날 같으면 불을 뿜는 듯한 대여 공격으로 자신의 입장을 밝힐 그가 그저 묵묵히 입을 다문 채 그렇게 앉아 있는 것이다.

김두한에게 무슨 변화가 일어났기에 저토록 말이 없는가? 많은 사람들이 숨을 죽이고 김두한의 거동을 지켜보고 있을 때, 기어이 운명의 시간은 다가오고 있었다.

때는 1966년 9월, 이 나라 입법부가 완전히 파국으로 치닫고 행정부는 행정부대로 빈사 상태에 이르는, 그런 엄청난 사태가 김두한에 의해 일어나고 만 것이다.

그간의 침묵을 여지없이 깨버리고 성난 사자로 돌변한 김두한이 일으킨 격랑——바로 '국회 오물사건'이었다.

한비 밀수사건

1966년 9월 16일, 각 일간지는 전 지면을 할애하여 '한비 밀수사건'이란 엄청난 사건을 보도했다.

이 보도 하나로 초가을의 황금 벌판에 감돌던 풍년 기운마저도 잿빛으로 변해 버렸고, 때마침 발표되었던 '제 2 차 경제개발 5개년 계획'으로 희망에 부풀었던 국민들은 실망과 분노와 경악으로 가슴을 쳤다.

국내 제일의 재벌기업이며 해방 이후 지금까지도 부의 상징으로 여겨오던 삼성재벌 산하의 한국비료주식회사가 비료공장의 건설자재에 필요한 물자를 수입한다고 속이고 그 수입 상자 속에 수입 금지품인 사카린 원료를 대량으로 들여왔던 것이 뒤늦게 밝혀진 것이다.

사카린 원료인 OTSA(오르트멘슬폰아지트)를 무려 58톤이나 들여왔던 이 밀수사건이 세상에 알려지자 국민은 아연실색, 국내최고의 재벌기업이 국민을 배신한 처사라고 규탄하고 나섰다.

1966년 9월 16일부터 터지기 시작한 이 사건은 그 해 연말까지 경제개발의 의지에 차 있던 국민을 좌절과 실의 속에 몰아 넣었다.

삼성재벌 산하 국내 제일의 설탕공장인 제일제당으로 가져갈 예정이던 이 사카린 원료가 낳은 불협화음은 급기야 정계에까지 파급되어 극심한 국론 분열, 불신, 여야의 극한 대립을 파생시켰다.

"재벌의 밀수는 횡포 중의 가장 악랄한 횡포다. 서민을 우롱하는 처사가 아니고 그 무엇인가?"

"밀수 관계자는 극형에 처해야 한다. 국민의 심판을 받아야 한다!"
 이런 여론이 비등한 가운데 사건 수사에 착수한 검찰은 더욱 한심한 사실 하나를 발견한다.
 부산 세관 당국이 한국비료의 밀수품을 적발하고서도 법에 따른 절차를 밟지 않은 것이 밝혀진 것이다.
 원래 이 밀수사건을 법에 따라 처리한다면 특정범죄 가중처벌법 위반 등을 적용하여 밀수 관련자는 5년 이상의 징역에 처했어야 했는데 세관은 다만 벌과금과 통고처분만으로 간단히 처리하여 유야무야해 버렸다는 사실이 드러나 국민을 더욱 흥분하게 만들었니.
 손목시계, 반지 하나만 밀수해 와도 가차없이 처벌하는 세관이 이 엄청난 밀수사건을 사소한 관세법 위반으로 처리, 밀수물자의 몰수, 벌과금 및 추징금 등으로 가볍게 처리를 했다는 것은 국민들로 하여금 정부가 재벌기업을 비호하고 오히려 그들의 농간에 놀아나는 게 아니냐는 인상을 주기에 충분했다.
 1966년이라고 하면 5·16 군사혁명이 일어난 지 겨우 5년 여에 불과한 시절. 당시는 경제개발의 기치 아래 전 국민이 '우리도 한번 잘 살아 보자!'고 외치며 허리띠를 잔뜩 졸라매던 시절이 아닌가.
 이런 각오 아래 국산품을 애용하고 외래품은 철저히 배격하여 경제부흥을 이룩하자고 너나없이 결의가 대단하던 때다. 정부는 이런 경제부흥의 대명제 앞에서 밀수 따위의 범죄는 망국의 원흉이라 하여 가차없이 철퇴를 내렸던 것이 엊그제의 일이다.
 그뿐인가. 혁명 직후 군사정부는 상습 밀수범으로 악명을 떨치던 한필국을 사형시켜 정부의 단호한 의지를 보인 바도 있었다.
 이런 판국에 국내 제일의 재벌기업이 정부의 개혁의지와 국민 모두의 각오를 비웃기라도 하듯 58톤이나 되는 다량의 사카린 원료를 배에 싣고 유유히 부산항에 들어왔으니 국민이 어떻게 흥분하지 않을 수 있었겠는가.

여기에서 문제는 이런 망국적인 밀수행위를 눈감아 준 세관 당국자의 행위였다. 법 정신을 철저히 모독하고 형평의 원칙에도 어긋난 처사에 국민이 분노하는 것은 당연했다.

"없는 놈은 양담배 하나만 얻어 피워도 감옥에 가고, 있는 놈은 나라를 팔아먹어도 그만이니 이래서야 나라꼴이 뭐가 되겠어."

국민 여론이 이렇게 감정적으로 치닫는 가운데 9월 17일, 검찰은 부산 지방검찰청에 긴급 지시를 내렸다.

1. 이 사건의 경위와 내막을 자세히 파헤칠 것.
2. 세관의 직무유기 혐의 여부를 철저히 밝혀낼 것.
3. 밀수자와 세관 당국의 결탁 여부를 조사할 것.

한편, 경제기획원에서는 문제의 사카린 원료 58톤을 수입할 수 있었던 외화의 출처를 밝혀내기 위해 발벗고 나섰는가 하면 국회는 국회대로 권력과의 결탁 여부를 놓고 여야가 충돌하기에 이르렀던 것이다.

이때의 야당은 박순천 여사가 이끄는 민중당과 윤보선 전 대통령이 이끄는 신한당. 이들은 맹렬한 대여 공격을 터뜨리며 이 사건의 배후에 권력이 개입되어 있다고 주장했다.

사태가 이에 이르고 정계가 극한 대립의 상태에 이르자 9월 19일, 박정희 대통령은 대검찰청에 사건의 철저한 규명을 강력히 지시하고 전면적인 재수사를 명령했다. 당시의 신문들은 박정희 대통령이 이 사건을 보고받고 대로했다고 전하고 있다.

이 명령에 따라 대검찰청은 '한국비료 밀수사건 특별수사반'을 긴급 구성하고 이제까지 한비 밀수사건을 담당했던 수사본부장과 부산세관장을 직위해제해 버렸다. 마침내 정부 차원에서 이 사건을 규명하기로 결정한 것이다. 그러나 각 매스컴과 야당은 정부의 이런 정책을 비웃기라도 하듯 규탄의 소리를 그치지 않았다. 야당은 더욱 대대적인 지방 유세를 펼치고 한국비료의 밀수가 권력과 손을 잡은 가운데서 이루어진 것이며 이 시간 현재까지도 그들은 권력의 비호를 받으며 수박 겉핥기 식의 수사를 받고 있다고 공격했다.

9월 21일, 국회는 본회의에서 정일권 국무총리, 장기영 부총리 겸 경제기획원장관, 민복기 법무장관, 김정렴 재무장관, 박충훈 상공장관 등 관계국무위원들을 출석시켜 사건의 진상과 책임 추궁을 위한 대정부 질의를 폈다.

한편, 박 대통령의 명령에 의해 전면적인 새수사에 나선 검찰은 9월 20일, 한국비료의 상무 이일섭을 긴급 수배하는 한편 9월 21일에는 한국비료의 방계회사인 금북화학주식회사 대표인 노모 씨, 제일제당주식회사 영업부장 김모 씨 등 세관원 7명을 구속하고 9월 22일에는 전 부산세관장 문용섭을 소환하여 사건의 진상을 규명하기 위한 본격적인 수사에 박차를 가했던 것이다.

이와 같이 검찰의 수사가 본격화된 9월 22일, 삼성재벌의 총수 이병철 씨는 국내외적으로 큰 파문을 일으킨 밀수사건에 책임을 통감한다는 성명을 발표하고 한국비료 공장의 국가 헌납과 자신은 모든 기업에서 손을 떼고 은퇴하겠다고 발표하기에 이르렀다.

9월 24일과 25일, 검찰은 한국비료의 상무인 이창희와 전 상무 이일섭을 구속했고, 9월 24일에는 전 부산세관장 문용섭마저도 관련 혐의로 구속했으며 법인으로서의 한국비료주식회사를 정식으로 입건 조치했다.

9월 28일, 검찰은 이때까지의 수사진행 과정을 통해서 얻은 결론을 바탕으로 삼성재벌 이병철 씨를 소환하여 심문하고 10월 1일에는 다시 이병철 씨와 김정렴 재무부장관, 명동근 재무부 세관국장 등을 소환하여 조사했으며, 10월 4일에는 이호범 전 재무부 차관을 불러 사건의 진상을 따졌다.

그리고 이날, 마침내 경제기획원은 이일섭 한국비료 전 상무를 외환관리법 위반으로 검찰에 고발했으며, 10월 6일에는 연일 18일간의 수사를 벌여오던 검찰이 한국비료 전 상무 이일섭, 현 상무 이창희를 구속 기소해 버리고 법인체인 한국비료주식회사 대표이사 성상영을 관세법 위반 혐의로 불구속 기소함으로써 수사를 종결, 10월 7일 수사반을 해체했다.

이 사건이 국회 본회의에서 본격적으로 거론되기 시작한 것은 9월 21일부터였다.

이날 국회 본회의는 장기영 부총리 겸 경제기획원 장관, 김정렴 재무장관, 박충훈 상공장관, 민복기 법무장관 등을 출석시켜 '특정 재벌 밀수사건에 관한 대정부 질문'을 폈다.

야당 의원들은 이구동성으로 소리쳤다.

1. 정부가 재벌의 밀수사건을 비호하고 있지 않은가?
2. 삼성재벌은 정부로부터 대출받은 차관자금으로 밀수품의 대금을 결제해 준 것이 아닌가?
3. 삼성재벌 대표 이병철 씨가 이 밀수사건에 직접 관련된 것은 아닌가?

특히 야당은 삼성재벌 총수의 즉각 구속을 주장하면서 내각은 이 사건의 책임을 지고 총사퇴하라고 요구하기에 이르렀다.

이런 야당의 맹공격을 받는 장기영 경제기획원 장관은 침통한 표정으로 답변했다.

"법을 적용하는 과정에서 착오와 잘못이 있었음을 시인한다. 재벌의 밀수에 대해서는 법의 형평 원칙에 따라 엄벌할 방침이다."

그밖에 각 부처 장관들도 이 사건의 경위를 밝히면서 답변했다.

1. 정부는 작금의 밀수사건을 비호하고 있지 않다. 권력과의 결탁 소문은 유언비어다.
2. 세관이 법적용을 하는 과정에서 형평의 원칙에 어긋나는 잘못을 저질렀으므로 그 책임을 묻겠다.
3. 밀수품의 결제대금은 삼성재벌 자체자금으로 한 것이다.

그러나 아무리 정부가 목청을 돋워 답변을 해도 야당의 목소리는 수그러질 줄을 몰랐고 국민은 여전히 의혹의 눈으로 사건의 수사 진행 과정을 지켜보고 있었다. 국민들은 여전히 배후에 분명히 무엇인가가 있다고 믿고 있었다.

국회의사당의 오물사건

용산 보궐선거를 통해 국회에 다시 들어온 김두한은 금배지를 단 시 한 달여 만에 '한녹당 사건'으로 감옥에 들어갔다가 나온 바 있다.

그 후 김두한은 자신이 속한 건설분과위원회의 일을 열심히 해 나가고 있었다. 당시는 경제개발의 기치 아래 특히 서울 시내 변두리의 판자촌 일대가 대대적으로 정비되던 시절이다.

말도 많고 탈도 많은 판자촌 철거문제를 다루는 건설분과위원회에서 김두한은 판자촌 서민들에게 불이익과 불편을 감수하게 하는 서울시 행정을 추궁하며 조용하지만 내용 있는 의정 활동을 하고 있었다.

그러던 9월 16일 오후, 비서 이병일이 신문을 들고와 소리치는 것이었다.

"김 의원님, 큰 사건이 터졌습니다!"

비서로부터 사건의 내막을 듣고 난 김두한은 어이가 없었다. 국내 최고 최대의 재벌기업이 밀수를 하다니, 이럴 수가 있단 말인가?

"이것은 있는 자의 과욕에서 빚어진 횡포이며 서민 대중을 경멸하는 일이다. 이것은 서민 대중의 권익을 위해서도 반드시 따지고 넘어가야만 한다."

김두한은 이를 악물며 국회에서 이 문제의 진상을 규명하는 데 앞장서야겠다고 결심했다. 김두한은 이 문제를 단순한 경제사범으로 보지 않고 제3공화국 정권의 권력 구조적 모순에서 기인한,

국민을 경시하는 행정에서 비롯된 결과라고까지 여기고 있었다.
 김두한은 이미 밝혀졌듯이 공화당의 은밀한 협조가 있었기 때문에 보궐선거에 당선될 수가 있었다. 말하자면 공화당은 그의 정치적 은인인 셈이다.
 그러나 그는 이런 사소한 관계 때문에 국민 대중의 분노를 사는 문제를 수수방관할 수는 없다고 생각했다.
 아무리 그가 의리의 사나이라고 하지만 이 문제는 그런 의리와는 차원이 다른 국리민복과 직결되는 문제인 것이다.
 "나는 삼성재벌하고는 아무 원한 관계도 없다. 그러나 따질 건 따지고 넘어가야 내 속이 풀린다 이거야!"
 김두한은 눈을 감고 생각에 잠겼다.
 "내가 아무리 국회에서 대정부 질문을 하며 고함을 쳐도 그건 소 귀에 경읽기다. 장관들이야 나보다 다 똑똑하고 말 잘하고 경제 이론에 밝은 게 아닌가. 그렇다면 무슨 수로 사실을 밝히고 이들을 응징할 것인가?"
 주먹으로 때려 잡을 수는 없다. 지금은 자유당 치하의 제1공화국도 아니고 제1공화국이라고 해도 예전 나이가 아니다.
 "어떻게 해야 국민 여론을 제대로 반영할 수 있을까?"
 생각이 여기까지 미친 김두한이 비서 이병일을 불렀다.
 "이 비서! 집에 연락해서 지난번 감옥살이 할 때 입었던 솜바지저고리를 준비시키게!"
 "예? 솜바지저고리는 왜요?"
 "난 교도소 갈 각오로 이 사건의 흑막을 파헤쳐 보겠다 이거야!"
 김두한은 다부지게 마음을 먹으면서 비서진에게 사건의 전말을 자세히 알아 보고 브리핑을 해달라고 지시했다.
 9월 21일, 드디어 국회에서 특정 재벌 밀수사건에 대한 대정부 질의가 시작되었다.

야당 의원들이 벌떼같이 일어나 이 사건으로 인해 빚어진 국민 충격을 대변하면서 사건의 진상을 캐물었다.

그러나 정부는 한결같이 지금 조사 중이다. 권력과 결탁이라니 말도 안 된다. 자세히 조사하여 다시 보고하겠다는 등 구렁이 담 넘어가는 듯한 답변만 계속하는 것이었다.

흥분한 야당 의원들이 책상을 치며 관련장관은 당장 사표를 제출하라고 쏘아 붙이며 흥분했으나 국무위원들은 여전히 조사 중인 사건에 대해 미리 말할 수 없으며 확실한 수사 결과가 나오는 대로 진상을 밝히겠다고 대꾸하는 것이었다.

김두한은 기가 막혔다. 사실을 사실대로 밝히지 않고 무슨 꿍꿍이로 저렇게 어물거리는지 모르겠다며 혀를 찼다.

"안 되겠다, 내가 나서야지!"

김두한이 두 눈을 부릅뜨며 비서진에게 '모종의 지시'를 내린 것은 9월 21일 오후 8시경이었다.

이튿날 오전, 김두한은 국회에 나갔다. 그런데 그의 손에는 마분지 포장지로 싼 상자 하나가 들려 있었다.

국회는 민의의 전당이긴 하지만, 민의의 대변자인 국회의원이라 할지라도 국회 내로 반입하는 물품은 국회 경위에 의해 체크를 당해야 한다.

정문에 서 있던 경위 하나가 김두한에게 달려와 그 상자의 정체를 따져 물었다.

"김 의원님, 무슨 상자입니까?"

"이거? 내가 오늘 본회의 발언을 하는데 증거로 가져온 사카린이야. 이게 바로 이번에 밀수해온 사카린이라구. 보여줄까?"

"……."

김두한이 능청을 떨며 상자를 내려놓고 보여주겠다고 말하자 경위는 빙그레 웃으며 말했다.

"아닙니다. 그냥 가시죠!"

김두한은 경위에게 무슨 말인가 하려다 말고 빙그레 웃으며 소리쳤다.
"수고하시오!"
김두한이 경위의 어깨를 툭툭 두드려 주고 유유히 본회의장으로 들어갔다.
일찍 본회의장에 도착한 탓에 아직 많은 의원들이 나와 있지는 않았다. 김두한은 메모해 준 오늘의 질의 내용을 점검했다. 그러다가 김두한은 그 메모지가 별 필요가 없다는 듯이 호주머니에 구겨 넣어 버리고는 이내 담배 한 대를 피워 물었다. 그의 얼굴엔 예전 같지 않은 어떤 결의가 있는 것처럼 보였으나 동료 의원 누구도 그것을 눈치채지 못했다.
지나가던 여야 의원들이 책상 위에 다소곳이 놓여진 문제의 상자를 흘끗 쳐다보며 증거 한 번 단단히 준비한 모양이라며 농담을 했으나 김두한은 웃지 않았다.
그날 아침부터 시작된 국회 본회의에서의 대정부 질문 역시 '우이독경식'으로 공허한 메아리로 겉돌고 있었다.
"진상을 밝혀라!"
"밝힐 단계가 아니다. 대통령의 지시도 있고 하니 정부 차원에서 철저히 수사하겠다."
"걱정말고 기다려라!"
정부 측의 답변은 어떤 장관이 나와서 답변을 하더라도 마찬가지였다. 좀 기다리라는 거다.
12시 45분, 국회의장 이효상의 목소리가 본회의장에 울려 퍼졌다.
"한독당 소속 김두한 의원 나와서 발언하세요."
김두한은 쑥 일어나서 넓디넓은 의사당 안을 쭉 한번 훑어보더니 이윽고 뚜벅뚜벅 단상으로 걸어 나갔다. 문제의 상자가 그의 오른손에 들려 있었다.

단상에 오른 김두한은 상자를 단상 왼쪽에 내려 놓고는 질의를 하기 시작했다.
"이번 사건은 그 동안 재벌의 부정과 불의는 합리화시켜 주면서 서민 대중의 사소한 잘못은 일벌백계로 응징해 온 공화당 정부의 정치 자세가 빚은 당연한 결과다. 말만 번지르르하게 하고 뒷구멍으로는 호박씨를 까는 정부가 먹고 입어 조지는 짓만 해서 떼돈을 번 재벌을 잡아 넣을 줄 아는가? 이미 이 사건의 결말은 났다. 어떤 사람이 감옥에 가고 어떤 사람이 어떻게 될 선시 나 성해셔 있지 않느냐?" 김두한의 목소리가 자꾸 커졌다.
김두한은 잠시 말을 중단하고 국무위원석에 앉아 있는 정일권 국무총리, 장기영 경제기획원 장관, 김정렴 재무장관, 박충훈 상공장관 등 국무위원과 이효상 국회의장 등을 가소롭다는 듯 쓰윽 훑어보았다.
그러기를 1분 여. 김두한은 증거로 가지고 나왔다는 상자의 마분지 포장지를 풀어헤쳤다. 상자는 양철통으로 된 것이었는데 그 위엔 또 하나의 물건이 작은 포장지에 싸여 있었다.
김두한이 천천히 다시 입을 열었다.
"지금 집권층의 일부에서는 조국 근대화란 미명 하에 자기들 집이나 현대화하여 화려한 혁명공약을 공수표로 만들고 있다. 그에 대한 국민의 분노가 어떠한지 당신들은 아는가? 나는 오늘 대단한 각오를 가지고 의정 단상에 올랐다. 그동안 부정과 불의를 눈감아 주고 합리화시켜 준 장관들, 바로 당신들을 국민의 이름으로 심판하러 나온 것이다!"
김두한은 여기까지 말하고는, 또 하나의 작은 포장지 속에 들어 있던 흰 가루를 각료들에게 가지고 가서 확 뿌리면서 이렇게 소리쳤다.
"이건 밀수 사카린인데 당신들에게 맛을 보여줘야 겠다!"
하얀 가루가 국무위원석 책상 위에 뿌옇게 뿌려졌다. 그 다음,

곧바로 단상에 다시 온 김두한은 양철통을 개봉하고는 다짜고짜 그 양철통의 내용물을 국무위원석에 확 뿌려 버렸다.

그 순간, 단상 바로 옆의 국무위원석에 무방비상태로 앉아 있던 국무총리와 장관들은 그 내용물을 그대로 뒤집어 쓰고 말았다. 그와 동시에 신성한 국회의사당 안에는 때아닌 오물 냄새가 진동했다. 김두한은 다음 순간, 책상을 치며 소리쳤다.

"나의 이번 거사는 국민의 의혹과 울분을 행동으로 대변한 것이다!"

한편, 김두한이 내던진 오물은 국무위원석에 정통으로 날아가 김정렴 재무장관의 온 얼굴과 양복에 그대로 뿌려졌고 정일권 총리, 장기영 경제기획원 장관, 민복기 법무장관, 박충훈 상공장관의 몸과 옷을 몽땅 더럽혔다.

참으로 눈뜨고 못 볼 처참한 광경이 벌어지고 만 민의의 전당은 그 순간 수라장이 돼 버렸다.

"어이쿠!"

장관들이 소스라치게 놀라며 벌떡 일어났으나 때는 이미 늦었다. 얼굴, 양복, 책상, 의자 등 앞뒤 좌우 어디를 살펴봐도 구린내 나는 똥물만이 질펀했다.

옛날 같으면 '일인지하 만인지상'이라는 영의정 신분의 국무총리가 오물을 뒤집어쓰다니, 더구나 국무위원석에 나온 장관들은 모두 이 나라 행정을 이끌어 가는 일국의 장관들이 아닌가.

웃을 수도 없고, 그렇다고 울지도 못할 이 어이없는 해프닝, 의정 사상 초유의 해프닝이었으며 마지막이었다.

김두한은 엄청난 소동을 일으키고는 아무 일도 없었다는 듯이 국회의사당을 나와 신문로에 있는 집으로 가버렸다.

그의 뒤를 따라 벌떼같이 달려온 기자들에게 김두한은 그가 일으킨 소동에 대해선 조금도 미안하다는 표정이 없이 소리쳤다.

"나는 교도소에 다시 들어갈 각오가 돼 있단 말이야!"

그가 교도소에 다시 들어갈 각오로 내던진 오물. 그 오물 파동의 여파는 너무도 컸다. 국민은 밀수사건에 놀라고 오물사건에 또 한 번 놀랐다.
그런데도 김두한은 큰소리쳤다.
"이봐요, 기자 양반들! 내가 내각 국무위원들에게 오물을 던진 건 장관들 개개인한테 던진 게 아니라 헌정을 무시하면서까지 밀수사건을 비호하고 있는 제3공화국 정권에 던진 거란 말이오, 알겠소?"

다시 교도소로

김두한의 국회의사당 오물사건 직후 이효상 국회의장은 급히 산회를 선포하고 여야 원내총무들을 소집, 대책을 논의했다.
여당 측이 강력하게 요구했다.
"국회법에 의거 김두한 의원을 제적시켜야 한다. 국회의원으로서의 수치가 아닐 수 없다!"
야당 측도 김두한 의원이 저지른 일이 너무도 엄청나고 민망한 것이어서 이 의견에 반대할 수 없었다. 김두한 의원을 제적시켜야 한다는 의견이 높아졌다.
"김두한 의원 같은 사람은 국회에서 추방해야 한다. 10만 선량이라고 자처하는 사람이 장관들에게 인분 세례를 퍼붓다니 이게 도대체 말이나 되는 얘긴가?"
이런 김두한에 대한 비난의 소리가 국회 내에서 높아 갈 때, 김두한은 기자들에게 자신의 입장을 밝히는 기자회견을 하고 있었다.
"말로 해서는 안 된다. 사건의 진상을 밝히기는커녕 쉬쉬하는 장관들에게는 똥물이 약이다! 그래야 입을 연다."
여기까지 말한 김두한은 누구도 말하지 못했던 비밀 하나를 폭로한다며 말을 이었다.
"삼성 밀수가 터진 데는 다 이유가 있다. 재판을 받는 자리에서 다 폭로하겠지만 공화당의 한 파에서 삼성 측에 정치자금 1억 원을 요구했는데 삼성에서 5천만 원만 주고 청와대로 찔러 버려 돈을 반환받았는데 공화당의 그 사람들이 화풀이로 뒷조사를 해서 터진 거다!"
김두한은 이에 그치질 않고 공화당 정부는 결코 밀수한 장본인들을 잡아 넣지 않을 것이라고 단언하는 것이었다.
기자들이 물었다.
"문제의 오물은 어디서 구한 겁니까?"
"그 오물은 순국선열의 얼이 서린 파고다 공원의 공중변소에서 구한 거지."
"누굴 시킨 겁니까?"
"시키긴 누굴 시켜? 21일 밤 내가 직접 담을 넘어 들어가서 퍼낸 것이지."
"지금 심정은 어떠신지?"
"심정은 무슨 놈의 심정! 난 지극히 담담하단 말이오. 날더러 헌정을 지키지 않았다고 하는데 새벽 3시에 한강 다리를 넘어 온 현 정부는 그럼 헌법을 사수한 사람들이란 말인가? 난 교도소에 갈 각오가 다 돼 있소."
23일, 드디어 운명의 시간. 국무위원에게 오물을 던져 정국을 파국으로 몰아 넣은 김두한은 자신을 제명처분한다는 국회 표결이 있기 전 스스로 의원직을 사퇴했다.
표결이 있기 직전, 그는 그의 파란만장한 일생을 통하여 마지막이 되는 의정 단상에서의 발언을 하기 위해 뚜벅뚜벅 단상에 올랐다. 검은 양복에 빨간 넥타이, 위 포켓에는 하얀 손수건까지 가지런히 꽂혀 있었다.
마치 20대 초반의 일본이 자랑하는 무사 마루오까 형사와 맞대결하기 위해 우미관 뒷골목에 섰던 그 모습 그대로였다.
불과 10여 분 후면 그는 의원직을 내던진 평민이 된다. 더구나 그에 대한 표결이 끝나면 즉각 구속되어야 할 처지다. 국회 주변의 공기는 긴장과 살벌한 분위기가 감돌았다.
그런데도 단상에 오른 김두한은 조금도 거리낌없이 할말은 기어이 다하는 그의 성미를 보여 주고 있었다.
"6대 국회는 절름발이 국회다. 공화당 혼자 다 주물렀고 야당은 쭉도 못 쓰고 질질 끌려 다니기반 했다. 여당은 누 개다. 하나는 공화당이고 또 하나는 이후락 비서실장이 이끄는 당이다. 이후락 사설당에 의해 공화당은 맥을 못 쓰고 있다. 이래가지고서야 나라 꼴이 될 게 뭐냐?"
이때다. 공화당 쪽에서 이효상 의장이 급히 김두한의 발언을 중지시켰다.
"김두한 의원은 말씀을 삼가하세요!"
그러나 김두한이 이런 소리에 귀를 기울이고 하던 말을 중단할 사람이 아니라는 것을 사람들은 잘 알고 있었다. 김두한은 다시 말을 잇는다.
"오물사건을 일으켜 국민에게 죄송하다. 그러나 정부는 각성하라. 내가 하고 싶은 말은 이것뿐이다. 나는 법에 따라 어떤 처벌도 달게 받을 각오가 돼 있다. 그러나 이 밀수사건의 흑막을 끝내 밝히지 않는다면 제2, 제3의 밀수사건이 또 일어나지 않는다고 누가 보장할 수 있겠는가?"
이날 오후 국회는 155명의 의원들이 참석한 가운데 김두한 의원에 대한 징계결의안을 위한 투표에 들어갔다.
투표결과는 예상대로였다. 재석 155, 가 111, 부 18, 기권 22, 무효 4. 김두한은 이로써 의원직을 박탈당하고 말았다.
그로부터 1시간 후인 3시 50분, 그는 국회 모독죄, 공무집행 방해 등의 혐의로 남대문 경찰서에 연행되었고 그날밤 늦게 구속영장이 발부되어 교도소에 들어갔다.

한편, 박정희 대통령은 9월 22일 오후, 김두한의 오물 살포 소식을 듣고 대로한 표정으로 창을 응시하며 오랫동안 할 말을 잃었다고 한다.

김두한의 행위는 박정희 대통령이 이끄는 공화당 정부에 대한 지독한 모독이요, 노골적인 도전의 행동이 아닌가. 이 나라 최고 통수권자에 대한 엄청난 모욕.

우리 나라에서는 옛날부터 모욕을 퍼붓는 가장 극한적인 방법의 하나로 똥물을 뿌리거나 그것에 빗대어 욕하는 관습이 있다. 김두한은 바로 이 나라 최고의 권력자인 박정희 대통령에게 똥물을 끼얹는 모욕을 준 것이었다. 박 대통령이나 국민들은 그렇게 받아들였다.

박정희 대통령은 얼마 후 국회의장 이효상에게 공한을 보내 자신의 분노를 노골적으로 표시했다.

"신성해야 될 민의의 전당에서 국민의 지탄을 받아 마땅한 추태를 보인 것은 일국의 국회의원으로서 법정신을 모독한 행위다. 이는 삼권분립의 헌정 질서를 짓밟고 행정부로 하여금 더 이상 인내할 수 없게 만드는 모욕적 행동으로 본인은 국민과 더불어 깊은 분노를 표시하는 바이다. 입법부는 다시는 이런 일이 없도록 해주기 바란다!"

박 대통령의 노골적인 분노, 김두한에 대한 응징, 구속.

그리하여 김두한은 다시 감옥살이를 시작했던 것이다. 그는 감옥에 들어가면서도 너털웃음을 터뜨리며, 따라오는 신문기자들에게 여유있게 손을 흔들어 보였다.

김두한에게 있어서, 감옥은 '제 2의 고향'인지도 모른다.

10대 어린 시절부터 사랑방 드나들 듯이 한 감옥살이.

이제 50이 다 된 나이에 참으로 어처구니없는 이유로 금배지를 박탈당하고 다시 차가운 벽돌집으로 걸어 들어가는 그에게서 왕년의 주먹황제의 그 왕성한 용기와 위세는 찾아보기가 어려웠다. 그는 이제 지쳤고 늙어 있었다. 그리고 왕년의 주먹신화를 증거할 힘을 갖고 있지 못했다.

그가 뿌린 오물. 그는 그것이 국민 여론의 대변이라고 소리치긴 했으나 오히려 그 행위는 국민들로부터 비웃음과 지탄을 받았을 뿐이었다.

"에이, 속이 후련하다."

이렇게 말하는 사람도 없지는 않았을 것이다. 그러나 시대는 제 3공화국. 경제개발의 기치 아래 국민의 지식 수준도 엄청나게 향상되었으며 민주주의에 대한 의식도 크게 향상이 된 시대가 아니었던가.

민주주의는 주먹이나 막무가내의 완력으로 지켜지는 것이 아니라 대화와 지성으로 지켜져야 한다고 믿는 국민들에게 그의 행위는 단지 하나의 우스꽝스러운 해프닝으로 보여질 수밖에 없었다.

그러나 김두한은 눈썹 하나 까딱 않고 검사의 물음에 답했다.

"역사는 영원한 것, 그러나 정권이나 재벌이나 다 한 줌 흙에 불과한 것입니다. 국민이 한 번 잘 살아 보자고 두 주먹 움켜 쥐는데, 그렇게 살자고 앞에서 이끄는 사람들이 말만 뻔지르르하게 하면서 특정 재벌의 횡포에 놀아난다면 이거 정말 한심한 세상 아닙니까?"

그의 청산유수 같은 일장연설. 검사는 그의 말에서, 그의 얼굴에서 항일·반공·반독재투쟁의 선봉장이 되어 일생을 살아온 한 영웅의 얼굴을 볼 수 있었을지도 모른다. 그만큼 그의 표정은 진지했던 것이다.

"난 솔직히 무식합니다. 무식하니까 무식한 짓만 골라 한다 할지 모르나 분명히 역사는 기록할 거요. 과연 오늘의 정치, 경제, 사회, 모든 상황이 김두한이 똥물을 끼얹은 것과 뭐 다를 바 있겠느냐고, 후세의 역사가들은 분명히 따져서 기록할 거라 이겁니다."

그는 이렇게 믿고 있었다. 자신의 행동을 자기 나름대로의 신념과 논리로 합리화시키려고 했던 꺾일 줄 모르는 고집의 결과였다고 감옥에 가기 직전 그는 신상발언을 통해 말했다.

"국민 여러분에게 진심으로 사과드립니다!"

그러나 그는 믿고 있었던 것이다. 후세의 역사가들은 자신의 행동만큼이나 차원이 높지 않았던 당시의 정치 풍토와 그 뒤편 무대의 정치 비리들을 낱낱이 기록할 것이라고.

좌절과 실의를 되씹으며

국회 오물사건 이후 잠시 감옥살이를 하다 출옥한 김두한에게 있어서 1972년 11월 21일, 유신헌법 투표날 죽을 때까지의 6년간은 그의 삶에서 가장 고달프고 실의에 찬 나날이었다.

뭔가 벌이지 않고는 못 배기는 혈기찬 의욕에 비해 그 결과는 언제나 실패의 연속이었던 것이다.

그의 말년의 행적을 좇아보자.

감옥에 갔다가 몇 개월 만에 돌아온 김두한은 이젠 정치를 떠나 애국단 동지들을 규합하여 또 다시 '자활개척단' 창설을 꿈꾼다.

그것은 그의 꿈이었고 3대 민의원 시절의 약속이기도 했었다.

그 동안 정치의 황량한 벌판만을 달려오느라고 정신을 못 차린 그는 여유를 가지고 자활개척단 문제를 성사시킬 틈이 없었다.

그러나 이젠 정치 일선에서 떠난 몸이니 한 번 심혈을 기울여 추진해 보고 싶은 욕심도 생겼다.

자활개척단의 목적은 그늘에서 생활하여 항상 사회악의 씨앗이 되는 뒷골목 인생들을 교화시켜 자활할 수 있는 길을 열어주는 것이었다.

김두한은 혁명재판에서 사형선고를 받고 형장의 이슬로 사라진 이정재, 임화수 등 옛 부하들을 생각했다.

"녀석들, 다 똑똑한 놈들이었는데…… 좀더 건전한 생각을 가지고 욕심내지 않고 주먹잡이답게 살아갔던들 그렇게 사형까지 당하진 않았을 텐데…… 그렇지! 다시는 그런 비극이 없도록 오야지인 내가 뭔가 해야지. 그게 내가 할 일이야……."
 김두한은 다부지게 마음을 먹고 이 일을 필생의 사업으로 이끌어 갈 것을 다짐했다. 자활개척단이야말로 김두한이 아니면 누구도 못할 일이라고 그는 믿었던 것이다.
 "이제부터 우리는 새로운 생활, 새로운 세계를 창소하는 거다!"
 그러나 오야지의 뜻괴는 달리 그의 부하들은 고개를 기우뚱거렸다.
 "단장님, 이거 잘 될까요?"
 부하들은 오야지를 믿지 못해서가 아니라 정치적인 여건이나 자금면에서 빈털털이인 김두한의 현재 상태를 걱정하고 있는 것이었다. 그런데도 김두한은 큰소리쳤다.
 "글쎄 문제 없다니까! 이제 두고 보라구!"
 그러나 이런 장담에도 불구하고 그의 화려한 꿈은 처음부터 난관에 봉착했다. 돈도 없고, 정치적 배경도 다 잃어버린 그에게 누가 선뜻 거금을 내놓고 뒤를 봐 줄 것인가.
 일제시대 같으면야 일본도를 들고 재벌집 담을 넘어 들어가 협박을 할 수도 있었을지 모르지만, 그러나 지금은 그럴 때가 아니잖은가?
 김두한이 자활개척단을 창설하기 위한 자금원의 하나로 시작한 첫 사업은 광산업이었다.
 "광산은 돈이 많이 들고 잘못하면 있는 돈마저 날리기 쉽다는데 잘 될까요?"
 부하들이 이렇게 염려하고 만류했으나 김두한은 자신만만했다.
 "이봐! 내가 언제 돈 가지고 일을 했나? 하면 되는 거라구!

사내 대장부는 그런 좀스러운 일 가지고 걱정하면 될 일도 안 돼!"

김두한은 정말 자신에 차 있었다. 무슨 일을 하든 자신에 넘쳐 있었다. 따지고 보면 그의 인생, 그의 역사, 그의 주먹신화가 모두 자신에 찬 신념의 산물이었는지도 모른다. 이런 자신과 불굴의 신념이 있었기에 오늘의 김두한이 있었는지도 모른다.

그러나 자신과 신념만 있다고 해서 성공이 보장될 수는 없질 않은가. 이것은 김두한이 아무리 주먹황제요, 어마어마한 주먹신화의 주인공이라 해도 예외가 될 수 없다. 그리고 인생은 주먹만으로 되는 게 아니다.

처음부터 보잘것 없는 자본으로 후견인 하나 없이 무모하게 시작한 광산업은 몇 개월이 못 가 완전한 실패로 끝나고 말았다.

광산업에 대해서는 '광'자도 모르는 김두한이 애당초 여기에 뛰어든 게 잘못이었다.

부하들은 한탄을 하지 않을 수 없었다.

"어이구, 단장님. 거 보십시오, 우리가 뭐라고 합디까? 무모하게 시작하지 말자고 그렇게 얘기했건만……."

"이 사람아! 기왕 실패한 거야 어쩔 수 없는 일이지 뭘 그렇게 징징 우는 소리를 하나? 우는 소리 한다고 일이 되면 나도 엉엉 울어 보겠네. 잠자코 있어. 내게 좋은 생각이 있다구."

광산업의 실패로 집 한 칸 없이 알거지가 된 김두한이지만 그래도 그는 조금도 낙심하거나 실망하는 기색이 없었다.

김두한은 따로 생각이 있었다. 그가 말하는 좋은 생각이란 바로 입지적 조건과 위치가 좋은 서울의 정릉을 국제적인 관광지로 대대적으로 개발하여 외화를 벌어들이고, 일자리가 없어 굶주리는 왕년의 부하들에게 일자리를 줘야겠다는 계획이었다.

결국 차린 회사가 '정릉관광개발주식회사'였다. 그 계획안을 보면, 서울에서 가장 가까우면서도 산수가 좋은 정릉 산골짜기의 아름다운 자연환경을 국제규모의 유원지로 개발 조성하여 서울 시민에게는 휴식처를 제공하고 앞으로 계속 몰려들 외국 관광객들을 유치하여 외화도 벌어들일 계획이었다.

정말 잘 실행만 되면 이 계획은 엄청난 자금원이 될 수 있는 굳 아이디어인지도 모른다. 김두한은 이 계획에 확신이 있었고 그만큼 열의에 차 있었다. 그는 옛 명성을 잊지 않고 찾아오는 부하들, 신문기자들, 그리고 일반시민, 학생들에게 신이 나서 정릉개발의 당위성과 실현 가능성을 역설했다. 그러나 그의 부하들은 눈물을 흘려가면서까지 그 계획을 만류하고 나섰다.

"저희들은 밥을 굶어도 좋습니다. 하지만 단장님이 고생하시는 건 정말 못 보겠습니다. 가족들은 당장 노숙을 하게 될 판인데 관광개발이 다 뭡니까? 제발 그 허황된 꿈을 버리십시오."

"야, 이놈아! 이 사업이 어디 나 혼자 잘되려고 벌이는 사업이냐? 이게 다 애국애족하는 길이기 때문에 하는 사업이라 이거야! 우리 나라는 지금 산업 진흥에 바쁜데 너희들도 알다시피 외화가 부족하단 말이다. 돈 안 들고 외화를 벌어 들이자면 관광사업이 제일이야. 내 말 알아듣겠나?"

"단장님, 이게 어디 한두 푼 드는 사업입니까? 돈 한 푼 없이 무슨 사업을······."

"돈이야 만들면 되는 거야. 정부 측하고도 얘기가 다 돼 있어. 그리고 얼마 있으면 돈줄도 모으게 될 거야. 걱정하지 말고 너희들은 사업에만 열중해."

그러나 김두한의 호주머니는 텅텅 비었었다.

그럼에도 그는 여전히 가능성을 믿고 있었고 희망에 부풀어 있었다.

너무도 당연하다는 듯 김두한은 이 사업에도 또 실패하고 말았다. 서울시의 배려로 정릉 유원지 개발권을 얻긴 했으나 사업 경험이 부족한 그의 주먹구구식 경영으로 이 엄청난 계획은 제대로 성사될 리가 없었다.
 게다가 또 하나의 실패 원인은 부하직원들의 비협조였다.
 그는 이 사업을 벌이기 위해 머리도 좋고 수완 좋은 몇몇 엘리트들을 경영의 핵심부처에 데려다 놓았다.
 그러나 김두한의 무계획적 사업 경영을 알게 된 그들은 그의 사업 허점을 교묘히 이용하여 대부분의 자금을 은밀히 빼돌렸던 것이다.
 앞뒤 가리지 않고 사람을 잘 믿는 김두한은 이런 줄도 모르고 그저 정릉의 국제관광지화에 마음만 들떠 있다가 사업은 사업대로 망치고 빚만 잔뜩 거머쥔 꼴이 되고 말았다.
 평생을 돈을 쓸 줄만 알았지 벌 줄을 모르고 살아온 김두한이다. 그만큼 돈 귀한 줄 모르고 살아온 그다. 그런 그가 엄청난 빚을 졌으니, 빚쟁이들의 독촉 앞에서 그가 겪는 고초는 엄청나기만 했다.
 어떤 사람은 모욕적인 인신공격도 마다하지 않고 그를 공박했다.
 "여보쇼! 주먹만 세면 다요? 내 돈 언제 갚을 것이오? 주먹황제는 빚 안 갚아도 되는 법이라도 있소?"
 그의 망신은 끝이 없었다. 좋은 일 하자고 사업을 벌여놨다가 부하들 농간으로 사업도 망하고 빚까지 졌으니, 거기다 빚쟁이들이 벌떼처럼 몰려와 빚독촉을 하며 온갖 모욕을 다 주니 김두한으로서는 쓴 웃음만 지을 뿐이었다.
 세월이 변하고 시대도 변하고 사람마저도 변해 있는 1970년 가을, 그렇게 쓰디쓴 웃음 속에서 그는 그만 고혈압으로 몸져 눕게 되고 말았다.
 서울대학 병원의 전문의는 김두한을 진찰해 보고는 고개를 갸우뚱거렸다.
 "도대체 이런 몸으로 그 동안 어떻게 버텨왔습니까?"

그의 혈압은 정상인의 평균 혈압보다 훨씬 높았다. 의사는 이 상태로는 90%가 살 가망이 없어 보인다고 선언을 하는 것이었다.

그런데도 김두한은 껄껄 웃으며 이렇게 대꾸했다.

"여보, 의사 선생! 난 죽지 않아! 난 원래가 90% 살기 어려운 일생을 살아왔다 이 말씀이야!"

김두한은 병석에 누워서도 옛 동료들의 생활대책과 불우한 소년들의 선도대책을 걱정하는 것이었다.

"이기 내가 뻘리 일어나야 사업을 본궤도에 올려 놓고 우리 불우한 아이들을 행복하게 살 수 있도록 터전을 만들어 줄 텐데. 이거 몸이 예전 같지 않게 말을 잘 안 듣는구만. 하지만 걱정들 말라구. 난 곧 일어나니까……."

그러나 김두한의 이러한 의지에도 불구하고 그의 병은 하루가 다르게 깊어만 가는 것이었다.

"내가 젊어서 몸을 너무 막 굴렸지. 이거 나이 50이 넘으니까 이제야 표가 나는구만……."

김두한의 눈물

그렇게 오랜 병상 생활이 계속되는 동안의 어느 날이었다. 뜻밖의 손님들이 그를 찾아왔다.

김두한이 그 손님들을 바라보고 깜짝 놀랐다. 그를 찾아온 그 손님들은 정부의 장관도 아니고 국회의원도 아니고 사업을 밀어줄 후원자도 아닌, 열 살 또래의 어린이들이었던 것이다.

20여 명의 어린이들의 고사리손에는 한아름씩의 들꽃이 쥐어져 있었다.

"고마우신 김두한 아저씨. 어서 일어나셔서 우리 고아원에 놀러오세요!"

"응? 고아원? 고아원이라니?"

김두한은 어리둥절했다. 그때 인솔자인 듯한 사내가 정중히 인사를 하며 말했다.
"이 아이들은 선생님의 깊은 뜻에 따라 구김살없이 자라고 있는 의정부 삼애고아원 어린이들입니다."
"삼애고아원에서 왜 나를……."
그러자 그 사내는 자초지종을 얘기하기 시작했다.
김두한은 1962년 8월 15일, 혁명정부로부터 건국공로훈장을 받은 적이 있다. 김두한은 이미 작고하신 백야 김좌진 장군과 어머니를 대신하여 건국공로훈장을 받으며 감격의 눈물을 흘렸었다.
"어머니! 어머니께서 받으셔야 할 훈장을 제가 대신 받았습니다. 어머니도 기쁘시죠?"
그때 김두한은 가슴이 미어지는 것만 같았다. 바위처럼 굳세고 바다처럼 넓은 의지를 가진 그였지만 어머니 생각만 하면 어린애처럼 마음이 약해지고 눈물을 펑펑 쏟았다.
"어머니가 살아계셨더라면 이 자랑스러운 모습을 보고 얼마나 기뻐하실까……."
김두한의 눈에는 그 옛날 어머니를 잃고, 할머니마저도 잃고 갈 곳이 없어 수표교 다리 밑에서 생활을 하며 문전걸식하던 비참한 자신의 어린 시절 모습이 되살아났다.
훈장을 받은 김두한은 그 자리에서 원호처 직원을 불러 독립유공자 가족에게 주는 연금봉투를 내밀었던 것이다.
"이 돈을 불우한 고아원에 보내주시오. 내가 누구라는 건 밝히지 말고 당신이 알아서 매달 보내 주셨으면 합니다."
이때 그 옆에서 이런 광경을 보고 있던 옛 부하 하나가 말했다.
"단장님! 집에는 아이들 학비가 없어 학교엘 보내지 못하고 있잖습니까? 그런데도 그 돈을 몽땅 기증해 버리면 어떻게 합니까?."
그러나 김두한은 호기차게 웃으며 말했다.

"우리 아이들이야 다 컸으니까 걱정할 게 없어. 또 이렇게 건장한 아버지가 살아 있는데 뭐가 걱정이야."

김두한은 그가 보낸 돈이 언제 어떻게 어느 고아원으로 전해졌는지 제대로 알지 못했다. 그만큼 바쁜 생활을 해온 탓도 있지만 누굴 천성적으로 의심할 줄 모르는 김두한이라 그저 잘 전해지고 있겠지 하는 마음뿐이었다.

바로 이 연금이 의정부의 삼애고아원에 전해졌던 것이다. 고아원에서는 이 고마운 분의 이름이라도 알려고 그 동안 곳곳에 수소문을 했다고 한다.

"작년에서야 겨우 선생님이 바로 그 숨은 독지가라는 사실을 알게 되었죠. 엊그제 잡지에 선생님이 무척 아프시다는 사실이 보도되었는데 한 번만이라도 병 문안을 하는 게 도리인 것 같아서 이렇게 찾아온 겁니다. 선생님의 뜻을 어긴 것 같아서 죄송합니다."

그 인솔자는 아이들의 손을 잡아 이끌어 김두한에게 인사를 시켰다. 그 고사리 같은 손마다 들려져 있는 들꽃 향기가 김두한의 마음을 감동시켰다.

"선생님 꼭 건강하셔야만 해요!"

김두한은 처음으로 벅찬 감격을 느꼈다. 그는 어린애처럼 좋아하며 소리쳤다.

"암! 내가 얼른 일어날 테니 걱정들 마라. 곧 일어나서 너희들과 함께 뛰어놀 거야!"

걷잡을 수 없는 감격의 눈물이 김두한의 눈에서 쏟아졌다.

"그래, 애들아! 이 아저씬 금방 일어난다. 너희들도 밝게 자라야 한다. 알았지?"

고아원 원아들의 병문안은 김두한에게 큰 위안을 주었다. 삶에 대한 애착과 희망이 봄기운처럼 새롭게 그의 가슴에 차 왔다.

그 때문인지 그는 얼마 후에는 언제 아팠냐는 듯이 일어나서

다시 활동을 하게 되었다.
 그러나 퇴원한 뒤에도 김두한은 왠지 기운이 없었다. 옛날의, 그 포효하는 사자와 같이 힘차게 중원을 휘어잡던 모습은 한 차례의 폭우에 휩쓸려 버린 듯 지치고 힘이 없는 무력한 모습만 남아 있을 뿐이었다.
 "인간 만사는 힘으로만 되는 게 아닌 것 같아. 힘으로는 안 돼, 힘만으로는······."
 회의와 회한에 빠져 창밖만 내다보는 김두한의 무력한 모습에 주위의 사람들까지도 실의에 빠지는 것 같았다.
 "나는 너무나 험난한 인생을 살아 왔지. 지금 생각해 보면 살아가면서 느끼는 사소한 행복, 말하자면 자식 낳아 기르고 애들 크는 것을 보며 애비로서의 보람을 느끼는, 그런 행복 같은 걸 모르고 살아 왔단 말이야. 게다가 어느 것 하나 이룬 게 없이 언제나 실패만 해 왔으니 결국 나는 실패자란 말이야······."
 병을 앓고 난 후부터 김두한은 많이 달라져 있었다. 너무 심약해 보이고 얼굴에는 짙은 고뇌의 빛만 띠고 있어 보는 사람을 안타깝게 했다.
 그는 감당할 수 없는 고뇌의 늪에서 벗어나고자 집안에다 부처님을 모셔 놓고 예불을 드렸다.
 백팔 염주를 넘기는 그의 손이 가늘게 떨리고 있었다.

제 11 장
야생마 김두한의 죽음

의혹 속의 죽음

　1972년 11월 21일, 55세의 나이에 야생마 김두한은 쓰러졌다.
　그토록 강건하고 지칠 줄 모르던 야생마가 일순에 쓰러지고 만 것이다.
　10월 21일, 그날은 비상 국무회의의 의결에 의해 헌법개정안이 통과되어 조국의 평화적 통일과 한국적 민주주의의 토착화를 심판받는 '유신헌법 투표일'이었다.
　정릉 유원지 개발에 미련이 남은 김두한은 사업관계로 조선호텔 커피숖에서 약속이 있다며 아침 일찍 집을 나섰던 것이다.
　언제나 들르던 그곳. 그는 그곳에서 옛 부하들과 만나 회상의 대화를 나누곤 했었다.
　몇 해째를 입고 다녀 소매끝이 닳아 떨어진 검은 양복 차림으로 그는 버릇처럼 정해진 탁자에서 커피를 마시곤 했다.
　그는 이미 정치와는 벽을 쌓고 있었다. 서서히 세인들의 기억 속에서 지워져 가고 있었던 것이다.
　우직하리만치 철저했던 민주주의의 신봉자. 그러면서도 지혜가 모자랐던 김두한은 고도의 정치력과 외교술과 발전된 권모술수의 정치가만이 존재할 수 있었던 70년대의 정가에서 그 어느 것도 할 일이 없었다.
 부하들이 김두한의 이러한 안타까움을 보며 울먹였다.
 "단장님! 다시 시작해 봅시다."
 "지금은 우리 같은 사람이 나설 때가 아니야. 이젠 정치 얘길랑 하지 말자. 사람은 자기 본분을 지키며 사는 것도 때론 필요하지."
 김두한이 말년에 이르러 부하들의 성화에 대답하던 말이었다.
 김두한은 자신이 비록 세인들의 기억 속에서 점점 잊혀져 가고는 있을 망정 나라 걱정, 서민 걱정하는 마음만은 변함이 없었다.
 정치를 보는 눈, 인생을 보는 눈이 더욱 날카로워졌다고나 할까? 그는 잠시도 편안하지 않았다.
 서민들의 진정한 힘이 되기 위해 주먹을 버리고 정치에 뛰어든 그의 신념이 투쟁 이외에는 별다른 효과를 거두지도 못하고 정치계에서 떠나야 했던 비운이라면 비운이었던 그의 고통을 그는 혼자서 되씹고 있었다.
 더군다나 그 이후의 연속적인 실패와 좌절은 그에게 '비운의 인생'이란 초라한 제목을 붙여 주었을 뿐이다.
 "송충이는 솔잎을 떠나 살 수는 없어."
 그의 정치에 대한 자문자답이라고나 할까. 그는 그만큼 정치에 대해 회의와 실망을 느꼈던 것이다.
 의리 하나로 뭉쳐 살아 왔고 옛 부하를 핏줄보다 가까운 생명으로 동고동락해 온 부하들에게 아무것도 보탬이 되어 주지 못했던 그의 투쟁의 결과에 그는 울부짖었다.
 "생명까지도 불사한 그들에게 나는 무엇을 했던가? 과연 그들에게……."
 김두한이 정치의 일선에서 떠나 사업에 전력을 기울였던 까닭은 바로 이들에게 삶의 터전을 마련해 주고자 했던 것이다.

하지만 사업이란 주먹으로 되는 것이 아니라 풍부한 경험과 선견지명, 그리고 갖가지 기술을 필요로 하는 것. 신념 하나로 밀어붙인 사업이 순탄할 리 없었다. 그의 사업은 언제나 그렇게 실패와 좌절을 불러왔던 것이다.

유신헌법. 조국의 평화적 통일과 한국적 민주주의를 실현시키겠다는 정부의 대안이 지금 국민에게 심판을 받고 있는 것이다.

어느 유세장에선가 조병옥이 연설했던 것과 같이 사심을 버린 정치인이야말로 진정한 민주주의를 달성할 수 있다고 하지 않았던가. 하지만 공화당의 유신헌법의 취지는 결국 정권을 다시 재집권하려는 술책이 아니던가. 고무줄처럼 늘어섰다가는 다시 놀아온 이 나라 민주주의 헌정의 후퇴.

김두한은 씁쓰레 웃었다. 오늘 바로 이 순간 김두한이 민주주의를 위해 할 수 있는 것이라고는 없었다. 그는 서글퍼졌다. 투표장에 나선 시민들의 행렬이 그를 서글프게 만들었고 초겨울의 찬바람이 그를 서글프게 만들었다.

그는 지난날의 기억 속에서 몸부림쳤다. 이승만의 사사오입 개헌 파동과 3·15부정선거의 주역인 제1공화국에 대한 온갖 분노가 용솟음쳤다. 그리고 그것들과 투쟁하여 아무것도 이룬 것이 없었던 지난날의 의정생활에 그는 차라리 함구하고 있었다.

김두한이 집을 나선 지 다섯 시간쯤 흘렀을까.

김두한의 조강지처인 전주 이씨와의 사이에 태어난, 당시 동아방송 성우였던 김을동에게 전화벨이 울렸다.

"위급합니다. 뇌졸중으로 아버님께서 쓰러지셨습니다."

김을동의 가슴이 와르르 무너져 내렸다. 그렇게도 건강하시던 분이 쓰러지시다니? 김을동이 당황하자 다시 투박한 목소리가 김을동의 귀를 때렸다.

"고려병원이오. 빨리 오셔야겠습니다."

"당신은 누구요?"

김을동이 소리쳤으나 전화는 이내 끊어져버렸다. 기분나쁜 목소리, 그 투박한 목소리에 김을동은 불안했다.
"혹……."
김을동이 목이 메인 채 김두한의 손을 붙들고 혼수상태가 된 김두한을 멍하니 쳐다보고 있었다. 그러나 김두한은 말이 없었다. 그는 이미 그 누구도 알아 볼 수 없을 만큼 의식불명이었다.
"믿을 수 없어요. 믿을 수……."
김을동은 울부짖었다.
의사들은 위중한 상태라는 말을 던진 채 김을동의 질문에는 대꾸도 없이 총총히 나가 버렸다.
김두한. 그가 김을동과 함께 생활한 시간이라야 겨우 손꼽을 정도였다. 가정에 대한 애착보다도 국가와 국민의 장래를 걱정했던 김두한. 그러한 그가 차디찬 침대에 목석처럼 쓰러져 있으니 김을동의 가슴은 갈기갈기 찢기는 것 같았다.
지금도 김을동은 김두한의 죽음에는 의혹이 많이 간다고 말한다. 그러나 김두한의 죽음은 철저한 베일에 싸인 채 지금까지도 밝혀지지 않고 있다. 그저 죽었다는 것밖에는.
혹자는 1977년의 '한독당 사건'으로 수감되었을 때 겪은 고통이 그를 55세의 나이로 죽게 하지 않았나 하는 말을 하기도 한다.
야생마 김두한의 쓰러짐.
그의 말처럼 이 나라의 민주주의가 쓰러지고 이 나라의 국민이 쓰러진 것인가?
투표장의 거리와 함께 고려병원의 침실은 을씨년스러웠다.

그림자 남기고

김두한이 쓰러지자 각지에 흩어져 있던 부하들이 몰려들어 병원은 초만원을 이루었다.

"단장님이 쓰러지시다니! 그렇게도 멀쩡하시던 분이……."
 기도소리와 울음소리가 교차되어 늦가을의 떨어지는 낙엽을 더욱 초연하게 만들었다.
 "빨리 일어나십시오. 벌떡 일어나십시오. 우린 누굴 믿고 살란 말입니까?"
 그들의 울음소리는 차라리 통곡이었다.
 그 숱한 죽음의 계곡을 야생마처럼 달려온 김두한. 일제시대에는 왜놈들에게, 미 군정 치하에서는 좌익 빨갱이들의 틈바구니에서, 그리고 오끼나와 수용소에서, 6·25 때는 총알이 빗발치는 전쟁터에서 죽음의 사선을 넘이넘이 넘어온 김두한.
 부하들의 기도 속에서 그가 다시 일어나리라는 믿음과 확신이 있었다.
 그러나 김두한은 끝내 한 마디 유언도 남기지 않은 채 그렇게 일생을 마쳤다.
 "사나이답게 멋지게 살자. 나보다는 먼저 국가를 위하는 대의를 가지고 살자. 언젠가는 세상이 우리의 큰 뜻을 알게 될 것이고 지금의 굶주림쯤은 한낱 추억에 불과할 것이다. 애들아! 사나이의 진정한 길을 우리 의리로 뭉쳐 꿋꿋이 걸어가자."
 그러나 아직도 그들의 부하들은 속칭 3류생활로 연연하고 있었다.
 그 점에 있어서는 김두한도 마찬가지였다.
 그가 죽으면서 남겨 놓은 재산이라고는 아무것도 없었다. 오직 남겨 놓은 것이 있다면 찬란한 주먹전설, 그리고 파란만장했던 삶의 그림자와 사나이들만의 의협심이라고나 할까.
 그러나 그를 아는 진정한 부하들은 그가 남겨 놓은 것은 천금 만금의 재물보다도 귀중하고 고귀한 것들이었다고 그를 칭송한다. 사나이 중의 사나이였음에.
 인간이었기에 맞이해야 했던 죽음. 그는 끝내 일어나지 못했다.

광원을 달려온 야생마처럼 천하를 누볐던 주먹황제 김두한. 민주주의를 목청껏 외치며 투쟁과 투쟁만으로 살아온 정치인 김두한. 그는 인간이었기에 결국 죽음을 거부하진 못했다.

가족과 부하들의 통곡을 하얀 천으로 덮고 그는 흙으로 돌아갔다.

그가 외치던 민주주의를 끝내 지켜보지 못한 채, 말 없는 유언으로 남긴 김두한의 외침!

"민주주의의 조국이여! 사랑스런 조국이여!"

장군의 아들 김두한

중판 인쇄	●2003년 1월 25일
중판 발행	●2003년 2월 3일
지은이	●정 필 태
발행인	●김 동 구
발행처	●명 문 당

서울특별시 종로구 안국동 17~8
대체 010041-31-001194
전화 (영) 733-3039, 734-4798
     (편) 733-4748
FAX 734-9209
Homepage www.myungmundang.net
E-mail mmdbook1@myungmundang.net
등록 1977. 11. 19. 제1~148호

● 낙장 및 파본은 교환해 드립니다.
● 불허복제 · 판권 본사 소유.

값 7,000원
ISBN 89-7270-719-8 03990

新譯 後三國志

**인간 군상의
다채로운 대서사시**

보라! 천추의 한을 품고
불모의 땅으로 피했던 촉한의 후예들이
다시 칼을 갈고 힘을 길러 중원에서 벌이는
지혜와 용맹의 각축전을……

제1권 망국원한편 제4권 진조멸망편
제2권 와신상담편 제5권 권세변전편
제3권 촉한부흥편

李元燮 譯/신국판/전5권

新譯 反三國志

모든 正史는 거짓이다!

反三國志는 正史의 허구를
날카롭게 파헤친
三國志 속의 반란이다.

역사의 수레바퀴가 어디로 굴러가는지
그 누구도 알 수 없다.
단지 우리는 예측할 뿐이다.
전후 사백 년을 거쳐 번영을 누린 한제국도
후한 말 쇠퇴일로를 걷게 되는데……

周大荒 著/鄭鉉祐 譯/전3권

小說 楚漢誌

역사 속의 명작!

**역사의 뒤안으로
사라져 간 영웅들**

바야흐로 수많은 영웅 호걸들이
우후죽순처럼 일어나 천하의
패권을 놓고 다툴 때
역사의 수레바퀴를
돌려놓은 자는 누구인가?

金相國 譯/신국판/전5권

儒林外史

**사회, 정치풍자소설의
古典 유림외사**

《阿Q正傳》의 작가 루쉰이
중국 풍자소설의
효시라고 극찬한 《儒林外史》!
《삼국지》·《수호지》를
능가하는 다양한
인간군상들의 활극장!

중국 풍자소설의 진수!

부귀공명의 언저리를 장식하는 아부·교만·권모술수,
그리고 그 속에 우뚝 선 청아한 인격자들!
유림외사는 인간이 보여줄 수 있는 최고의 아름다움과
추함에 대해 풍자의 칼을 대고 있어, 개인주의의 첨단을
달리고 있는 현대인들에게 깊은 감동과 지혜를 준다.

吳敬梓 著/陳起煥 譯/신국판/전3권

后宮秘話

삼천삼백년의 장구한
중국역사를 화려하게,
피눈물나게 장식했던
후궁·궁녀들의
사랑·횡포·애증, 그리고
권모술수의 드라마!

경국지색들의 실체 해부

중국의 역대 제왕들은 어느 궁녀를 사랑해야 할지 몰라
기상천외의 방법들을 생각해 냈고, 후궁과 궁녀들은
제왕들의 눈에 들기위해 눈물겨운 사투를 벌이게 된다.
은나라의 '달기'에서부터 청말의 '서태후'까지,
역대 왕조의 흥망에 지대한 영향을 끼쳤던 여인들의
파란만장한 일대기!

成元慶 編著/신국판/전3권

小說 만다라

彼岸에의 길
마침내 빠져들고야 마는 화엄의 세계

미녀가 부르는 유혹의 노래는 욕정으로
중생들을 물들이고 그 속에서 피어나는 열반의 꽃!
당신은 과연 진정한 불자인가? 탕자인가?
이 책을 보신 후 느껴보십시오

참된 종교, 참된 인생의 길을 알고자 하는 분들에게
진정한 生의 의미를 던져주는 불교 소설의 쾌거!

權五奭 지음/ 신국판/ 전6권/

1. 색즉시공 色卽是空
2. 공즉시색 空卽是色
3. 진공묘유 眞空妙有
4. 일체법공 一切法空
5. 반야대오 般若大悟
6. 대도무문 大道無門

박연희 장편소설 황제 연산군

복수의 화신인가!
비운의 황제인가!

조선팔도에 採紅使를 띄워 미인색출에 나
연산군의 파란만장한 一代記!

멋진 풍류와 아름다운 여인의 팔베개를
갈아 베면서 폭군 연산은 마침내 잠들었다.
황제 연산군의 파란만장한 生과 死!
인간적인 고뇌와 심층적인 고독 속에
그를 둘러싼 여인들의 웃음과 절규가
박진감 넘치게 전개된다.

역사가 만들어
낸 수많은 드라마중
황제 연산군은 시대를 초월한
불후의 명작입니다.

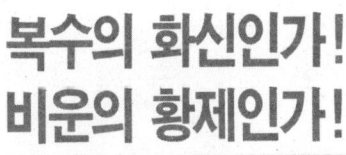

신국판/ 전5권/

시대를 초월한 역사의 선각자 추사 김정희

'97 문화유산의 해 특별기획

소설 추사 김정희
權五奭 著

추사 김정희

추사 김정희 하면 누구나 글씨로서 떠올린다. 그러나 추사는 유학은 물론 불교와 유학을 절충시킨 불교 학자이며, 금석학의 개척자, 시인으로서도 탁월한 선각자이다. 그는 경학·음운학·천산학·지리학 등에도 상당한 식견을 가져 청나라 거유들은 그를 해동제일통유라고 칭찬하였다. 또한 그의 서체는 역대 명필을 연구하여 그 장점을 모아 독특한 추사체를 완성하였다.

이 책을 읽는 순간 눈빛이 달라진다.

역사를 보는 지적인 즐거움과 흥미진진한 최고의 소설

'해동제일통유'라고 칭송받은 추사 김정희!
그의 학문과 예술의 빛을 통하여 이시대의 지성을 새롭게 일깨운다.

權五奭 著/신국판/전10권/

세계 역사상 최고의 여성 권력자, 서태후!

우리들의 상상을 초월한다.

세계 제일의 대왕조에 군림한 최강의 여황제, 서태후의 일대기!

중국 최후의 대왕조를 단 한 사람의 여성이 장악했던 그 스케일의 크기와 용맹함과 위대함은 우리들의 상상을 초월한다.
서태후는 세계사에서도 그 유례가 드문 여걸이었다.

제1권 열하(熱河)의 대결
제2권 승자와 패자
제3권 황제의 사랑
제4권 깊은 궁중의 독(毒)
제5권 청궁(淸宮)의 빛과 그림자
제6권 전쟁과 굴욕
제7권 모자군신(母子君臣)
제8권 황제의 패배
제9권 의화단의 폭풍
제10권 끝없는 원한
제11권 새로운 정치의 길
제12권 자금성의 황혼

세기의 화제작 드디어 출간 전12권

실록소설 西太后 서태후

高陽 著/정성호 譯/